Jóvenes en situación de conflicto penal: ¿cómo relatan sus historias?

Osvaldo Agustín Marcón

Jóvenes en situación de conflicto penal: ¿cómo relatan sus historias?

Análisis y prospectivas desde la Justicia Juvenil Restaurativa

teseo

Marcón, Osvaldo Agustín
Jóvenes en situación de conflicto penal : ¿cómo relatan sus historias? :
    análisis y prospectivas desde la Justicia Juvenil Restaurativa / Osvaldo
    Agustín Marcón ; con prólogo de E. Raúl Zaffaroni. - 1a ed. - Buenos Aires:
    Teseo, 2011.
    278 p. ; 20x13 cm. - (Ensayo)
    ISBN 978-987-1354-91-7
    1. Trabajo Social. I. Zaffaroni, E. Raúl, prolog. II. Título
CDD 361.3

teseo

© Editorial Teseo, 2011

Buenos Aires, Argentina

ISBN 978-987-1354-91-7

Editorial Teseo

Hecho el depósito que previene la ley 11.723

Para sugerencias o comentarios acerca del contenido de esta obra, escríba-
nos a: **info@editorialteseo.com**

www.editorialteseo.com

ÍNDICE

AGRADECIMIENTOS

Este libro ofrece los resultados de una investigación realizada para la obtención del título de Magíster en Salud Mental, en la Universidad Nacional de Entre Ríos (Argentina). Los agradecimientos generales son para todas las personas e instituciones que hicieron posible la tarea, incluyendo especialmente a quienes brindaron sus opiniones a través de las entrevistas. No obstante, es necesario particularizar algunos reconocimientos, entre los que se destacan los dirigidos al ámbito familiar. Como sabemos, la producción de conocimiento en el contexto latinoamericano exige múltiples ajustes en términos de tiempos, recursos económicos, etc., que deben contar con el acompañamiento del entorno familiar. A ellos, entonces, las primeras y especiales gratitudes: a mi esposa y compañera, la Lic. Margarita Cascio, y a mis hijos, Andrea Rocío y Agustín Nicolás.

Luego, los correspondientes a los propios jóvenes, abiertos con generosidad a opinar como protagonistas de la medida judicial investigada, a sabiendas de que su aporte tenía como destino una producción teórica. En el ámbito específicamente académico y profesional cabe poner de relieve el trascendente soporte de quien se desempeñara como Directora de Tesis, la Lic. Susana Cazzaniga. Profesora, investigadora y Directora de la Maestría en Trabajo Social de la Universidad Nacional de Entre Ríos (Argentina), de amplia y significativa trayectoria a nivel nacional y latinoamericano, quien durante todos los años que insumió esta investigación brindó su exquisita tenacidad teórica y metodológica ante vaivenes de diverso orden, constituyéndose en condición necesaria para llegar a este punto.

Con énfasis, caben también los agradecimientos al Dr. Atilio Álvarez, Director de Posgrado de la Universidad Católica Argentina y Defensor Público de la República Argentina; a la Dra. Mary Beloff, Profesora e Investigadora de la Universidad de Buenos Aires, con desempeño en las Universidades de *British Council Felow* y académica visitante en las Universidades de Yale y Columbia, además de docente en diversas altas casas de estudio de América Latina (distinguida como *Magistri in Legibus* por la Universidad de Harvard); al Profesor e Investigador del Departamento de Servicio Social de la Universidad de Brasilia, colega y Doctor en Sociología Vicente de Paula Faleiros, una de las principales figuras del Servicio Social brasileño y latinoamericano; y al reconocido especialista Dr. Elías Neumann, Profesor e Investigador de grado y posgrado en las universidades de Buenos Aires y Lomas de Zamora, autor de más de una veintena de libros de su especificidad temática. Todos, desde sus posiciones particulares, accedieron a colaborar opinando en medio del "ida y vuelta" propio de la investigación cualitativa, con la riqueza que implica dicha diversidad en sus distintos aspectos constitutivos.

Con idéntica firmeza, van los agradecimientos al Dr. Diego Vigo, importante jurista santafesino, abogado especialista para la Magistratura (Universidad Católica Argentina) y especialista en Derecho Penal (Universidad Nacional del Litoral). Sus aportes, constantemente atravesados por la preocupación constitucional y, de un modo más particular, por la dimensión de las garantías procesales y substanciales, fueron claves al momento de los ajustes finales; más aun, nutrieron un diálogo interdisciplinario altamente fructificante, alejado de toda simplificación tecnocrática.

Por último, a las autoridades de la Maestría en Salud Mental de la Universidad de Entre Ríos quienes, ante los avatares del proceso de investigación, ofrecieron un nivel de flexibilidad acorde con la propuesta ideológica y la excelencia académica del posgrado a su cargo. Mi reconocimiento, entonces, al Director Profesor en Psicología Juan Carlos Roquel y a la Coordinadora Académica Lic. en Servicio Social Mónica Jacquet, junto a la totalidad del equipo de trabajo que han conformado.

Osvaldo Agustín Marcón es autor de: *Jóvenes en situación de conflicto penal: ¿cómo relatan sus historias? Análisis y prospectivas desde la Justicia Juvenil Restaurativa* (Buenos Aires, Teseo, 2011); *Inseguridad ciudadana y poder: la trampa del orden penal* (Santa Fe, *E-Book*, 2006); *Del niño en peligro al niño peligroso* (Rosario, Argentina, Editorial Juris, 2005); *La Justicia de menores en busca de sentido* (Zaragoza, España, Certeza Editorial, 2004); *Derecho de menores interdisciplinario* (Rosario, Argentina, Editorial Juris, 2004); *El niño y el adolescente en libertad vigilada* (Buenos Aires, Argentina, Editorial Lumen-Hvmanitas, 2002); *Libertad vigilada: hacia un modelo operativo* (Santa Fe, Argentina, edición del autor, 2000); *Notas para una nueva política social en la Provincia de Santa Fe* (Santa Fe, Argentina, 1995); *El rol del psicopedagogo: dimes y diretes* (Buenos Aires, Argentina, Faro Editorial, 1995) y *El Trabajo Social en la empresa de capital privado* (Santa Fe, Argentina, 1993). Desde 1996 es columnista del diario *El Litoral* de Santa Fe, Argentina. Publicó más de un centenar de artículos, con y sin referato, en diversos medios científicos, culturales y periodísticos de divulgación internacional, nacional y local.

Obtuvo los títulos de Magíster en Salud Mental (Universidad Nacional de Entre Ríos, 2009); Diplomado Superior en Ciencias Sociales (Facultad Latinoamericana de Ciencias Sociales, 2007); Especialista en Minoridad y Familia (Universidad Nacional del Litoral, Argentina,

1998); Licenciado en Servicio Social (Universidad Nacional de Santiago del Estero, Argentina, 1998); Psicopedagogo (Universidad Católica de Santa Fe, Argentina, 1996) y Asistente Social (Instituto Juan XXIII, Reconquista, Argentina, 1991). Es Doctorando en Ciencias Sociales (tesis final en curso) de la Universidad Nacional de Entre Ríos (Argentina).

Como Profesor (de grado) e Investigador se desempeña en las Universidades Nacional del Litoral (Argentina) y Adventista del Plata (Argentina). Como Profesor Invitado (de posgrado), en la Universidad Nacional de Entre Ríos (Argentina) y en la Facultad Latinoamericana de Ciencias Sociales (FLACSO); en este último caso, en la carrera de posgrado en convenio con el Instituto de Estudios Judiciales del Colegio de Abogados de San Isidro (Argentina). Como Conferencista Magistral (internacional) fue designado por la Universidad Autónoma de Nuevo León (Monterrey, México). Actuó (y actúa) como profesor en cursos del Centro de Capacitación Judicial de la Corte Suprema de Justicia de la Provincia de Santa Fe. Es, además, miembro del plantel de evaluadores para publicaciones con referato de la Universidad Nacional de Cuyo (Mendoza, Argentina) y árbitro de la *Revista Portularia* de la Universidad de Huelva (España). Se desempeña (y desempeñó) como director de diversos proyectos de investigación para la obtención de los grados de Maestría y Licenciatura en distintas especialidades y casas de altos estudios (Universidad Nacional de Entre Ríos, Nacional del Litoral, Universidad Católica Teresa de Ávila, Universidad Adventista del Plata, Universidad Nacional de Luján y Universidad Nacional de Santiago del Estero). Actualmente trabaja como funcionario (Trabajador Social) del Poder Judicial de la Provincia de Santa Fe (Argentina).

También fue miembro de la Junta Promotora del Observatorio de Derechos Humanos de Santa Fe, dependiente de la Secretaría de Derechos Humanos del Ministerio de Justicia de la República Argentina. Ex Presidente del Colegio Profesional de Trabajadores Sociales de la Provincia de Santa Fe (1ª Circ.); ex Directivo de la Federación Argentina de Asociaciones Profesionales en Servicio y/o Trabajo Social y ex jurado en el Primer Certamen Nacional de Ensayos sobre Trabajo Social (Santa Fe, 1999). Fue evaluador para acreditación de las especializaciones en Salud Mental y Criminológica del Colegio Profesional de Trabajadores Sociales (Córdoba, Argentina, 2000); Co-ponente por la Federación Argentina de Asociaciones Profesionales en Servicio Social ante el Foro Social Mundial (Porto Alegre, Brasil, 2003); miembro externo en comisiones evaluadoras de tesis (Universidad Adventista del Plata, Argentina, 2004); dictó numerosas conferencias y cursos sobre temas de su especialidad. Obtuvo un premio otorgado por la Junta Federal de Cortes y Superiores Tribunales de Justicia (Buenos Aires, Argentina, 1998), entre otros antecedentes que exceden las posibilidades de este espacio.

Prólogo
Por el Dr. E. Raúl Zaffaroni

La presente obra toca en profundidad el núcleo de las discusiones acerca de la llamada *justicia juvenil,* que en muchos casos es un capítulo de la *injusticia social.* Su pertenencia a ésta la estimulan hoy quienes desde la publicidad mediática y el campo político proponen imponer a los niños y adolescentes las mismas penas que a los adultos, con la confusa denominación de *baja de la imputabilidad penal.*

De este modo, prepararán carreras criminales que en el futuro justificarían cada vez mayor represión, hasta llegar a una dictadura de seguridad urbana en forma de *Estado penal absoluto* o *neostalinismo,* cuyo objetivo último sería la eliminación de todo resabio de Estado social, reduciendo la función de éste a una represión policial que garantice la libertad absoluta de las corporaciones en búsqueda de mayor rentabilidad a cualquier precio, incluso, por supuesto, el del genocidio y las matanzas, y el propio riesgo de extinción de la vida humana en el planeta.

Detrás de esto no hay más que una pulsión de muerte o *tanática,* que no es ningún invento de Freud ni el exabrupto de un fanático franquista lisiado, sino el extraordinario poder de la *venganza* que esconden en su altillo las teorizaciones en torno de la pena y de cualquier intervención que la sustituya y encubra.

Si las elaboraciones simplistas en que se enredan los que pretenden explicar racionalmente las penas no tienen éxito, es porque en lo profundo de esa maraña se esconde la *venganza*. Cada penalista es visitado por alguna entidad metafísica que le indica cómo *debe ser* la pena y para qué *debe* servir. Desde esa visión sobrehumana deduce todo el sistema del *deber ser* del derecho penal, destinado a imponer penas en el campo del *ser*, que nada tiene que ver con su misteriosa visión primaria.

Como la *venganza* es irracional, la pena no puede ser racional, pero las contradicciones de las racionalizaciones con las que se las quiere dotar de racionalidad se hacen mucho más notorias cuando nos enfrentamos con los niños y los adolescentes. La selectividad sobre las franjas de menor renta de la población hace más notoria su condición de capítulo de la injusticia social. La crueldad de la venganza queda mucho más expuesta. La tentativa de cubrir esta realidad con el generoso manto de la *tutela* no reveló otra cosa que su extremo de carácter inquisitorial. El niño fue durante muchos años un simple *objeto* en el peor de los sentidos.

Esta obra demuestra la ambigüedad de la *libertad vigilada* también disimulada como *asistida*. El sometimiento al control de la autoridad es una pena conocida por lo menos desde el poco generoso código de Napoleón. Su naturaleza la conocemos desde hace doscientos años.

El retribucionismo no pasa de ser otra irracionalidad, pues *retribuir por retribuir* es algo que carece de todo sentido. No obstante, el control judicial y el principio de legalidad se deben hacer efectivos y, además, no puede habilitarse una pena sin medida máxima para cualquier infracción, porque eso habilita una criminalización masiva de niños pobres aun más irracional.

No se trata de legitimar el retribucionismo al imponer una medida adecuada a la gravedad del hecho, sino que la *proporcionalidad* en cualquier caso –niños o adultos– es la apelación a una *menor irracionalidad*, frente a una sociedad y cultura vindicativa que no podemos suprimir. El penalista y el criminólogo no pueden cambiar la civilización *vindicativa*. El cambio civilizatorio podrá sobrevenir, pero no por lo que escribamos nosotros, so pena de incurrir en omnipotencia, que por cierto es un signo de inmadurez adolescente.

Los límites constitucionales y las garantías deben respetarse aunque las penas dejen de llamarse tales, pues el poder punitivo se disfraza bajo múltiples discursos, incluso con la apariencia de generosos sentimientos.

Es válido todo lo que se dice y postula en cuanto a *clínica de la vulnerabilidad*, relativo a procurar todas las vías para enseñarle a no ofrecer su rostro al golpe del poder punitivo, pero esto no puede servir para ignorar que estamos imponiendo penas.

No hay *delito* en abstracto, sino conflictos concretos. La mayor parte de los conflictos con implicancia penal que son criminalizados corresponde a niños y adolescentes de los sectores de menor renta y por hechos de menor gravedad. Las ocasiones de conflicto se presentan con menor frecuencia en las otras capas sociales, o éstas tienen mecanismos de impunidad o cobertura de los que carecen las más subalternas.

De cualquier manera, tenemos una subrepresentación de niños y adolescentes en homicidios: protagonizan el 15% de ellos, en tanto que constituyen más del 30% de la población general. Esto quiere decir que los niños y los adolescentes son un 50% menos homicidas que los adultos. En delitos contra la propiedad no hay medición posible de momento, porque requiere una investigación de campo que no se ha hecho, dada la enorme *cifra negra* en ese tipo de conflictos.

La idea de *responsabilidad* no es ajena a una *clínica de la vulnerabilidad*. Sólo que la idea de *responsabilidad* no es jurídica, y menos penal. Se llega a ser *responsable* cuando se comprende que el mal que se sufre es resultado de la propia conducta, lo que se alcanza en un difícil proceso de maduración. Al niño como *sujeto* debe posibilitársele el diálogo que le permita alcanzar este resultado.

En el caso de los niños judicializados se trata de una tarea de los operadores que debe llevarse a cabo en equipo. No puede limitarte a personas con puro entrenamiento jurídico o a especialistas en una única disciplina. El *vigilador* –aunque se vista de *asistente*– siempre será visualizado como un *controlador.*

El niño necesita alguien que lo siga defendiendo en esa instancia, o sea que las funciones de *vigilador* y *asistente* no pueden estar juntas, so pena de enviarle mensajes contradictorios y de estimularle la explicable hipocresía de supervivencia. Digo *explicable* y no *condenable*, porque cualquiera de nosotros, en esa circunstancia, también apelaría a ella.

La pretensión de alcanzar la conciencia de responsabilidad en el adolescente no implica en modo alguno negar el marco socialmente negativo. No todos los niños pobres entran en conflicto penal, sino sólo los que tienen condicionamientos que los hacen más vulnerables a las trampas que les tiende el poder punitivo y a veces la corrupción policial. De allí que sea necesaria a su respecto una *clínica de la vulnerabilidad especializada*, que les permita transitar por la vida sin ceder al canto de *Tánatos*, que tiende a convertirlos en adultos *carne de cárcel.*

En momentos en que aparecen los rostros más patibularios en los medios y en la política, debemos estar alertas para comprender que no pretenden discutir finezas, ni buscan resolver la acción más adecuada ante los pocos niños de la franja de entre 14 y 16 años que cometen hechos de sangre y que no pasan mucho de un par de decenas por año en todo el país, sino canalizar indiscriminadamente toda la venganza contra los niños de nuestros barrios precarios, convertirlos a todos, infractores y no infractores, en un *ellos* enemigo de la sociedad.

Pocas veces el deterioro de la política ha llegado a niveles tan bajos, a recurrir a la movilización de la venganza contra los más vulnerables. Sólo se comprende semejante decadencia moral si se observa que en buena medida la movilizan los mismos sectores que han sido responsables de la degradación de las condiciones sociales. Creo que quienes operan de esa manera no han alcanzado el nivel de conciencia de responsabilidad que tratamos de procurar en los niños judicializados.

Podría seguir expresando más reflexiones acerca de lo que me sugiere la lectura de este libro, pero creo que lo importante es el libro y no el prólogo. Estas palabras no tienen más objeto que felicitar al autor y recomendar su lectura, para abrir un debate amplio y lo menos irracional posible.

E. Raúl Zaffaroni
Facultad de Derecho
Universidad de Buenos Aires
Febrero de 2011

Introducción

De manera cíclica –aunque con mayor frecuencia en los últimos años– se instala en el orden de lo público la preocupación por el conflicto que una parte de los jóvenes socialmente excluidos mantienen con la normativa jurídica vigente. Aun en un contexto en el que las legislaciones que refieren a la niñez y adolescencia han variado, estos jóvenes siguen siendo designados como *menores* en los discursos de gran parte de los dispositivos jurídicos, lo que en sí mismo constituiría una evidencia de las contradicciones existentes.[1]

En mayor o menor medida, dicha preocupación por el conflicto *menores versus norma jurídica* coincide con referencias empíricas, lo que, por un lado, da consistencia a la preocupación, y por el otro, legitima socialmente todo esfuerzo por mejorar la calidad de la intervención sobre la problemática.

Este esfuerzo, trasladado a las instituciones especializadas (por ejemplo, los que en Santa Fe, al año 2008, todavía se denominan "Juzgados de Menores"), se traduce en lo cotidiano y por lo general en un sistema de respuestas altamente caracterizado por una lógica binaria, donde unas

---

[1] Las propias *Reglas Mínimas de las Naciones Unidas para la Administración de la Justicia de Menores (Reglas de Beijing)* utilizan esta terminología, definiendo, como veremos más adelante, la noción de "menor delincuente". En este trabajo, cada vez que se use este término, se lo hará entre comillas resaltando dicha paradoja.

incluyen la conservación de *la libertad ambulatoria* del joven durante la intervención, mientras que otras exhiben como rasgo distintivo *su privación*. No obstante, aun existiendo esta oscilación en la práctica, en teoría existe un importante consenso respecto de la conveniencia de priorizar el campo de alternativas caracterizado por la conservación del estado de libertad durante la intervención judicial. En este contexto de valorización positiva del estado de libertad, aparecen diversas posibilidades entre las que se cuenta, con particular presencia, la que se conoce como *libertad vigilada* y/o *asistida*. Tal valorización del tratamiento en estado de libertad encuentra, como se dijo, un importante soporte en el orden de la producción teórica, pero también, a la par, un importante soporte en distintos instrumentos jurídicos de orden local e internacional.

Las pretensiones por mejorar la calidad de la intervención en relación con esta medida ponen en evidencia, entre otros aspectos, la conveniencia de avanzar en términos conceptuales. Puede suponerse que dicho avance tendría gran valor si se adopta como perspectiva de análisis la de los resultados finales, o sea, si el joven abandona el campo de las conductas delictivas; pero también la perspectiva de la medida como proceso penal con significativo impacto social. En un momento histórico como el que estamos atravesando, cruzado por la ruptura de una forma de concebir la vida en sociedad, donde justamente la situación de la "trasgresión" de la ley y en particular la protagonizada por jóvenes se vuelve "cuestión" que de forma periódica exalta los discursos por más "seguridad", consideramos una responsabilidad profesional la construcción de discursos válidos para dar cuenta de tal problemática e incidir en las intervenciones pertinentes, desde otros lugares.

De este modo, la investigación pretende otorgar luminosidad a algunas dimensiones conceptuales de esta figura jurídica, pero rescatando *la voz del otro* en la idea de que aquellos que se constituyen en los sujetos de las intervenciones (institucionales y profesionales) pueden brindar aspectos sustantivos para problematizar algunas de esas dimensiones, tarea que obviamente supone algún principio de cambio en la matriz de pensamiento que regula la medida en sus aspectos más prácticos. Esta perspectiva forma parte de supuestos epistemológicos que en la actualidad gozan de elevado nivel de consenso en el campo de las Ciencias Sociales en general y del Trabajo Social en particular.[2]

Al sostener que existen *jóvenes en conflicto con la ley penal* estamos también considerando que existe un conflicto que puede expresarse en sentido opuesto, es decir, en el sentido de que existe *ley penal en conflicto con dichos jóvenes*. Al pensar así la situación, encontramos que se amplía el campo de posibilidades para revisar la mencionada *matriz* e, inclusive, sus expresiones estrictamente normativas.

Es obvio que dada la vigencia de unas normas jurídicas, éstas no son discutibles en cuanto a su observancia. Pero es también obvio que ellas no debieran obturar la discusión respecto de su sentido y sus consecuencias prácticas. Las normas jurídicas no son objetivas, sino que resultan de procesos de construcción histórica. Este trabajo se realiza en medio de una de tales discusiones que se alzan estando vigente la Convención Internacional de los Derechos del Niño y demás instrumentos internacionales y nacionales. Dicha discusión tiene uno de sus ejes fundamentales en la cuestión de la *responsabilidad,* identificada por algunos sectores como *responsabilidad penal juvenil* y por otros

---

[2]   Por ejemplo, la propuesta de abandonar la *epistemología del sujeto cognoscente* para pasar a una e*pistemología del sujeto conocido,* formulada por Vasilachis, forma parte de este debate. Para profundizar al respecto, léase Vasilachis de Gialdino, Irene, *Estrategias de investigación cualitativa,* 1ª ed., 1ª reimpresión, Barcelona, Gedisa, 2007, pp. 23-60.

como *responsabilidad social y psicológica.* Esta esquematización incluye a los sectores predominantes, aun cuando pueden existir algunos que no se consideren estrictamente pertenecientes a uno u otro.

En principio, pareciera ilógico pensar en un *sujeto* al que se lo considere como tal sin reconocerle su condición de protagonista. Pensamos que una vía para fortalecer tal protagonismo, muy defendido en muchos discursos, se encuentra en la consolidación en la propia práctica del joven como *sujeto.* Tal intención puede aparecer, precisamente, si se intenta aportar en términos conceptuales, pero no según la mirada externa sino desde la perspectiva de los jóvenes, entendiendo que son ellos mismos –ya con el beneficio de la mirada histórica que da la evaluación de la propia experiencia pasada– quienes podrían identificar significando y resignificando los diversos componentes de los mencionados procesos sociales.

Nos interesa, entonces, conocer a qué aspectos de la medida atribuyen su incidencia para relacionar estos discursos con los conceptos de *responsabilidad* y *corresponsabilidad.* Desde esta perspectiva, pensamos que un análisis en profundidad aportaría conocimientos que redundarían en el redireccionamiento de la tarea profesional, lo que puede resultar valioso para cualificar la intervención en esta problemática.

Acerca de las cuestiones metodológicas

En términos metodológicos, hemos estimado conveniente enfocar la investigación desde la *lógica cualitativa,* en tanto la "perspectiva del actor" lleva necesariamente a indagaciones que dan cuenta acerca de la subjetividad posible de ser comprendida si se considera el marco de referencia de los propios sujetos; es decir, en el contexto de su propia experiencia (propio pasado) como de las situaciones en las que hoy se encuentran.

La preparación del trabajo de campo supuso, así, indagaciones teóricas que permitieran inscribir la "medida" objeto de problematización en los discursos éticos y doctrinarios de la que es tributaria, tanto como el análisis de su instalación en el sistema jurídico específico, a fin de reconocer ciertas categorías desde las cuales emprender el abordaje en terreno. Respecto de las técnicas, hemos utilizado como herramienta central la denominada *entrevista abierta o semiestructurada* a jóvenes involucrados en la *libertad vigilada* o *libertad asistida*, y el análisis documental. Además, se realizaron entrevistas a diversos actores institucionales como informantes claves sobre ciertos aspectos normativos, procedimentales y conceptuales, para complementar los análisis.

Como corresponde a la lógica cualitativa, se construyó una muestra intencional[3] a partir de la selección, en un primer momento, de pocos entrevistados. La identificación de estos primeros "informantes" fue realizada desde ciertos criterios:

1) Que los jóvenes hayan cumplido con la medida durante el período 1989-2000. Esta decisión se toma en razón de considerarse que la sociedad argentina encuentra en el año 1989 el inicio y fin de momentos significativos dentro de una etapa mayor. El año 1989 se recuerda por la finalización anticipada, y quizás abrupta, del ex presidente Raúl Alfonsín, con picos inflacionarios (hiperinflación) de elevado impacto social, cultural y político. Este momento puede considerarse como prolegómeno de la década de 1990, en

---

[3] Casos seleccionados como punto de partida para el trabajo en terreno, dada su relevancia como parte de la población. No se trata de una muestra representativa (estadística) sino de una "muestra intencional".

la que se implementan transformaciones significativas e inéditas para la vida social.

2) Que al momento de iniciación del trabajo de campo (mediados de 2001) los jóvenes ya hayan cumplido los 18 años.

3) Que entre los seleccionados, algunos se encontraran cumpliendo con condenas ya como "mayores de edad". Este criterio se tomó entendiendo que no buscamos ni éxitos ni fracasos de la medida, sino la explicación que de la misma ofrecen los jóvenes.

Estos pocos casos seleccionados fueron aportando datos para ampliar el número de entrevistas (técnica de la *bola de nieve*[4]*), hasta llegar a la saturación* de las categorías. Para ello, después de cada entrevista se fueron realizando los análisis que enriquecieron los enfoques para el regreso al campo, teniendo en cuenta que en la perspectiva metodológica seleccionada (cualitativa) la recolección de datos y el análisis deben darse en paralelo y no como momentos separados. De este modo, se siguen las pistas que devienen de los temas emergentes, lo que sirve para otorgar sentido a los datos de un modo progresivo.

Aun cuando esta precisión podría inscribirse en una lógica con impronta más cuantitativa que cualitativa, a título ilustrativo cabe señalar que a la finalización de las entrevistas el grupo que conformó "la muestra" quedó constituido por los siguientes niveles de edades: 1) un 22,22% corresponde a jóvenes de 20 años de edad; 2) un 16,66% a jóvenes de 22 años de edad; 3) un 16,66% a jóvenes de 23 años; 4) un 11,11% a jóvenes de 19 años; 5) un 11,11% a un grupo de 26 años de edad; 6) un 5,56% a 24 años de edad; 7) un 5,56% a 21 años de edad; 8) un 5,56% a 25 años de edad; y 9) un 5,56% a 18 años de edad.

---

[4]   Cada individuo sucesivo es seleccionado por el individuo precedente.

Desde otro punto de vista, la muestra se caracteriza por ser parte de una ciudad en la que, según datos del Instituto Nacional de Estadísticas y Censos (INDEC) de la República Argentina, al segundo semestre del año 2004 se registraba un 67,5% de la población menor de 14 años de edad en situación de pobreza. En dicho porcentaje inciden problemáticas urbanas estructurales, pero también otras relacionadas a la migración interior (de localidades más pequeñas a la capital provincial).

El mencionado índice expresa, en un porcentaje, la situación de exclusión social en la que se encuentran las familias de las que los jóvenes provienen. Como correlato, dichas familias aparecen con dificultades para proveer la porción de contención que les corresponde, apareciendo, a nivel individual, elevados niveles de deserción escolar (jóvenes que abandonaron la escuela a temprana edad y jóvenes que aun estando en la escuela abandonaron el aprendizaje a temprana edad). Se suman, como características, la pertenencia a contextos violentos, con consumo de drogas y pautas de afiliación social que tienden a minimizar la importancia del orden jurídico. Se trata de grupos en los que sus adultos no han participado nunca de la condición de asalariados y que, como sus hijos, tampoco han avanzado en los procesos de escolarización.

La población, además, se caracteriza por un bajo protagonismo en términos de participación en distintas organizaciones civiles (clubes, etc.), políticas (partidos políticos) u otras. Los jóvenes abandonan a temprana edad las regularidades del contexto familiar para comenzar a participar de prácticas más ligadas al mundo adulto: obtención de recursos económicos, sexualidad, etc.

En el proceso de investigación, y en forma paralela al trabajo de entrevistas, se fue realizando una revisión de la trayectoria histórica de la medida (libertad asistida y/o libertad vigilada) en la Provincia de Santa Fe, utilizando el análisis documental y entrevistas a miembros del Poder Judicial (ex jueces, profesionales, empleados) que participaron en la implementación de la medida en distintos momentos y en la discusión del cambio de la normativa jurídica producido en el año 1996. En este proceso se analizan las concepciones tanto ideológicas como teóricas que se manifestaron como contexto de aplicación de la medida.

Acerca de la historia natural de la investigación

Los estudios de posgrado en la realidad argentina presentan ciertas limitaciones: por ejemplo, una insuficiencia de becas para acceder a ellos, por lo que los profesionales que tomamos la decisión de seguir con nuestras formaciones debemos lidiar con la multiplicidad de obligaciones laborales, y de acuerdo a cómo se han venido dando las ofertas en el campo de las Ciencias Sociales –a partir de entrados los años 1990–, muchos somos personas que ya tenemos nuestras responsabilidades familiares. Por otra parte, las carreras de grado en las que muchos nos formamos no habían tomado como aspecto importante de preocupación la dimensión de la investigación.

Con estas breves consideraciones queremos dar cuenta de nuestro propio proceso en este trabajo de tesis, cuestiones que significaron consecuentemente obstáculos para su realización. Tal como puede inferirse de párrafos anteriores, los primeros avances de esta investigación fueron efectuados durante el año 2001, prosiguiendo un período de serias dificultades que dilató su continuidad. No obstante esto, un hallazgo en este proceso consiste en que al retomar las entrevistas pudimos identificar aspectos de reiteración en las explicaciones de los jóvenes.

Por otra parte, iniciar un proceso de investigación en la problemática en la que a la vez intervenimos cotidianamente tiene sus aspectos positivos, pero de manera simultánea ofrece aristas obstaculizantes, en tanto ciertas dimensiones de la práctica tienden a la naturalización. Esto exige una vigilancia epistemológica, en este caso actuada por los aportes teóricos, por un lado, y el papel del director instando a la problematización, por otro. En este sentido, debemos exponer los aprendizajes en relación con la revalorización del contenido de las respuestas obtenidas de los jóvenes que en entrevistas de intervención, tiempo atrás, no habíamos tenido en cuenta. En otras palabras podemos expresar la importancia de la dimensión de la investigación para el enriquecimiento de la intervención profesional.

Acerca del modo de exposición

Hemos configurado, para exponer los resultados de este trabajo de tesis, seis capítulos. En el primero, titulado "Discursos, castigo y orden social", se discuten algunas de las formas que fue adquiriendo la intervención social en el campo de la infancia, en particular aquella dirigida a lo que el discurso jurídico extendido a otros campos disciplinarios ha definido como "minoridad". Formas que en general replican una substancia original que puede ser identificada como *castigo*. Estas cuestiones han sufrido profundas mutaciones a raíz de modificaciones textuales y contextuales de las que se da cuenta en el Capítulo II. El enfoque se particulariza bajo el título "Libertad asistida y/o vigilada" (Capítulo III), poniendo en escena los modos de intervención social que, pensados desde el castigo, adquieren la especificidad de la medida judicial a la que refiere este trabajo. Los aspectos medulares de la confrontación entre esta discusión teórica y las referencias empíricas son presentados ya en el Capítulo IV, al que hemos titulado "Escena social y legalidades múltiples". Aquí se analizan cómo representan los sujetos su propia experiencia, identificando diferentes componentes según el propio relato de los jóvenes, de modo tal que ellos sirven a la construcción del Capítulo V, titulado "Revisión de la intervención profesional según la perspectiva de los jóvenes". En este Capítulo inicia su aparición la trama conceptual que sirve de base para intentar reformular aspectos de la intervención profesional, aspiración significativa de este trabajo que, inclusive, es profundizado en el último capítulo. Tal profundización, propia del Capítulo VI, titulado "La responsabilidad como nudo conceptual", surge como necesidad, pues el "ida y vuelta", propio de la lógica cualitativa flexible, puso en el centro de la escena la tensión entre lo hallado en los dichos de los entrevistados y hallazgos teóricos. Este eje central de reformulación expuesto en las "Conclusiones" del trabajo está caracterizado por la minimización de la unilateralidad en la toma de decisiones, buscando la redistribución de responsabilidades ante la trasgresión a la legislación penal, como hecho pasado, pero también en la reinscripción social del sujeto en tanto situación a la que se aspira.

Capítulo I
Discursos, castigos y orden social

1. Los discursos sociocriminológicos

La cuestión criminológica es estudiada desde diversos campos disciplinares, por lo que, entonces, se advierte la existencia de distintas orientaciones que se construyen obedeciendo a factores de naturaleza variada: epistemológicos, teóricos, disciplinares, éticos, políticos, entre otros. Puede sostenerse que, inclusive, tiende a convertirse en un campo de los que se caracterizan por la convergencia interdisciplinar. En él se entrecruzan diferentes posiciones teóricas, identificables no sólo por su pertenencia a disciplinas particulares, sino también por su inscripción en tendencias más generales. En relación con el tema, haremos referencia a los planteos del Dr. Sergio García Correa,[5] que desde un enfoque de orientación sociológica establece relaciones entre la conducta delictiva y la estructura social, sumando los aportes de la sociología jurídica penal entre otras visiones. Intenta circunscribir los discursos sociocriminológicos según momentos o etapas históricas. A saber:

---

[5]   Correa García, Sergio, "Desarrollo de los discursos sociocriminológicos", curso "El Trabajo Social y las Pericias Judiciales". Disponible en línea: www.edumargen.org/cursos (consultado en octubre de 2006).

› Etapa: *Del industrialismo y urbanismo al bienestar social y pluralidad normativa*. Dentro de esta primera etapa ubica distintas corrientes a las que identifica como:

- *Patología social*: se trata de una concepción que emerge en los inicios del industrialismo. Como su nombre lo sugiere, gran parte del pensamiento se sirve de la metáfora *salud-enfermedad* para analizar la conducta delictiva. Concibe a la sociedad como "cuerpo" en el que algunas partes "enferman", por lo que deben ser "curadas". Es, según informa Correa García, una forma de sociología identificada con la reforma social, y que utiliza la perspectiva del darwinismo social. Así, el orden de lo social debe ajustarse a la demanda industrial considerando lo "no ajustado" como desviación que debe ser corregida. En consecuencia, se desarrolla un rechazo a las clases urbanas bajas, en las que se encuentran las faltas de adaptación, consideradas así patológicas, que deben ser corregidas utilizando modelos clínicos. El método más desarrollado fue el "estudio de casos".

- *Escuela de Chicago*: postula la idea de interacción ecológica, según la cual la conducta es producto de la localización física del individuo, que lo determina en un marco de dualidad de realismo material y moral. Esta Escuela es desarrollada por la Universidad del mismo nombre y la sociología es entendida como disciplina aplicada, partiendo del urbanismo como forma de vida. La desviación se entiende como "natural", en tanto fase inevitable del desarrollo. El método dominante fue el etnográfico, y la idea de "patología individual" fue considerada como transitoria y natural sin llegar a pensar el control formal como generador de desviación y criminalidad. Se velaron importantes cuestiones como el poder y la autoridad en la definición de ellas. Este enfoque se desarrolló sobre todo durante la década de 1930, y entre sus exponentes más significativos aparecen Shaw y Mc Kay.

- *Funcionalismo*: su máximo exponente fue Talcott Parsons y se desarrolla en medio de la depresión económica y en condiciones de guerra mundial. Se caracteriza por la predominancia del pensamiento científico y tecnológico. En el conjunto de ideas que el Funcionalismo desarrolla aparece el "control social" como parte medular, contexto en el cual la desviación es un patrón social permanente y persistente, inclusive esencial para mantener el "sistema social". Los funcionalistas se alejan de las visiones patologistas y ecologistas de la desviación para considerarla como una parte necesaria en el sistema. Omiten los conflictos y las contradicciones construidos por cualquier sistema de relaciones sociales, incluyendo en dicha omisión el poder operante en las tensiones entre grupos, generador de desviación. El Funcionalismo se caracteriza por un gran esfuerzo teórico que, inclusive, es objeto de críticas que intentan ser superadas por la corriente de pensamiento identificada como *Anomia*.

- *Anomia*: los teóricos de esta escuela rechazan el determinismo colectivo de la desviación. El principal exponente fue Robert Merton. El objetivo central es descubrir cómo ciertas estructuras sociales ejercen presión en personas dentro de la sociedad, articulándolas en conductas inconformes en lugar de conductas conformes. El contexto social en el que se desarrolla es el propio del Estado de bienestar, etapa en la que los gobiernos intervienen financiando, entre otros aspectos, la ciencia social. Los teóricos desarrollan teorías orientadas desde la perspectiva de los conflictos raciales y las consecuencias sociales de la pobreza. Se la considera una variante del Funcionalismo y la mayor densidad teórica se observa en la tensión estructural o en la deficiente integración de la estructura social. La desviación se entiende como efecto de la incongruencia entre metas de éxito y medios estructurales para su alcance, por lo que postula la institucionalización del propio interés como legitimación de lo amoral. Los temas básicos son la desviación como adaptación individual, la subcultura de la delincuencia y la cultura de la pobreza. A esta corriente se objeta el soslayar el análisis de la total incidencia de la criminalidad, así como hechos no delictivos pero de elevado daño social. Así, se considera que estigmatiza a los sectores sociales más débiles convirtiéndose en ideólogos e intérpretes oficiales del control, distorsionando en consecuencia la desviación y el control como realidad total.

- *Teoría del Conflicto de Valores*: representada por Edwin H. Sutherland, esta tendencia concibe a la desviación como un conflicto que se inicia antes del hecho penal, se continúa durante éste y concluye luego. Es independiente de la ley, por lo que ésta no puede regularlo. Representa otro esfuerzo por comprender el delito incorporando el conflicto social. Se utilizó la perspectiva del "conflicto normativo" considerando la desviación como una tradición cultural de aprendizaje primario en los grupos "cara a cara". La metáfora dominante es la de "sistemas de carreras delincuentes", concepto que enfatizó los patrones sistemáticos de los motivos y actos desviados. Se objeta a esta escuela el no haber explicado las condiciones necesarias y suficientes de la conducta desviada, a pesar de un exhaustivo análisis tipológico. La premisa del conflicto de valor postula que la desviación es creada por la ley y por el control social, abonando el terreno de la reacción social y sus consecuencias en la identidad desviante.

› Etapa: *De la reacción liberal contra la burocracia a la economía política del Estado.* Dentro de esta etapa Correa García identifica las siguientes corrientes de pensamiento:

- *Teoría del etiquetamiento*: representada por Howard Becker, estudia cómo la sociedad, a través de sus agentes de control, reacciona negativamente y victimiza a los transgresores de las clases bajas y minorías. Se desarrolla en un contexto de reacción liberal al Estado burocrático, considerando que la desviación se produce como efecto del control social. La metáfora dominante es la del estigma que define, aísla, castiga al delincuente, creando y perpetuando la identidad desviada. Se cuestiona de ella el insuficiente apoyo empírico para demostrar la reacción social formal e informal como generadoras de desviación, cierta parcialidad cognoscitiva al explicar la conducta criminal exclusivamente como un efecto del control social, la ambigüedad del etiquetamiento ante la pluralidad y diversidad amplísimas de conductas y reacciones sociales, la incongruencia al afirmar que la desviación está relacionada con las normas sociales prevalecientes, la conducta criminal no es definida como desviada sino sólo hasta que es descubierta originando cierto tipo de reacción.

- *Teoría del control*: la sociedad es concebida en conflicto entre grupos problemáticos en busca de comodidades sociales y acciones colectivas como síntoma de rivalidad y coerción organizada. Esta conflictividad es efecto de la necesidad del hombre por alcanzar una plena vida social. La desviación se origina por la mala distribución de la riqueza inherente al orden social legitimado y mantenido a través del intercambio en y entre controladores de grupos sociales y de la población controlada. La metáfora dominante es la "contradicción estructural", oposición construida en la estructura social, legitimando procesos que luego serán fuerzas contrarias. Se objeta a esta corriente que sus pretensiones son utópicas y sólo tienen como preocupación del control a las sociedades capitalistas. Sobresalen como exponentes Ian Taylor, Paul Walton y Jack Young.

Advertimos, en la descripción de García Correa, la presencia más o menos regular de dos importantes tendencias explicativas. Una de ellas orientada a ubicar la génesis de la problemática en un orden exterior al sujeto, y otra orientada a colocar el énfasis en el orden individual. Se trata de una versión entre otras que también oscilan entre dichos puntos. Si bien volveremos más adelante sobre la cuestión etiológica, digamos aquí que al tema también se han referido Claudia S. Krmpotic e Ivonne Allen, autoras que han identificado dos corrientes, denominando "estructural" a una y "comportamental" a la otra. En "Problemas y atajos en la cuestión penal juvenil" precisan:

> En la primera, la atención se concentra en los procesos de desigualdad socioeconómica, desempleo, pobreza y exclusión social como factores determinantes en el aumento y extensión del delito y su criminalidad. En la segunda, son los aspectos sociopsicológicos de los individuos y de sus grupos primarios los elementos clave para comprender el delito y la reincidencia, así como culturales con relación a los sistemas de creencias y modos de pensar, lo cual deriva en una diferente aproximación al problema de las responsabilidades sociales (Estado-familia-comunidad; mercado-élites-marginalidad).[6]

Esta diferenciación adquiere especial relevancia si tenemos presente que la "responsabilización" se transformará,

---

[6]   Krmpotic, Claudia *et al.*, "Problemas y atajos en la cuestión penal juvenil", en Burkún, Mario *et al.*, *El conflicto social y político: grados de libertad y sumisión en el escenario local y global*, Buenos Aires, Prometeo, 2006, p. 194.

a lo largo de este informe, en uno de los vectores de análisis de mayor relevancia, en términos de lo encontrado como referencia empírica (a través de las entrevistas realizadas), pero también en términos prospectivos. El énfasis con que en definitiva aparezca el componente "responsabilización" debe ser significado en el contexto del debate acerca de la gestión de lo social ("cuestión social" o "nueva cuestión social", puesto en términos ya clásicos). En este contexto, como se sabe, la díada seguro-riesgo forma parte substancial del entramado conceptual y, allí, las diferentes formas de responsabilización (social, individual, etc.) adquieren una significativa centralidad. Cierta desesperada reacción de algunos sectores de la ciudadanía tienden a provocar reconfiguraciones que alejen el riesgo, para lo cual tienden a promover taxativas definiciones en lo inherente a los reclamos por mayores niveles de *responsabilización* en unos u otros sectores. Se trata, siguiendo a Zygmunt Bauman, de un contexto en el cual "el peso de la construcción de pautas y la responsabilidad del fracaso caen primordialmente sobre los hombros del individuo."[7]

Subrayemos: en lo expuesto prestamos especial atención a la idea de *responsabilización*, y a sus implicancias según la posición teórica en la que nos situemos. Esta cuestión constituye una de las claves y, en tanto tal, nos acompaña a lo largo de esta exposición. Si bien, como se dijo antes, es posible identificar una multiplicidad de discursos que convergen sobre la cuestión criminológica, existe un vector de análisis que varía en su intensidad de presencia. A pesar de tales variaciones se sostiene a lo largo de la historia, apareciendo y reapareciendo tanto en los ámbitos académicos como en el campo no académico (profesional, ciudadano, etc.). Aludimos a la discusión

---

[7]   Bauman, Zygmunt, *Modernidad Líquida*, Buenos Aires, Fondo de Cultura Económica, 2005, p. 13.

del *castigo* como noción que incluye, en líneas generales, distintas ideas de naturaleza cercana, como lo son, por ejemplo, el propio enfoque desde las nociones de "sanción" y/o de "responsabilidad".

2. El castigo como intervención social

Digamos en principio que se reconoce al filósofo británico Jeremy Bentham (1748-1832) como fundador del *utilitarismo*, corriente de pensamiento cuya idea central gira en torno a la noción de *utilidad*. Este último concepto se transforma en eje conceptual ocupando un lugar privilegiado en sus desarrollos sobre la organización social en general.

En *La problemática del castigo*, Enrique Eduardo Marí sostiene que para Bentham la ley en general, y en particular la penal, deberían excluir el castigo en tanto "opuesto contradictorio de la felicidad [...] infligir un dolor es injustificable a no ser que se demuestre que resultará mayor bien de aplicarlo que de evitarlo [...] ese bien en el que piensa Bentham es la prevención o la reducción del crimen, sea por disuasión o por reforma del ofensor."[8]

El autor rastrea en el pensamiento de los filósofos clásicos como Platón, Aristóteles, Santo Tomás de Aquino y –luego– en el empirismo inglés, encontrando los fundamentos de una de las grandes posturas ante la problemática del castigo, precisamente denominada *utilitarismo*, opuesta a la otra gran posición conocida como *retribucionismo*. El *utilitarismo*, en coherencia con su axioma básico que ubica la *utilidad* como principio de organización social, postula la necesidad de que el castigo tenga una función

---

[8]   Marí, Enrique Eduardo, *La problemática del castigo*, Buenos Aires, Hachette, 1983, p. 63.

explícitamente útil, característica de la que también extrae su condición valiosa.

> La idea que lo preside [...] no es tanto que el castigo deba ser "retribuido" por el hecho de ser merecido, por una razón de justicia como asevera la concepción retribucionista opuesta al utilitarismo, sino en base a su finalidad primordial de erigirse en un medio a la vez terapéutico y educativo. La pena tiene que ser aprendizaje para el logro de la enmienda del hombre y pedagogía para formarlo como ciudadano virtuoso.[9]

El *retribucionismo*, en cambio, sostiene que aquel que transgrede la ley debe ser castigado, pues ello es justo. No se centra en las posibilidades de rehabilitación como criterio de utilidad, sino que aun cuando el castigo no sea útil él debe ser aplicado porque corresponde.

Marí establece lo que para él sería la diferencia entre ambas posturas en los siguientes términos:

> -El retribucionismo justifica el castigo en razones de justicia.
> -El utilitarismo apela a las consecuencias valiosas del castigo. Para el primero, el autor de la ofensa ha causado un daño, merece (*deserve*) por ello que se lo castigue. Es esto una estricta razón de justicia: la de retribuir o reparar su acción. Para el utilitarismo, en cambio, el castigo sólo se justifica computando las consecuencias de la pena, o sea tomando en cuenta su utilidad u oportunidad.[10]

Dentro del pensamiento *utilitarista*, a la vez, se han generado dos corrientes diferenciadas que ven la utilidad del castigo desde distintas perspectivas. Una de ellas sostiene que él tiene un carácter ejemplificador para terceras personas. Es decir, que el delito castigado sirve como ejemplo para que quienes son espectadores de tal escena social sean convencidos de que no es conveniente desarrollar

---

[9]   *Ibíd.*, p. 69.
[10]   *Ibíd.*, p. 83.

tales conductas, pues esos serán los efectos. La otra perspectiva se diferencia de la primera, pues de un modo más directo entiende que el sujeto que es castigado por el hecho cometido revisará su conducta y provocará los cambios necesarios para no volver a cometer delitos.

Así explica Marí tales diferencias entre ambas posturas dentro del *utilitarismo*: "Dentro de este esquema algunos utilitaristas [...] piensan prioritariamente en la disuasión (*deterrence*) del ofensor o en el uso preventivo del castigo respecto de terceros; otros en la reforma (*reform*) del ofensor."[11]

Si bien esta investigación está referida a medidas que, en un sentido amplio, no afectan la libertad ambulatoria, es útil señalar que la normativa jurídica en Argentina está dominada por la tesis *utilitarista*. Es la propia Constitución Nacional la que impone desde la parte final del Artículo 18 que "las cárceles de la Nación serán sanas y limpias, para seguridad y no para castigo de los reos detenidos en ellas, y toda medida que a pretexto de precaución conduzca a mortificarlos más allá de lo que aquella exija hará responsable al juez que lo autorice."

La mencionada exigencia desde la cúspide del ordenamiento jurídico encuentra eco, luego, en diversas normas de rango inferior que tienden a imponer la resocialización (o reeducación) como objetivo de la pena, aunque las prácticas –incluidas las del sistema judicial– no siempre aparezcan totalmente consustanciadas con esta perspectiva utilitarista.

Esta concepción tiene su lugar en el contexto de las opiniones de la ciudadanía, pero –no obstante– es bastante común encontrar que por ejemplo, en medio de movilizaciones callejeras, se manifieste la necesidad de "justicia" sin que tal reclamo aparezca nítidamente ligado

---

[11]   *Ibíd.*, p. 83.

al reclamo de "resocialización". No pocas veces el reclamo de "justicia" es el reclamo de castigo, por lo que el castigo significa en sí mismo, aunque si el reclamo es presentado en instancias de debate, mediante dispositivos distintos de los que supone la movilización callejera (foros, debates televisivos con presencia de especialistas, etc.) ya es más común que el castigo como camino hacia la rehabilitación (tesis utilitarista) encuentre otro espacio.

Entre los profesionales que trabajan vinculados con los servicios de justicia es también visible la adhesión a una tesis por parte de unos y la adhesión a la otra tesis por parte de otros. No es tan extraño detectar opiniones caracterizadas por la defensa del orden social ante individuos a los que se considera tan merecedores de castigos como poco posible su recuperación.

La experiencia profesional indica con cuánta asiduidad los jueces penales solicitan a los médicos psiquiatras que dictaminen si una persona judicializada por un hecho criminal *comprendió* la criminalidad del acto que se supone ha protagonizado. Las respuestas que se esperan no son demasiadas. El juez verá satisfecho su pedido si el profesional ofrece respuestas del tipo "si" o "no". Ambas respuestas allanan el camino hacia la categorización judicial y suelen constituir uno de los pisos centrales para la tarea de cualquier otro profesional que intervenga. Esto involucra un debate inherente a los espacios disciplinares históricamente construidos, cuestión a la que nos referiremos más adelante. Pero ahora bástenos con señalar que a partir del "sí" o el "no" médico, se presume que el sujeto comprendió (o no) la conducta que desarrolló. Fijado este presupuesto *el castigo* aparece (o no) como un recurso a utilizar. Si *comprendió* puede, cumplidos los requisitos legalmente establecidos, ser penado (castigado), pero si no *comprendió* dicha pena no es aplicable sino que debe valorarse otra medida (por ejemplo, internación en una institución psiquiátrica).

En el campo de lo que en la Provincia de Santa Fe aún (año 2008) se denomina "Justicia de menores", es común encontrar que el propio niño que ha transgredido la legislación penal ve el castigo como algo necesario para su redención. Afirmaciones tales como "me dieron cuatro años y los cumplí" develan algo de este orden. En el campo de los ciudadanos más reflexivos en relación con esta problemática, sin embargo, pareciera dominar la idea según la cual todo castigo debiera tener efectos sobre el sujeto que impliquen una no reincidencia.

3. El castigo en el niño que delinque

Digamos en principio que a partir de la Convención Internacional de los Derechos del Niño y su incorporación a la Constitución Nacional reformada, las medidas que se adoptan en el campo de la Justicia para la niñez deben tender a la reparación de los derechos del niño, de modo tal que dicha reparación tenga como efecto la protección de su desarrollo integral.

Esta concepción se opone, como lo veremos más adelante, a la idea de un Estado tutor que, a través del Poder Judicial, *tutela y/o protege y/o se compadece de los niños socialmente excluidos y, simultáneamente, de los niños que cometen delitos.* Se ubica entonces en las antípodas de una concepción doctrinaria defensora de medidas *tutelares* que al ser aplicadas desde un Poder como el Judicial conllevan una carga simbólica inevitablemente asociada a la función de intervención por la fuerza. En gran medida, esta carga excede el mero carácter simbólico para transformarse en el uso real de la fuerza pública contra la voluntad del niño. Al asentarse en el uso de la fuerza, entonces, es inevitable que –aunque de un modo encubierto– participen del contenido represivo del que aún gozan una multiplicidad de intervenciones estatales.

En este contexto, una parte del imaginario judicial muestra su perfil coherente con esta pertenencia de muchas medidas judiciales sobre niños o adolescentes a un campo de naturaleza tutelar-represiva. Esto se expresa también en la *libertad vigilada* y/o *asistida*[12] *cuando es razonada como una medida más asociada a la retribución (especie de "tarifa", concepto sobre el que se volverá en apartados posteriores) que se aplica a unos tipos de hechos preservando otras* (por ejemplo, la institucionalización) para otros tipos de hechos.

Ante ello, desecharemos la posibilidad de que los contenidos represivos de las medidas que se aplican sobre niños o adolescentes puedan gozar de un consenso que, siguiendo a Marí, podría ser denominado *retribucionista* en su aplicación sobre niños. Esto puede ser así pensado pues a los niños se los reconoce desde los Derechos Humanos, desde el propio ordenamiento jurídico y desde diferentes saberes disciplinares, como necesitados de un tratamiento especial para su adecuado desarrollo. En tanto niños, son destinatarios de un tratamiento específico que tiene como norte el desarrollo de sus potencialidades específicamente humanas. El castigo como mero merecimiento no sería entonces aplicable.

Ahora bien, si este es el horizonte, podremos sostener, como parte de un primer acercamiento, que las medidas que se adoptan en el campo de la niñez se inscriben, en principio, en un campo afín a los valores del *utilitarismo*. No se trata de castigar porque es lo merecido, sino de inscribir la sanción en un campo de posibilidades útiles para la reinserción social. Cabe aquí una pregunta a título de

---

[12]   La *libertad asistida* en cuanto tal se discute en un capítulo posterior.

vector de análisis: la *imposición* de *libertad vigilada* y/o *asistida*, en cuanto régimen abierto y flexible pero con contenidos represivos, aunque sea encubierto tal como veíamos en párrafos anteriores, ¿logra por sí misma la rehabilitación del niño? Suponiendo inclusive que en el marco de la *libertad asistida* se impongan tareas de diverso tipo (comunitarias, terapéuticas, educativas, etc.), ¿funcionan como genuina rehabilitación más allá de, en todo caso, la obediencia temerosa del joven?

Por ahora, y dado que volveremos sobre este aspecto, digamos que desde una perspectiva puramente especulativa, el castigo, la limitación, el reproche, aquello que infringe dolor (consciente o inconsciente) intervienen en la configuración de las representaciones sociales que regulan las conductas, pero no de un modo excluyente ni como centro del sistema. El castigo supone infinitas formas, por lo que el control social (incluido el subsistema jurídico-punitivo) es apenas una de las posibles que puede adquirir cuando opera. El sujeto, aún adulto, puede cambiar su posición ante el mundo por la incidencia de diversas experiencias, pero no necesariamente (es decir, no como regularidad comprobable) gracias a la imposición unilateral de alguna de ellas. Son varias las vías para desarrollar la capacidad de convivir según los consensos socialmente vigentes. Optar por algunas de ellas supone valorar la singularidad de cada sujeto, pues lo que opera en una situación particular no necesariamente sirve para otra. Inclusive puede resultar contraproducente.

En virtud del objeto que interesa a este trabajo, podemos sostener que son necesarias medidas para que el niño que ha transgredido la legislación penal resignifique su posición cotidiana a partir del contacto con el lugar simbólico de *la* ley (o su manifestación jurídica), produciendo adaptaciones activas o aprendizajes sociales que modifiquen su conducta. Dada tal necesidad, tiene lugar la siguiente problematización: ¿hasta dónde la mera fuerza, no sólo visible, objetiva, externa, sino también su presencia simbólica, es eficaz? ¿De qué especificidad debe rodearse para adquirir eficacia en la intervención sobre conductas juveniles?

La práctica judicial tiende a vaciar de contenido las medidas alternativas, pues dominada por su dinámica cotidiana ha naturalizado la valoración excluyente de lo observable, lo medible (por ejemplo, si el joven cumplió una tarea durante un tiempo determinado), pero en general desplaza a un plano muy secundario la valoración de aspectos tales como la capacidad del joven por responsabilizarse por sí y por su entorno, desde una perspectiva que incluya eficazmente la complejidad del orden social.

El *sentido* de la medida alternativa es, precisamente, un *sentido alternativo* a lo que podríamos denominar el *sentido penal dominante*. En este último, la pena se impone al sujeto desde el exterior, sin su participación en la construcción de ella, con todo lo que esto significa. Que el joven participe de forma activa en la construcción de una medida alternativa lo hace parte de ella, lo involucra, permite cualificar procesos de resignificación de lo sucedido en un contexto donde las responsabilidades se distribuyen de un modo más equitativo y no mecánico. Así, la *responsabilización* comienza a adquirir otro sentido, e inclusive, otra *utilidad*, en el sentido expuesto anteriormente.[13]

Postulamos, entonces, y en coincidencia con las tendencias dominantes de las que nos ocuparemos más adelante, que la sanción debe formar parte de este campo, pero substancialmente unida con la búsqueda de la responsabilización. No se trata de una responsabilización externa, superficial, sino de un nuevo posicionamiento del joven

---

[13]   Todo esto, claro está, sin vulnerar la lógica propia del *Derecho Penal de Acto* y principios fundamentales tales como el de *Defensa en Juicio*.

ante el orden jurídico y, en particular, ante el orden social que él expresa. Cuando ellas adquieren la forma de menú de opciones estructurado con rigurosidad por la noción de *sanción*, queda desplazada la posibilidad de inscripción de la noción del *otro*, y por lo tanto dificultada la posibilidad de responsabilización en el sentido aquí expuesto, que profundizaremos bajo un título más específico.

Ninguna medida puede ser pensada en términos de recetas a aplicar de manera mecánica, sino que deben ser recursos para llevar adelante procesos de construcción en los que el *sujeto de derechos* sea –justamente– sujeto y no objeto de decisiones externas. Para que el niño modifique su conducta a partir de su responsabilización, es indispensable que participe en la búsqueda de soluciones a su situación, tarea para la cual la Justicia debería desarrollar voluntad por modificar sus matrices de pensamiento y las prácticas que resultan de ellas, aun allí donde los sistemas han sido formalmente adecuados según las tendencias legislativas más recientes.

Adelantemos también algunos conceptos que, luego, retomaremos ya bajo la forma que le dan distintos autores al pensar en un sistema penal juvenil. Krmpotic y Allen sostienen:

> Si establecer las sanciones y penas son parte de una estrategia de reparto del dolor, se debiera propender a imponer el mínimo dolor posible, y que ante la duda no se lo imponga, y se concentren los esfuerzos en encontrar otras formas de lograr el control social (opciones a los castigos). Si la aflicción es inevitable, no lo es el sufrimiento creado intencionalmente por el hombre; por tanto, ¿cuál es el límite del dolor infligido?, ¿no hay una eficacia neutralizada, o acaso, una repetición de modelos fracasada?[14]

---

[14]   Krmpotic, Claudia *et al.*, *op. cit.*, p. 198.

4. Las dos infancias

Ninguna de las ideas antes expuestas pueden discutirse sin tener presente el contexto, visible ya desde la propia terminología utilizada. Como sabemos, en los sistemas conceptuales disciplinares algunos términos ocupan lugares jerárquicos que les permiten participar de un modo privilegiado en la producción de conocimiento como así también en el modelado de las estrategias para la acción. De manera corriente, dichos términos enuncian explícita o implícitamente una concepción antropológica con sus cargas de valor subyacente.

Esto ocurre con el término *menor* en el campo de acción de la "Justicia de menores" (denominación aún utilizada, como ya dijimos). Allí, el término es usado como genérico útil para identificar a todo niño que ha sido judicializado y a quien, de modo paradójico, posiciona en términos doctrinarios como *sujeto de derechos*. Esto sucede, como lo hemos comentado antes, desde, por ejemplo, las *Reglas de Beijing* (ONU). Entendemos que esta modalidad niega al niño una designación por la vía normal del sustantivo, asignándole una identificación residual por vía de un adjetivo. Dicho de otro modo, el niño aparece como una construcción secundaria, adjetivado por lo que le falta, y reduciendo su dimensión ontológica a un elemento lingüístico cuya defensa cotidiana se hace más fuerte desde los usos y costumbres que desde la fundamentación teórica. Tal característica lingüística no queda en el plano del lenguaje como mero instrumento, sino que tiene efectos decisivos sobre la constitución del sujeto niño. Así es que, en "Las infancias de la minoridad", Mara Costa y Rafael Gagliano sostienen: "Si para un niño

el sistema de filiación está garantizado y le permite perte-
necer e inscribirse simbólicamente en la construcción de
una subjetividad propia, en el menor el déficit de filiación
lo dispersa en dominios múltiples y difusos."[15]

Digamos, en principio, que tal categorización en, por
un lado los *menores*, y por el otro, *los niños*, parece obedecer a un proceso bastante más complejo de lo que se
reconoce cotidianamente. Jacques Donzelot, en *La policía
de las familias*, intenta explicar la posición singular de la
familia en las sociedades occidentales, mostrándola a través de una serie de escenas dispares que revelan cómo se
estructura la infancia de las familias de los sectores sociales
a los que este autor denomina "burgueses" y las familias
de los sectores socialmente postergados. Veremos más
adelante las particularidades que este proceso adquiere
en la República Argentina.

Entre dichas imágenes, Donzelot incluye:

> La imagen del chalet burgués. El chalet comienza a la salida
> de la escuela. Unos regresan solos, a otros pasan a recogerlos.
> Los primeros tienen la calle, los descampados, los escapara-
> tes y los sótanos; los segundos, los jardines, los gimnasios,
> la merienda y unos padres que los educan. Aquí ya no se
> trata del cerco, sino de la preservación. No hay ahogo, sino
> liberación en un espacio protegido.[16]

Aquí ya aparece la distinción entre unos y otros procesos sociales, hacia la construcción de una y otra categoría. Donzelot centra gran parte de su esfuerzo en identificar las estructuras históricas europeas que aportan a
la comprensión del fenómeno. Describe las formas que

---

[15]   Costa, Mara *et al.*, "Las infancias de la minoridad: una mirada histórica
desde las políticas públicas", en Duschatzky, Silvia, *Tutelados y asistidos:
programas sociales, políticas públicas y subjetividad*, Buenos Aires,
Paidós, 2000, p. 83.

[16]   Donzelot, Jacques, *La policía de las* familias, 2ª ed., traducción de José
Vázquez y Umbelina Larraceleta, Barcelona, Pre-textos, 1998.

progresivamente van tomando la filantropía sobre la niñez y la familia durante el siglo XVIII, identificando, en primer lugar, un *polo asistencial* que se apoya en una definición liberal del Estado que envía las demandas sociales hacia la esfera privada. Luego aparece –siempre siguiendo a Donzelot– un *polo médico-higienista* al que caracteriza la preocupación por el peligro que significaba el debilitamiento físico y moral de la población. Hacia finales del siglo XIX, la sociedad generó un nuevo nodo filantrópico mediante el cual se reúnen tanto la preocupación por la infancia en peligro como aquellas cuestiones que pueden transformarla en peligrosa para la sociedad.

La acción toma dos formas básicas:

> Por un lado están las sociedades nacidas en torno a la preocupación de sustituir con la iniciativa privada al Estado en la gestión de los niños moralmente abandonados (vagabundos), delincuentes, rebeldes a la autoridad familiar (niños ingresados en reformatorios a petición paterna) [...] Por otro lado está la proliferación, a partir de 1857, de sociedades protectoras de infancia [...] que tratan de introducir entre las familias populares los métodos modernos de crianza y educación de los hijos.[17]

Donzelot sostiene que aun así el poder público encontraba resistencia en el poder paterno para afianzar su intervención sobre la familia. Los sectores socialmente articulados no eran objeto de preocupación por parte del poder (magistrados y filántropos, por ejemplo), pues diversos recursos eran aplicables (casas privadas, centros de tratamiento psiquiátrico, entre otros).

> Quedaban, pues, las familias pobres, y eso era lo que más molestaba a los magistrados: encontrarse en cierta manera a las órdenes de la "población más mediocre" y tener que conceder a su conveniencia ordenanzas paternas de co-

---

[17]   *Ibíd.*, p. 8.

rrección. Sin duda existían buenos pobres que apelaban a ellos, pero esos mismos eran a menudo los que retrocedían en el último momento por "una debilidad culpable" ante la aplicación de la ordenanza. Y, además, un mes de cárcel, o incluso seis era demasiado poco, estimaban, para erradicar las malas inclinaciones adquiridas.[18]

Costa y Gagliano tratan de identificar procesos sociales que hicieron que en Argentina también se expresaran dos infancias. Estiman que esta categorización tiene su origen en las formas que adquirió la institucionalidad desde el nacimiento del Estado Nacional, con una firme impronta jurídica como parte de su cultura:

> Control social de todas las infancias hubo desde los orígenes de la fundación de nuestro país, pero la clasificación institucional de los sujetos infantiles en niños propiamente dichos (en posiciones de sujeto vinculadas a su condición de hijo de familia legítima y a su inscripción como alumno del sistema de educación pública nacional) y en menores (en posiciones de sujeto relacionadas con la carencia de familia, hogar, recursos o desamparo moral y a su condición de pupilo protegido por el Estado) es consecuencia directa de los dispositivos legales e institucionales desplegados en la propia constitución del Estado moderno en la Argentina.[19]

A principios del siglo XX, el Estado Nacional se dio un instrumento jurídico que suele recordarse como "Ley Agothe". Se trata de la Ley de Patronato del Estado, que sintetiza el pensamiento dominante en la época pero como parte de un complejo proceso social sobre el que volveremos en el capítulo que sigue. No obstante, señalemos aquí que la preocupación social ante la situación generada por el crecimiento de sectores de la niñez a los que se consideraba en riesgo "material o moral" provocó la reacción pública. Tal reacción generó un discurso supuestamente

---

[18]   *Ibíd.*, p. 84.
[19]   Costa, Mara *et al.*, *op. cit.*, p. 69.

proteccionista según el cual, ante la ausencia o insuficiencia de los padres de los niños "en riesgo", el Estado debía intervenir supliéndolos. En la parte final del siglo XX toma fuerza la crítica a esta intervención por considerar, entre otras cosas, que tras la supuesta protección subyacía –y subyace aún– la verdadera motivación: controlar a los niños de modo tal que dejen de ser un peligro social. Se trataría de una intervención sobre los efectos más que sobre las causas.

En esta tendencia subyace la idea señalada al tratar, antes, la relación entre los distintos discursos sociocriminológicos, el castigo y el orden social. Nos referimos a la oscilación entre, por un lado, identificar la problemática como de orden estructural y, por el otro, como de orden estrictamente comportamental. La noción de *patronato* ubicaba el problema en el propio niño antes que en la estructura social. De allí que eligió como camino la intervención sobre este último antes que sobre sus condiciones de reproducción cotidiana.

En relación con nuestro tema, vale señalar que la población-objetivo de los juzgados de menores no es la infancia en general, sino que está constituida por niños provenientes de los sectores socialmente excluidos, aquellos que circulan en los márgenes del ordenamiento social. La *libertad vigilada* y/o *asistida* es, entonces, una herramienta que se aplica sobre estos grupos.

5. La judicialización por *abandono* y la judicialización por *peligrosidad social*

La *infancia excluida* ("los menores") es motivo de intervención judicial por caminos que se pueden ubicar en dos grandes campos. Uno es el que recibe diversas denominaciones, como por ejemplo *competencia civil*, *competencia tutelar* o *competencia proteccional.* Es el tipo de intervención que supone la existencia de *riesgo material o moral* tal como en la República Argentina lo definía la ya derogada Ley de Patronato del Estado. Aun cuando dicha Ley ha sido reemplazada (daremos cuenta de ello más adelante), sabemos que, al momento de elaborar este trabajo, la concepción aún sigue vigente en gran parte del país. Y en tanto concepción se mantiene en muchos otros aun cuando en casos se han dado ya profundas transformaciones (volveremos sobre esto con más precisiones).

En el marco de dichas concepciones, el Estado, a través de sus jueces especializados, presume la necesidad de "padres" en la vida de los niños, figuras que normalicen sus conductas, que los preparen para desarrollar comportamientos adecuados con los imperativos sociales. Cuando detecta que los padres legalmente reconocidos están ausentes o no cumplen de manera eficaz con sus tareas, interviene imponiendo un padre que estima adecuado: el Estado a través del Juez de "menores". Esta es la concepción que en términos doctrinarios se considera anacrónica, que jurídicamente ha sido derogada, pero que sigue dominando gran parte del escenario inscribiéndose en el campo de la ya antigua *doctrina de la situación irregular* asentada sobre la idea del *peligro material o moral* en que se encontraría "el menor".

Ese *padre*, llamado a ejercer una función institucional que reproduzca funciones naturales, se vale de recursos profesionales que –cree– le servirán para ser el buen padre del que el niño no dispuso oportunamente. Funciona entonces toda una institucionalidad que incluye una red de recursos que actúan desde la idea de protección al "menor", de satisfacción de sus necesidades, operando como guardián de lo que cree es lo mejor para el niño pobre. La concepción es sostenida, entonces, no sólo en términos judiciales sino también desde distintos lugares del sistema de intervención. La judicialización es motivada por situaciones que van desde esta suposición –el "menor abandonado"– hasta otro extremo que supone la existencia de un menor que es peligroso para la sociedad. Se activa entonces la faz penal de la Justicia:

> Cuando el acento se coloca del lado del abandono [...] la peligrosidad social es reelaborada en términos terapéuticos y reclama intervenciones custodiales sobre el territorio, pero cuando el acento se pone sobre la "peligrosidad so-cial" –como es el caso de los adolescentes y los jóvenes– el abandono adquiere la característica indisolublemente asociada a estilos de vida, actitudes, subculturas, y conduce a reclamos y respuestas en términos de "seguridad" de las cuales es actor el sistema penal.[20]

Lo penal cobra fuerza y con ello se pone en acto una tensión doctrinaria que en América Latina rodea ya dos décadas de historia. Se trata, nuevamente, de la tensión entre la denominada *doctrina de la situación irregular* y la *doctrina de la protección integral.* Lo penal, en este marco, es cuestionado, pues en la vieja concepción es abordado de un modo considerado jurídicamente inconstitucional.

Cuando se presume que un niño ha desarrollado una conducta delictiva, el sistema tiende a considerarlo *peligroso*, pues se estima que atenta contra bienes que la sociedad define como valiosos, y por ende, los ha protegido mediante investidura jurídica. El niño *peligroso* se caracteriza –entre otras notas– por romper con tal investidura. Son aquellos moldes socialmente construidos –los delitos– que permiten categorizar unas conductas como *delictivas* y otras como mero *abandono.* En ocasiones, la conducta *delictiva* es nominada como *transgresión a la legislación penal* o

---

[20]   Guemureman, Silvia, "La contracara de la violencia adolescente-juvenil: la violencia pública institucional de la agencia de control social judicial", en Gayol, Sandra *et al.*, *Violencias, delitos y justicias en la Argentina*, Buenos Aires, Manantial, 2002, p. 171.

conflicto con la ley. La lógica que regula estos sistemas en lo substancial, no obstante, es la lógica del castigo penal sin que éste implique –en estos casos– las garantías procesales y substanciales constitucionalmente exigidas.

En este contexto, hay aspectos que merecen un "paréntesis", como el que sigue. El sistema penal funciona generalmente mediante sus operadores oficiales en el caso de los "menores", pero lo común es que si él debe ocuparse –aun cuando son muy pocos los casos– de la situación de "niños", éstos son asistidos por profesionales contratados por sus padres, lo que introduce una diferencia significativa en el trato que reciben del sistema.[21] La asistencia o defensa a través de un profesional especialmente rentado asegura una dedicación especial y el uso, a favor del niño, de una serie de recursos legales y –también– simbólicos que no siempre logra hacer un asesor[22] o defensor oficial, ocupado en atender varios cientos de causas de manera simultánea. Sobre estos niños, entonces, son morigerados los efectos de un proceso judicial que no coloca el suficiente énfasis

---

[21]   El 22 de marzo de 2008, el Director del *Instituto Latinoamericano de las Naciones Unidas para la Prevención del Delito y Tratamiento de Delincuentes* (ILANUD), Dr. Elías Carranza, aunque se refiere a la Justicia Penal en general, plantea la necesidad de fortalecer la defensa, pues "a las cárceles llegan solamente, o casi solamente, personas de clase baja que han necesitado y necesitan de los defensores oficiales porque no pueden contratar abogados privados". Disponible en línea: www.pagina12.com.ar/diario/sociedad/3-101106-2008-03-22.html (Consultado el 24 de marzo de 2008).

[22]   Inclusive esta figura viene siendo cuestionada por ser considerada, entre otras cosas, un reservorio de prácticas tutelares no acordes con las nuevas matrices de pensamiento jurídico. Este carácter contradictorio es mencionado, por ejemplo, en una ponencia del Juez de menores de la tercera nominación de la ciudad de Rosario, Dr. Carmona, cuando sostiene que el "asesor de menores es también una figura contradictoria [...] en tanto representa los intereses de la sociedad y al menor al mismo tiempo". Disponible en línea: www.rosario.gov.ar/sitio/desarrollo_social/ninos/archivos/foro_mesa3.pdf (Consultado el 24 de marzo de 2008).

en las garantías substanciales y procesales constitucionalmente exigibles para todos.

6. La *peligrosidad social* juvenil y el contexto social

La *libertad vigilada* y/o *asistida* tiene una significación relacionada con la particularidad comentada bajo el título anterior. El pasaje de la mera *vigilancia*, de todo esfuerzo por reconstituir niveles de responsabilidad, a la *asistencia* aparece como un progreso en términos de reconfiguración del sistema de intervención sobre niños en conflicto con la ley penal, en tanto dicha asistencia no signifique asistencia social sino la búsqueda de una nueva posición del sujeto ante el orden jurídico, dada la existencia de un conflicto del primero para con el segundo. Concuerda con la idea según la cual la retirada del poder judicial de la cuestión social es también un avance en términos de no judicialización de la pobreza. La minimización de la competencia *civil o tutelar* expresa en principio dicha tendencia.

Tal modificación en la concepción jurídica no sería ajena a modificaciones de orden estructural. Como lo plantea María Daniela Puebla: "El abordaje de toda expresión de criminalidad [...] debe reconocer una matriz estructural de la cual es necesario desentrañar la articulación existente entre criminalidad y estructura social".[23] A esta relación nos hemos referido ya desde el inicio de este trabajo, y en particular a través del análisis propuesto por Sergio Correa García.

Lo que hoy puede observarse como funcionamiento del sistema, su lógica y sus códigos, es el producto de un movimiento que bajo consignas jurídicas progresistas (por

---

23   Puebla, María Daniela *et al.*, *Violencia juvenil*, Buenos Aires, EFU, 1992, p. 115.

ejemplo, garantías procesales y substanciales también para los niños) avanzó aun en un contexto de profundización neoliberal dado particularmente en la década de 1990. No es necesario realizar aquí un balance de lo que significó dicha década para la República Argentina, en general presentada como continuidad de lo que se inició en la segunda parte de la década de 1970. Baste recordar esta etapa mediante la síntesis realizada por Puebla:

> Las políticas económicas de cuño neoliberal (aplicadas durante la dictadura militar) y las políticas de ajuste estructural que buscan una modernización del Estado para su reincorporación al mercado mundial (aplicadas por los gobiernos constitucionales), han significado una consolidación y profundización de un modelo concentrador y excluyente, caracterizado por: ajuste fiscal, desregulación, privatización, encarecimiento de servicios públicos, reducción del empleo estatal, desmonte de políticas sociales, racionalización, regresividad del sistema impositivo, incremento vertiginoso y absoluto de la pobreza urbana, informalización de la economía, pérdida del poder adquisitivo del salario, pérdida paulatina de puestos de trabajo por el efecto de la recesión, desocupación y subocupación, y el nuevo fenómeno de pauperización de sectores medios. Estas situaciones contrastan en un clima democrático que incluye políticamente, pero excluye económicamente.[24]

En este paradojal contexto se presume de modo colectivo y según la opinión divulgada en particular por los medios de comunicación que la cantidad de delitos cometidos por niños, adolescentes y jóvenes se incrementa. Tal presunción aún no fue totalmente corroborada mediante la confrontación empírica, pues no existe un tratamiento científico de la información a nivel nacional que pueda dar cuenta de ello. Los datos que ofrece el Estado a través de,

---

[24]   *Ibíd.*, p. 115.

por ejemplo, el Instituto Nacional de Estadísticas y Censos,[25] o bien la Dirección Nacional de Política Criminal de la Secretaría de Política Criminal y Asuntos Penitenciarios del Ministerio de Justicia y Derechos Humanos[26] son usualmente insuficientes, en ocasiones no pueden ser confrontados con periodos estables de tiempo, y por lo general adolecen de rigurosidad en la recolección de datos.

Pareciera indiscutible que la cantidad de casos ha aumentado, pero este dato debiera ser analizado en relación con el crecimiento demográfico, el crecimiento del delito en otras franjas de edades, la cantidad de hechos en los que judicialmente se corroboró que la presunción policial era acertada, la cantidad de casos en que la verdad jurídica coincide con el hecho real, etc. El deterioro existe entonces pero lo que la información no permite es afirmar si se trata de un deterioro exclusivamente vinculado a la niñez o bien se trata de un proceso más generalizado.

Este deterioro, desde la perspectiva de los sectores sociales que Donzelot identifica como "burguesía", articulados al sistema de producción y consumo, toma forma de *inseguridad*. Su vulnerabilidad ante la posibilidad de ser víctima de delitos ha crecido pero no de cualquier modo, sino en vinculación estrecha con el modo en que el fenómeno fue desarrollándose a través de los medios de comunicación social. Así es que fue construyéndose una concepción según la cual la mayor parte de la problemática se debe al delito juvenil, que inclusive no es el delito de cualquier sector juvenil sino de los sectores juveniles excluidos.

En lo cotidiano, son los hechos protagonizados por adolescentes los que motivan la mayor cantidad de

---

[25] Por ejemplo, la "Tasa de Delincuencia y Hechos Delictuosos registrados por policía, gendarmería y prefectura, por provincia, según tipo de delito", mayo de 2007. Disponible en línea: www.indec.mecon.ar
[26] Mayo de 2007. Disponible en línea: www.polcrim.jus.gov.ar

comentarios, por lo que sobre datos que pueden sospecharse reales se edifican sensaciones que impiden la visualización de otros datos también significativos.[27]

La sensación construida indica que la mayoría de los hechos son cometidos por niños. Sin embargo, no se explica por qué razón en la ciudad de Santa Fe siguen saturados los veintidós juzgados penales de primera instancia (no incluimos en este número los juzgados de segunda instancia) exclusivamente destinados a intervenir cuando el delito es cometido por ciudadanos mayores de edad. A la par, sin embargo, sólo existen dos juzgados de menores que intervienen sobre niños que cometen delitos. Pareciera evidente que desde esta perspectiva, la sensación pública no coincide con algunos datos de la realidad. Esta diferencia entre sensación pública y realidad coincide con la realidad europea que más adelante citaremos, en tanto sólo el 15% de los delitos es allí cometido por personas menores de edad, pero la sensación pública es de alarma creciente.

7. *Minoridad* trabajo e inclusión legal

Señalar la relación que existe entre el deterioro de las condiciones laborales (desocupación, subocupación, etc.) y el aumento en las tasas delictivas no significa afirmar

---

[27] Por ejemplo, en la ciudad de Santa Fe, cotidianamente el recuento de delitos cometidos por niños ("menores") es motivo de un meticuloso repaso que es objeto de otras consideraciones cuando los hechos son más o menos graves. Es común que los medios de comunicación pongan énfasis en señalar la gravedad de los hechos cometidos por niños antes que la gravedad de hechos cometidos por adultos. El día suele iniciarse con partes policiales divulgados por las radioemisoras locales y allí, aun cuando el porcentaje de hechos cometidos por niños sea menor al de hechos cometidos por adultos, es objeto de comentarios que alimentan esta idea según la cual se estaría ante –siguiendo nuevamente a Donzelot– una niñez (o minoridad) altamente peligrosa.

que quien afronta carencias materiales necesariamente se dedicará a transgredir la ley (como normativa jurídica). Si bien ocurre, tal conducta no puede constituirse en categoría explicativa de la mencionada ligazón. Gabriel Kessler advierte acerca de tal cuestión apelando a lo que denomina "falacia ecológica", "es decir, la extrapolación de relaciones válidas en un nivel macro para utilizarlas como explicación de hechos individuales. Más concretamente, presuponer que una eventual correlación entre desempleo y delito en un periodo dado signifique necesariamente que sean los mismos desempleados los que delinquen".[28]

Kessler también introduce la noción de "inestabilidad laboral", comentando que "Altamir y Beccaria (1999) señalan que la mayor parte de los puestos de trabajo creados en los 90 corresponde a posiciones precarias, con bajas remuneraciones, sin cobertura social y con una nula protección frente al despido. Consecuentemente, su volatilidad es muy alta, lo que implica una elevada inestabilidad de los ingresos. A estos puestos acceden, sobre todo, aquellos con menor nivel educativo y calificación, más aún si son nuevos trabajadores. Del lado de la sociedad se van configurando entonces trayectorias laborales signadas por la inestabilidad: una alta rotación entre puestos distintos, todos ellos precarios, de corta duración, poco calificados, intercalados por periodos de desempleo, subempleo y aun de salida del mundo laboral como producto del desaliento".[29]

---

[28] Kessler, Gabriel, "De proveedores, amigos, vecinos y 'barderos': acerca del trabajo, delito y sociabilidad en jóvenes del Gran Buenos Aires", en Beccaria *et al.*, *Sociedad y sociabilidad en la Argentina de los 90*, Buenos Aires, Biblos, 2002, p. 140.

[29] *Ibíd.*, p. 141.

Tenemos entonces que el incremento en las tasas delictivas tiene relación con la precarización del mercado laboral, pero no se trata de una relación lineal del tipo causa-efecto. De todos modos, es común que tal forma de entender la relación (es decir, de un modo lineal) sea elevada a la máxima categoría explicativa o negada en el otro extremo. Sucede que existen algunos indicadores que dan lugar a tales presunciones. Al respecto convendría recordar que cerca del 100% de la población alojada en las instituciones carcelarias proviene de sectores empobrecidos o estructuralmente pobres. Y también cerca del 100% de la población-objeto de la Justicia de menores proviene del mismo sector social. Tales datos parecen promover explicaciones del tipo "el pobre delinque porque así satisface sus necesidades". En el otro extremo se encontrará a quienes identifican casos de sujetos que "aun siendo pobres, no delinquen", argumento que considerarán suficiente como para negar la relación empleo-delito.

No obstante podría suponerse que desde la perspectiva del *ciudadano pauperizado* las normas, incluidas las jurídicas, tienden progresivamente a perder operatividad, sentido y legitimidad en cuanto límites que dan forma a la vida en civilización. No tendrían significado en tanto fuentes de calidad de vida. Se produce entonces un vaciamiento simbólico. La norma pasa a representar algo del mismo orden pero de diferente grado en relación con lo que representa para el *ciudadano no pobre*. Kessler, citando a Sullivan, agrega al respecto: "Efectivamente, muchas investigaciones muestran que los victimarios tienden a ser jóvenes que aún no han entrado al mercado de trabajo ni se lo plantean como opción. Pareciera ser que el debilitamiento del capital social local por causa del desempleo no sólo restringe el acceso a oportunidades sino que también deteriora los dispositivos de generación y mantenimiento de normas sociales. Esto favorece la conformación de pautas alternativas que contribuyen al desarrollo de actividades ilegales. El consenso actual es que la privación económica, conjugada con otros problemas locales, coadyuva al desarrollo de un medio social en el que se produce el aumento del crimen, sin que la experiencia individual de privación económica pueda ser considerada la única variable explicativa".[30]

De esta manera, la deprivación material estructura vidas en las que la urgencia por subsistir lleva a empujar las normas hacia el límite que el sujeto transgredirá con mayor facilidad al comprobar que los derechos sociales no existen para él. La violación de la ley tiende a constituirse en norma sustituta y único sistema que asegura la subsistencia, única vía para *ser alguien*, ejercer un rol y disponer de un lugar reconocido dentro de la exclusión.

Para *comprender* de qué modo opera el campo de la exclusión como transgresión constructora de transgresiones convendría prestar atención al grado de deterioro que supone la existencia de niños, adolescentes y jóvenes que ya son hijos o nietos de ciudadanos que *nunca* integraron la categoría de *ocupados plenos*. Convendría tener presente cuánto se empobrece la cotidianeidad del sujeto, de su familia o de su barrio al –por

---

[30]   *Ibíd.*, p. 140.

ejemplo– perder el *empleo estable* como estructurante de la cotidianeidad. La vida cambia de horarios, de orden, de consumos, de ánimo, de rituales, de mitos y fantasías, de deseos y proyectos futuros. Otras modalidades regulan cada día imponiendo aprendizajes sobre la base de nuevos modos de entender la eficacia de las conductas sociales.

Si tales estrategias de supervivencia permanecen a lo largo de años, tienden a estabilizarse. Y con ello, a instituirse con rango normativo. Se configuran otras identidades, otras subjetividades, otras tramas familiares y otras representaciones sociales: en definitiva, otras regulaciones.

Cuando desde distintos lugares académicos, profesionales u otros, se afirma que la exclusión social tiene relación con el crecimiento y permanencia del delito, en general, no se alude a la existencia de una relación lineal según la cual "pobreza es igual a delito". Por el contrario, pareciera que la idea está siempre vinculada a ese impacto sistemático, reorganizador y continuo que estratifica las transgresiones hasta llegar a los delitos más graves.

8. *Minoridad* y Estado penal

En la configuración de las conductas sociales interviene una serie de factores de naturaleza diversa. La norma jurídica necesariamente debiera tener un sentido para el ciudadano de modo tal que éste considere realmente valioso respetarla. O bien que su violación se produzca en pro de algo más valioso desde la perspectiva del sujeto. La ley –la norma jurídica– es una de las síntesis socialmente construidas en cuya substancia aparece simbolizada una multiplicidad de elementos vinculados de manera estrecha. Así adquiere eficacia como dispositivo que intenta moldear conductas.

> El orden jurídico sintetiza relaciones de poder. Las formas en que las leyes son interpretadas y aplicadas responderían, aun cuando pueden identificarse excepciones, a esas relaciones de poder. Por ejemplo, cualquiera de los "menores" judicializados por un hecho penalmente tipificado sufre la aplicación de normas vigentes e, inclusive, de algunas garantías como las ya mencionadas con anterioridad. Sin embargo, la violación de sus Derechos Sociales, o los de sus padres, no es motivo demasiado corriente de judicialización.

Una mirada a las últimas tres décadas en la República Argentina permite identificar una serie de situaciones de diversa naturaleza que involucran la relación con la norma jurídica. Para no retroceder demasiado podría recordarse el golpe militar de 1976, el genocidio, el endeudamiento externo, las leyes de obediencia debida y punto final, la destrucción de la legislación laboral mediante procedimientos que públicamente se estiman irregulares o las privatizaciones de los servicios. El listado podría seguir, pero baste con los mencionados. A todos atraviesa un tipo particular de relación con la ley (jurídica). Ese tipo bien podría sintetizarse mediante un término: primero violación, luego impunidad, una impunidad jurídica pues nada proporcional con la gravedad de los hechos ha sucedido desde la perspectiva judicial. Cabe señalar, no obstante, que en estos últimos años sucedieron algunos hechos que intentan dar cuenta de cierta justicia, al menos respecto de la última dictadura, inconstitucionalidad de diversas leyes y juicios a represores. Pero también, quizás, además de la impunidad jurídica existe mucho de impunidad social, pues si bien algunos protagonistas son ocasionalmente repudiados en la vía pública, son muchos más los que se benefician con los procesos de reciclaje empresarial, político o gremial. La normativa jurídica vigente, entonces, también representa eso. Y es esa normativa la que participaría en la configuración de conductas sociales, pero también es esa normativa la que es transgredida por niños y adolescentes excluidos.

Los procesos que estamos describiendo no parecen ser de exclusividad nacional. Quizá con alguna facilidad podrían encontrarse ejemplos análogos en otros países latinoamericanos, incluso en Estados Unidos o en países europeos. Loïc Wacquant en *Las cárceles de la miseria*, describe lo que él entiende como el pasaje del *Estado providencia* al *Estado penal*, enunciando una extensa serie de mecanismos que posibilitaron, según su opinión, la globalización de esta tendencia. Afirma:

> Habría que reconstruir, eslabón por eslabón, la larga cadena de las instituciones, agentes y soportes discursivos (notas de consejeros, informes de comisiones, misiones oficiales, debates parlamentarios, coloquios de expertos, libros académicos o para el gran público, conferencias de prensa, artículos de diarios y notas televisivas por la cual el "nuevo sentido común penal que apunta a criminalizar la miseria –y por esa vía, a normalizar el trabajo asalariado precario–," concebido en los Estados Unidos, se internacionaliza en formas más o menos modificadas e irreconocibles (a veces incluso por los mismos que las propagan), a semejanza de la ideología económica y social basada en el individualismo y la mercantilización, de la que es, en materia de "justicia", la traducción y el complemento.[31]

---

[31]   Wacquant, Loïc, *Las cárceles de la miseria*, traducción de Horacio Pons, Buenos Aires, Manantial, 2004. p. 22.

Wacquant cuestiona la posición neoliberal según la cual "el Estado no tiene que molestarse por las causas de la criminalidad de las clases pobres, al margen de su 'pobreza moral' (el nuevo concepto 'explicativo' de moda), sino únicamente por sus consecuencias, que debe sancionar con eficacia e intransigencia".[32]

Pareciera existir alguna correlación entre la impunidad en Argentina y esta tendencia mundial. Pero también pareciera existir alguna correlación entre la noción de *Estado penal* y la fuerza con que se viene proponiendo un sistema de responsabilidad penal juvenil. Se ha mencionado ya en este trabajo lo que él significa: sobre responsabilización del niño al momento de adoptar medidas judiciales sobre él. Tal exceso en la responsabilización –individual sin contrapartida eficaz en el Estado– es mencionado por Wacquant como *meritocracia*, es decir, como un abuso del Estado al exigir al niño conductas que son difíciles de alcanzar o que, si las alcanza en las condiciones sociales impuestas, constituyen una nueva injusticia social.

Pareciera que ese modelo social, esas relaciones de fuerza, buscan cristalizarse en el orden jurídico con un poco más de potencia que la que ya tiene. Así, periódicamente se discute la viabilidad de la pena de muerte, la baja en la edad de punibilidad, la necesidad de construir nuevas cárceles, etc.

El modelo muestra cómo las violaciones gigantescas al orden jurídico logran impunidad. Podría suponerse que el niño que transgrede la legislación, que comete un delito objeto de la Justicia de menores, tampoco encuentra sentido al orden jurídico, como tampoco lo tiene para las grandes transgresiones. La ley no es una referencia significativa, sólo un obstáculo a sortear.

---

[32]   *Ibíd.*, p. 50.

Estas categorías conceptuales tienen sus particularidades en tanto componentes de procesos históricos dados en la República Argentina y expresados, desde luego, en la Provincia de Santa Fe, espacio dentro del cual se ubica la referencia empírica que forma parte de esta investigación.

9. La cuestión etiológica

Hemos propuesto ya algunos de los contornos que comienzan a dar respuesta al subtítulo con el que iniciamos esta parte del trabajo. La sola remisión a ejes conceptuales tales como *minoridad, trabajo, inclusión social* y *Estado Penal* propone una dimensión explicativa en la que la *cuestión social* ocupa el centro del escenario.

Interesa, de un modo específico, articular este campo de cuestiones alrededor de la *clínica de la vulnerabilidad* integrante de la postura teórica que sustenta Daniela Puebla. Nos interesa tomar aquí lo que de ella tiene relación con la cuestión etiológica. El asunto incluye diversas dimensiones ordenadas de modo tal que se constituye en un orden complejo. Subrayar el carácter complejo del asunto presupone la adhesión a una teoría de la multicausalidad. Presentar a tal causalidad como *compleja* es hacerlo admitiendo, en el punto de partida, lo que el prestigioso especialista de la UNESCO Edgar Morin expresa en los siguientes términos:

> El conocimiento pertinente debe enfrentar la complejidad. "Complexus" significa lo que está tejido junto; en efecto, hay complejidad cuando son inseparables los elementos diferentes que constituyen un todo (como el económico, el político, el sociológico, el psicológico, el afectivo, el mitoló-

gico) y que existe un tejido interdependiente, interactivo e interretroactivo entre el objeto de conocimiento y su contexto, las partes y el todo, el todo y las partes, las partes entre ellas. Por esto, la complejidad es la unión entre la unidad y la multiplicidad. Los desarrollos propios a nuestra era planetaria nos enfrentan cada vez más y de manera cada vez más ineluctable a los desafíos de la complejidad.[33]

Fijada esta postura acerca del carácter etiológico complejo de la causalidad en tanto categoría abstracta, recurrimos a los dichos de la profesora Puebla, quien respecto del *delito* considera necesario reconocer lo siguiente:

- Es una combinación tanto de factores personales (fragilidad social, psicológica y penal) como socio-políticos estructurales (selectividad del control socio-penal, factores estructurales criminógenos);

- que es un grave problema social no sólo para los sectores sociales medios y altos (los "incluidos") sino que impacta y deteriora de manera especial en los sectores sociales más vulnerables y excluidos (pobres, niños, mujeres, ancianos, minorías sexuales y étnicas) que son victimizados con robos, muertes violentas, violaciones, violencia intrafamiliar, violencia institucional;

- es una cuestión "moral", que implica daño y vulneración de derechos de otros y que por tanto hay que reparar la ofensa: ni desde el disciplinamiento o mero acto reflejo, ni desde la idealización de la pobreza que considera al delincuente como víctima, sino como una respuesta social, reparadora y de modificación de conductas y motivaciones criminales, que se aplican a un sujeto social (ciudadano portador de derechos y de obligaciones) que es normal y responsable de sus actos (moral y jurídicamente), lo cual en el caso de adolescentes cobra particular dimensión por

[33]   Morin, Edgar, *Los siete saberes necesarios para la educación del futuro*, traducción de Mercedes Vallejo Gómez. *E-Book* provisto como apunte por FLACSO en el marco de la *Diplomatura en Ciencias Sociales*, Curso 2006, París, UNESCO, 1999, p. 17.

tratarse de 'ciudadanos en construcción' y requeridos de "especial atención para su pleno desarrollo";

- es una cuestión "política", ya que su desenfreno enfrenta a los ciudadanos, es material y moralmente desintegrador y opera directamente sobre la gobernabilidad democrática ya que su descontrol puede derivar en una especie de "guerra de todos y entre todos", costar muchas vidas humanas y agudizar el problema de la exclusión social, con especial impacto en los sectores más vulnerables.[34]

Esta visión es parte de una mirada desde América Latina (Argentina, en particular) que adquiere relevancia si se advierte la coincidencia con –por ejemplo– la mirada europea sobre el problema tal como se da en aquel continente. Al respecto señalemos que el dictamen del Comité Económico y Social Europeo dado en Bruselas el 15 de marzo de 2006 fue titulado *La prevención de la delincuencia juvenil, los modos de tratamiento y el papel de la Justicia del Menor en la Unión Europea* (se agrega copia como "Anexo"). El trabajo analiza la cuestión pero en el contexto de la Unión Europea, y si bien se trata de una realidad distinta a la latinoamericana, aparecen en él varios puntos de contacto, contactos que otorgan mayor cantidad de fundamentos a la mencionada *clínica de la vulnerabilidad.*

Recordemos –pues ya lo hemos mencionado en este trabajo– que para este organismo europeo la media de delincuencia juvenil sólo llega al 15% de la delincuencia total. No obstante, el problema ha ganado espacio en las sociedades europeas existiendo una percepción social especialmente adversa respecto de los jóvenes y adolescentes infractores. Señala el documento que ante dicha situación

---

[34]   Puebla, María Daniela, *Democracia y Justicia Penal Juvenil: doctrina e intervención*, San Juan, Editorial Fundación Universidad Nacional de San Juan, 2005, p. 190.

los ciudadanos demandan mecanismos de control más eficaces. Al momento de pensar en una política europea la diversidad de posiciones existentes en los distintos países aparece como obstáculo. Se cuentan las posturas que tratan de ampliar el alicaído *Estado de bienestar*, pero también las que eligen el mero endurecimiento en la intervención judicial, como por ejemplo las reformas introducidas por los Países Bajos (1995) o Francia (1996). El dictamen exhibe preocupación, pues encuentra en estas últimas cierta tendencia a la *desrresponsabilización* del joven, lo que debilitaría las posibilidades de transformación de sus conductas por la vía educativa. Este aspecto del documento, es decir, el que toca la cuestión de la *responsabilización*, tiene especial importancia en esta tesis por las razones que se vienen exponiendo y que seguiremos tratando.

El informe subraya cómo, a pesar de todo y ante el anacronismo de los sistemas tradicionales de justicia juvenil, la Unión Europea en su conjunto avanzó hacia lo que, precisamente, se conoce como *modelo de responsabilidad*, a través del cual se refuerza la posición legal del joven garantizándole los mismos derechos y garantías que a los adultos. Este modelo prioriza la prevención antes que la represión, insta a reducir al mínimo la utilización del servicio tradicional de justicia ante estos casos y la maximización de la intervención a través de políticas sociales adecuadas promoviendo la utilización estrictamente excepcional de la privación de libertad ambulatoria. En esta línea de trabajo, se incluye la amplificación y flexibilización de las medidas disponibles según las necesidades de los jóvenes y, en concordancia, expone como condición necesaria la especialización de todos los agentes que integran el servicio de justicia (jueces, empleados, policías, profesionales, etc.).

El Comité Económico y Social Europeo señala que frente al concepto de *justicia retributiva* emerge una concepción restaurativa o reparadora de la justicia que promueve la solución del conflicto con la participación de la víctima, el imputado y la comunidad, involucrando una específica acción educativa. En este contexto valoriza las "nuevas tendencias de la Justicia juvenil", mencionando de manera expresa los tratamientos "complementarios o sustitutivos" de la privación de libertad ambulatoria. Señala como "buenas prácticas europeas" la prevención, la intervención educativa en la propia comunidad o centros, y la integración sociolaboral. No deja dudas al situar a estos jóvenes como parte de grupos "en situación o en riesgo de exclusión social" considerando a la "inserción laboral" como vía fundamental en este proceso. En tal marco subraya como causa el predominio de los que denomina "factores económicos y socioambientales" desglosándolos en: familias desestructuradas; marginación socioeconómica o pobreza; el fracaso escolar; el desempleo; los modelos violentos desde los medios de comunicación; el consumo de drogas; los trastornos de la personalidad y el comportamiento; los déficit en la formación cívica y la responsabilidad social.

Tenemos entonces diversas coincidencias a nivel de multicausalidad. Esto refuerza la mirada que propone Puebla. Como hemos dicho y retomaremos a lo largo de este trabajo, coincide también a nivel de propuestas, sea por la vía de la *responsabilización* como por la vía de la atención de la *vulnerabilidad.*

1. La estructura social previa

La Convención Internacional sobre los Derechos del Niño constituye el marco obligatorio para todas las producciones de este orden, incluyendo, claro está, las dedicadas a medidas tales como la *libertad asistida* y/o la *libertad vigilada*. En la República Argentina, el paradigma instalado por dicha Convención tiende a transformar una realidad determinada por una estructura social previa cuya relevancia hace conveniente señalar algunos de sus aspectos centrales.

Comencemos por recordar el contexto social de finales del siglo XVIII y principios del siglo XX, época en la que surgiría la Ley de Patronato del Estado de la República Argentina. Se trata de un periodo en el cual, a nivel gubernamental, tiene gran fuerza la preocupación por la escasez poblacional en el país. Esta concepción de la situación nacional generó una política inmigratoria orientada a corregir lo que, a criterio gubernamental, era uno de los factores centrales para el desarrollo. Siguiendo a Julio César de la Vega tenemos lo siguiente:

> El primer paso que se dio al respecto de la necesidad de fomentar la inmigración fue el decreto del Triunvirato de 1812, dictado bajo la inspiración de Bernardino Rivadavia, que constituyó el punto de partida de la política inmigratoria en Argentina. Por él se daba protección y seguridad en el goce

de sus derechos a todos los extranjeros que se dedicaran al cultivo o a la minería y se declaraba que recibirían ayuda para la instalación de sus primeros establecimientos rurales.[35]

Esta decisión de Rivadavia fue suspendida en un primer momento, pero luego diversas medidas del Estado Nacional reformularon la idea originaria para efectivizar la puesta en marcha del proceso inmigratorio. Este movimiento transformó la estructura social en el tramo que va desde la segunda parte del siglo XIX a la primera del siglo XX. Al respecto, en uno de sus clásicos trabajos (*El medio pelo en la sociedad argentina*) Arturo Jauretche cita a Gino Germani en los siguientes términos:

> Dice Gino Germani: la Argentina tenía en 1869 una población de poco más de 1.700.000 habitantes; en 1959 había pasado a más de 20.000.000, aumentando así en casi doce veces en 90 años. En esta extraordinaria expansión, la inmigración contribuyó de manera decisiva [...] la aglomeración metropolitana del Gran Buenos Aires concentró, a lo largo de todo el período considerado entre el 40 y el 50% de la población extranjera total.[36]

Así, la idea originaria de incrementar la población fue traducida en hechos concretos, pero el objetivo de lograr el desarrollo a partir de dicho incremento poblacional encontró como mínimo esta importante limitación: los grupos no se distribuyeron armónicamente en el territorio nacional sino que formaron grandes centros poblacionales. Existen otras teorías al respecto, tales como las centradas en los oficios de la población que mayoritariamente llegó a la República Argentina, a diferencia de la que –por ejemplo– llegó a colonizar las tierras de lo que hoy es Estados

---

[35]   De la Vega, Julio César, *Consultor de Historia Argentina*, Tomo 1810-1890, Buenos Aires, Ediciones Delma, 1994, p. 439.

[36]   Jauretche, Arturo, *El medio pelo en la sociedad argentina*, Buenos Aires, Peña Lillo Editor, 1966, p. 122.

Unidos. Pero no abordaremos tal debate, dado que aquí interesa sólo ofrecer un paneo de lo que era la estructura social argentina en este periodo histórico.[37]

Retomando a De la Vega, recordemos que en la idea inmigratoria originaria se encontraba presente el objetivo de distribuir tierras que garantizaran el mencionado desarrollo a partir de la agricultura:

> [Pero] El régimen de la tierra, de carácter latifundista, que imperaba en la Argentina, determinó que la mayoría de los inmigrantes que permanecieron en el país se radicara en las ciudades del litoral, especialmente en Buenos Aires, en donde sobrevivía dedicándose a diversas tareas, muchas de las cuales eran esporádicas y otras insuficientemente remuneradas, por lo que permaneció en condiciones de pobreza, similares a las que tenía en los lugares de donde provenía.[38]

Antes que una estructura social armónicamente desarrollada, este proceso dio lugar al crecimiento de grandes centros urbanos en los que –al poco tiempo– comenzaron a preocupar las problemáticas de índole social. Es cierto que esto también posibilitó procesos específicos en algunas provincias argentinas[39] donde sí se distribuyeron tierras, concretándose procesos de *colonización* agrícola. Pero en general no se alcanzaron los objetivos originarios que pretendían el desarrollo nacional. Los grandes centros urbanos comienzan a generar una diversidad de problemáticas en las que especial lugar ocupan la niñez y –simultáneamente– el delito. Eugenia Scarzanella sostiene:

---

[37] Al respecto, véase Germani, Gino, "La inmigración masiva y su papel en la modernización del país", *Política y sociedad en una época de transición*, Buenos Aires, Paidós, s/r; y Baily, Samuel, "Los orígenes del Movimiento Obrero Organizado en la Argentina", *Movimiento Obrero, Nacionalismo y Política en la Argentina*, Buenos Aires, Hyspamérica, s/r.

[38] De la Vega, Julio César, *op. cit.*, p. 440.

[39] Se puede estudiar el caso de la Provincia de Santa Fe en Di Tella, Germani *et al.*, "Capítulo II", *Argentina, sociedad de masas*, Buenos Aires, Eudeba, s/r.

El acusado principal es la inmigración, a la que se imputan el desorden social urbano, la difusión de ideologías subversivas, la pérdida de valores culturales tradicionales. Autores como L. V. López, L. V. Mansilla, M. Cané, J. M. Ramos Mejía, M. Gálvez fantasean con un aristocrático y noble *ancien régime*, atropellado por el materialismo rampante de los inmigrantes incultos, arrogantes, ávidos de dinero.[40]

El estudio a través de la historia muestra una clase dirigente particularmente alarmada por el rumbo de la estructura social, preocupación que –más adelante– la llevará a generar instrumentos de autoprotección entre los que nos interesa aquí el que se constituirá en representante por excelencia –la Ley Agothe– de toda una doctrina para operar sobre la niñez (la *doctrina de la situación irregular*). En la intersección entre la problemática inmigratoria y la problemática infantil se ubica el pensamiento de diversos cientistas argentinos. Scarzanella dice:

> Los criminólogos argentinos consideraban que la inmigración femenina había producido, más allá del crecimiento de la prostitución, una grave decadencia de las costumbres morales. Los valores tradicionales de la familia se sometían a dura prueba, por un lado, por la práctica de las uniones de hecho (a lo que correspondía un elevado número de hijos ilegítimos, el 22 por ciento de los nacidos entre 1900 y 1914) y, por otro, por el trabajo extradoméstico.[41]

Afianzado este rumbo toma fuerza la posición social defensiva ante lo que se considera un peligro de orden público y que requiere de una preocupación que excede las posibilidades de las instituciones no estatales que hasta ese momento se habían ocupado del problema. La naturaleza del asunto cambia de escala para transformarse en un problema que ocupa otro orden en la percepción social.

---

[40]   Scarzanella, Eugenia, *Ni gringos ni indios: inmigración, criminalidad y racismo en la Argentina. 1890-1940*, Buenos Aires, UNQ, 2003, p. 29.

[41]   *Ibíd.*, p. 43.

2. El peligrosismo social infantil

La posición defensiva se constituye en reacción adulta ante los niños producidos por las grandes urbes. En ella se funden la prédica adulta a favor de la protección con el esfuerzo por controlarlos para, así, minimizar el peligro que ellos significan desde la perspectiva de la sociedad.

> Eduardo J. Bullrich presentaba en 1919 una tesis doctoral a la Facultad de Derecho y Ciencias Sociales de la Universidad de Buenos Aires, cuyo título era: "Asistencia social de menores" [...] Era el Estado el que debía intervenir, ocupando el lugar de los padres en el ejercicio de la patria potestad, cuando éstos no estuvieran en condiciones de encaminar hacia la escuela o el trabajo a sus hijos, dejándolos de esta manera "moralmente abandonados". La criminalidad infantil constituía un aspecto central del problema, el que tenía mayor resonancia en la opinión pública y por sí sólo era capaz de justificar una presencia más amplia del poder público.[42]

Este modo de analizar la problemática subraya constantemente la relación entre los que se supone son déficit en los roles parentales y las prácticas infantiles. Según esta visión, dichas prácticas infantiles están caracterizadas por la vida callejera y –dentro de ella– la problemática del trabajo infantil en la calle. La caracterización tiende a establecer una relación de causa-efecto, suponiendo que la causa excluyente de estas situaciones infantiles reside en cierta desidia paterno-materna. De tal binomio se extrae una conclusión socialmente trascendente como lo es considerar este tipo de vida como causal central para la formación de jóvenes delincuentes que, en definitiva, terminarían constituyendo un peligro social.

Según sostiene Scarzanella, autores como Roberto Gache y Bullrich, entre otros, "relacionaban estrechamente

---

[42]   *Ibíd.*, p. 47.

la delincuencia infantil con el fenómeno del trabajo de niños y muchachos en la vía pública. 'Canillitas', lustrabotas, vendedores ambulantes (de cordones, alfileres, horquillas de flores y de caramelos), artistas de plaza pública, changadores y mensajeros pululaban de día y sobre todo de noche por las calles de la ciudad."[43]

Se advierte, en la descripción de la citada investigadora, el cuadro que *escandalizaba* a la sociedad argentina pero a la par la sometía a los efectos del miedo social. Este miedo promovía la actividad de las herramientas de control público de un modo altamente indiscriminado y partiendo de la indiferenciación originaria –antes descripta– que ubicaba en un mismo lugar del imaginario tanto al niño que trabajaba en la calle como al niño que desarrollaba conductas coincidentes con figuras típicas del campo del derecho penal ("delincuencia juvenil").

> En efecto, las estadísticas sobre los detenidos por la policía urbana o sobre los reclusos en el reformatorio Colonia de Menores de Marcos Paz atribuían el mayor número de detenidos a la categoría de los "canillitas" [...] Todos los trabajos en la vía pública eran formas de "vagancia tolerada" o de "mendicidad disfrazada", que atraían la atención de los reformadores y la policía.[44]

Esta tendencia toma una fuerza que puede imaginarse como proporcional a la fuerza que toma la cuestión social, es decir, que cuanto más se agrava la situación de las familias socialmente descapitalizadas (económica, social y culturalmente) más se afianzan los mecanismos que bajo la forma de protección de la niñez se ocupan, en realidad, de controlarla. Scarzanella cita trabajos de Carlos de Arenaza diciendo:

---

[43]   *Ibíd.*, p. 48.
[44]   *Ibíd.*, p. 49.

Según un estudio que él condujo sobre cien familias de niños alojados en el Asilo Policial (todos comprendidos en la categoría de "menores material y moralmente abandonados") el 70 por ciento de los padres eran alcohólicos, el 10 por ciento tuberculosos. El 22 por ciento de las familias de origen estaba constituido por "matrimonios ilegítimos" y el 63 por ciento por "matrimonios incompletos".[45]

[Sin embargo] casi todos los niños de los sectores populares colmaban las calles del centro y de los barrios periféricos, las plazas o los lotes baldíos, a falta de parques y dadas las rígidas reglas de los conventillos, que les prohibían jugar en los patios. Era una presencia que asombraba a los observadores extranjeros y preocupaba a los reformadores locales, que con la legislación sobre el trabajo de menores, la obligación escolar y la reclusión en asilos trataban de poner límites al fenómeno.[46]

Tal cuadro de situación generó importantes presiones de grupos de poder para que el Estado formalizara legislativamente su intervención en términos de protección y control sobre la niñez. Así, una revista que se comenzó a publicar en 1915 bajo el nombre *Unión y Labor*, expresaba la opinión de un grupo de mujeres reformistas, relacionadas con el feminismo italiano. Desde esta publicación se "había enviado una petición al Ministro de Justicia e Instrucción Pública pidiendo que se instituyera un tribunal de menores y una legislación especial para los niños."[47]

En esta época se multiplican las presiones sociales que desembocarían en la sanción, en 1919, de la conocida Ley de Patronato de Menores (Ley 10903). Esta norma pasa a constituir uno de los soportes fundamentales en lo que sería la política estatal argentina ante la problemática infanto-juvenil descripta, y que se prolongaría en el tiempo hasta los inicios del siglo XXI. Más precisamente, el cambio

---

[45]   *Ibíd.*, p. 51.
[46]   *Ibíd.*, p. 54.
[47]   *Ibíd.*, p. 112.

se profundizaría con la transformación del ordenamiento jurídico por vía de complejos procesos que incluyen de modo central la incorporación –con rango constitucional– de la Convención Internacional de los Derechos del Niño (CIDN) y, también, ya en el año 2005, la derogación de la casi centenaria Ley 10903 para poner en vigencia la Ley 26061 conocida como de Protección Integral de los Derechos de las Niñas, Niños y Adolescentes.

3. La doctrina de la situación irregular

No obstante el cambio no se dio en un corte histórico determinado. Por el contrario, para avanzar en tales transformaciones fue necesario un prolongado debate en el campo teórico y práctico, debate que tuvo –y tiene– por eje la crítica a aquel orden social, particularmente relacionado con una estructura vinculada a decisiones tomadas a nivel nacional (por ejemplo, la decisión de promover la inmigración). Las matrices de pensamiento que de un modo resumido se describieron en los puntos anteriores, particularmente en su relación con las cuestiones de las infancias en el contexto de esa estructura social, tomaron cuerpo en lo que se conoce como *doctrina de la situación irregular* (DSI).

Desde luego que la DSI necesitó, como ya se esbozó anteriormente, de una firme posición ideológica de fondo. Tal posición ideológica permitió que el planteo doctrinario cumpliera casi un siglo de formal existencia. E inclusive permite en la actualidad su subsistencia expresada en una multiplicidad de prácticas observables en la existencia cotidiana, tanto de los organismos del Estado (judiciales o administrativos fundamentalmente), como así también en algunas exigencias de la propia sociedad civil para con el Estado.

Nos referimos a lo que María Daniela Puebla, a quien citaremos de nuevo unos párrafos más abajo, identifica como *ideología tutelar*, y que en este trabajo pensamos como posición desde la cual los operadores (magistrados, funcionarios, profesionales) pareciera que se piensan a sí mismos como depositarios de la función simbólica de *tutores*, es decir, de guías cuya misión es *enderezar* lo que tiende a crecer por fuera de lo normado. Así, la tarea de *enderezamiento*, o bien la función de *rodrigón* (si tomamos el sinónimo propuesto por el Diccionario Enciclopédico Espasa), tiende a orientarse como una "caña o estaca que se clava junto a un arbusto para guiarlo bien derecho en su crecimiento."[48]

La idea de función homologada a la de *rodrigón* trae consigo un importante conjunto de atribuciones para quien ejerce tal tarea, atribuciones que son pensadas desde la perspectiva del funcionario reservando un lugar subalterno para el niño. En relación con este conjunto de ideas, y proponiendo otras como alternativas, es que toma cuerpo el debate. Tal debate –como quedó dicho más arriba– pone en evidencia diversas posturas, ya no a lo lejos (fines del siglo XIX o principios del siglo XX) sino en el aquí y ahora.

En este contexto, cabe mencionar, por ejemplo, lo postulado de manera reciente (año 2006) por José H. González del Solar en su *Adenda Ley 26061*, en los siguientes términos:

> Queda a la vista que la Ley 26061 innova al respecto. De aquí en más, la protección jurídica de la niñez en situación de conflicto consolida el avance conceptual que la doctrina y la jurisprudencia venían incorporando respecto de la potestad tutelar del Estado en los últimos quince años, y más precisamente a partir de la ratificación de la Convención, ya que desplazan definitivamente el eje desde la "potestad-

---

[48] *Diccionario Enciclopédico Espasa*, Tomo 29, Madrid, Espasa-Calpe, p. 11.533.

derecho" con que el Estado intervenía en el marco de la Ley 10903, hacia la "potestad-deber" que le cabe como correlato del derecho fundamental que todo niño tiene a su protección integral.[49]

Vemos entonces cómo González del Solar interpreta el nuevo ordenamiento, interpretación en la que introduce una modificación en la naturaleza de la potestad estatal pero sin renunciar a la idea originaria de pensar la cuestión en tanto poder del Estado, poder que es pensado ahora por el citado doctrinario como un "deber". Aun así puede también interpretarse que el autor no necesariamente se refiere a un deber judicial del Estado, sino al deber de intervenir a través de las pertinentes políticas sociales.

Si bien podríamos citar otras opiniones,[50] interesa aquí subrayar que emerge mayoritaria la oposición a lo que –ya lo adelantamos– María Daniela Puebla presenta como *ideología tutelar*.

> En virtud de la misma, se fundan prácticas que abordan indiferenciadamente situaciones de pobreza (deambulación callejera, víctimas de delito, abandono y problemas familiares de distinto tipo) y situaciones de infracción a la ley penal. Con ello se termina "penalizando situaciones de pobreza", excluyendo de las garantías del debido proceso penal a los menores que cometen delitos, a la vez que se produce una saturación del sistema con efectos deteriorantes tanto sobre los menores como sobre los agentes del control social; en sus prácticas, se burocratizan y no dan las respuestas adecuadas a la situación específica de los

---

[49]   González del Solar, José H., *Derecho de la minoridad: protección jurídica de la niñez. Adenda Ley 26.061*, Córdoba, Editorial Mediterránea, 2006, p. 5.

[50]   Por ejemplo, en http://defenpo3.mpd.gov.ar/web/doctrina/doc00009. htm puede leerse, al 24 de marzo de 2008, un artículo del Dr. Augusto C. Belluscio titulado "Una ley en parte inútil y en parte peligrosa: la 26.061". Dicho título sintetiza el contenido, por lo que no es necesario presentar aquí un resumen.

"menores delincuentes". Esto, además, hace que, frente a esta categoría, las medidas fluctúen entre un extremo en el que se dictan resoluciones basadas en la "aplicación de medidas tutelares" y entrega a los padres o responsables del menor sin ningún tipo de acompañamiento técnico, o bien se los prive de libertad remitiéndolos a un instituto, o eventualmente a la cárcel de adultos. Ello ante la ausencia de programas específicos destinados al acompañamiento de las medidas que se dicten respecto de adolescentes y jóvenes acusados y condenados de infracción a la ley penal.[51]

La *ideología tutelar*, en tanto soporte de la DSI, trae al campo de las infancias en conflicto con la ley penal, entonces, unas consecuencias caracterizadas por la pretensión de vigilancia y control; vigilancia y control que no aparecen dichas como tales, sino que se infiltran con facilidad al ser presentadas como estrategias de protección al niño. Pero así los niños son reducidos a la condición de objetos antes que reconocidos como sujetos de derecho, transformándose éste en uno de los aspectos centrales de la doctrina de la situación irregular pues:

> Son excluidos por su condición de "menores" (por debajo de, marginales), de "infantes" (los sin voz), de "adolescentes" (los que adolecen de, o les falta madurar), así como también son excluidos por su condición de "infractores", "irregulares", "inadaptados", "ineptos". No son "sujetos de derecho" sino "objetos de socialización y de control"; bajo el supuesto justificatorio de que están "en peligro material y/o moral", el Juez de Menores con un poder discrecional absoluto, y con exclusión de las garantías del debido proceso penal, dicta medidas en forma indeterminada (en cuanto a tipo y a tiempo de cumplimiento), así como sin diferenciar causas de tipo social, (derivadas de situaciones de pobreza) con las de tipo penal; medidas éstas que han

---

[51]   Puebla, María Daniela, *Democracia y Justicia Penal Juvenil: doctrina e intervención*, San Juan, Editorial Fundación Universidad Nacional de San Juan, 2005, p. 101.

venido a significar la agudización de situaciones de exclusión social, la penalización de la pobreza, a la vez que no se han brindado las respuestas o tratamientos específicos para una categoría jurídica particular: la de los "menores de edad delincuentes".[52]

La reducción de los niños a la condición de objeto presupone la negación de protagonismo en las situaciones por las que atraviesan cuando son judicializados. Ubicados en tanto *objetos* son definidos como lo opuesto a *sujetos*, protagónicos, activos, considerados con capacidad de decisión sobre aspectos de sí y de su entorno, dimensión que resultará clave al momento de imaginarlos responsabilizándose por sus conductas. Esta dimensión resulta clave tanto para comprender la lógica íntima de la *doctrina de la situación irregular* como la de su reemplazante, la *doctrina de la protección integral* y, más aun, al momento de pensar la *libertad asistida* como herramienta coherente con este último contexto doctrinario.

La diferenciación entre *niño-objeto* y *niño-sujeto* adquiere aun mayor trascendencia si se incorpora la noción de ciudadanía, "entendida como el conjunto de prácticas jurídicas, políticas, económicas y culturales que definen a una persona como miembro competente y de una sociedad, la que tiene su fuente de legalidad y legitimidad en la titularidad de derechos y que configura el flujo de recursos accesibles a distintas personas y grupos sociales."[53]

Se desprende de lo anterior cuán difícil es suponer la existencia de ciudadanía plena en *objetos* que, por ser tales, no disponen de posibilidad alguna de practicar unas competencias que son necesarias para ser parte efectiva de

---

[52]   *Ibíd.*, p. 68.
[53]   Kessler, Gabriel, citado por Puebla, María Daniela, *Democracia y Justicia Penal Juvenil: doctrina e intervención*, San Juan, Editorial Fundación Universidad Nacional de San Juan, 2005, p. 98.

un todo, imposibilidad que deviene en la exclusión como parte efectiva del todo social.

4. La doctrina de la protección integral

Hemos dicho ya que el pasaje de la DSI a la DPI encuentra un hito fundamental en la incorporación de la CIDN al ordenamiento jurídico argentino. Frente a la *ideología tutelar* expresada por la DSI se eleva como modelo la *protección integral de derechos* expresada por la DPI.

Si la *ideología tutelar* era una expresión totalmente alejada de las modernas formas del constitucionalismo, asociadas al reconocimiento de los Derechos Humanos por la fundamental vía del reconocimiento de las garantías constitucionales (*garantismo*), la DPI viene a expresar lo opuesto. Al respecto María Daniela Puebla sostiene:

> El Modelo Garantista de Ferrajoli, entonces, se diferencia del denominado Derecho Alternativo, que propone la libre interpretación sustancial y judicial, y que puede derivar en una situación de incertidumbre, de ausencia de normas que limiten tanto el poder del juez como del Estado y que en una situación de fragilidad institucional puede derivar en una especie de guerra entre todos –del "todo vale"– o bien en un absolutismo del juez que interprete sin límites.[54]

La *doctrina de la protección integral* viene a operativizar un conjunto de ideas originariamente pensadas para varios campos de lo jurídico. Decimos que las *operativiza* pues las hace aplicables al campo de la intervención judicial sobre la niñez, pero ya no desde la perspectiva del control social por la vía de la *protección-sanción* indiscriminada, sino por la vía de la separación entre las situaciones de orden

---

[54]   Puebla, María Daniela, *op. cit.*, p. 118.

netamente *social* de las de aquellas de orden netamente *jurídico.*

Dicha *doctrina* se expresa, por excelencia, a partir de la Convención de los Derechos del Niño, dada por Naciones Unidas en el año 1989, incorporada en el mismo año al sistema normativo argentino y elevada al rango constitucional (argentino) en el año 1994 con la última reforma. No obstante, debe señalarse que existe toda una arquitectura de instrumentos que son tomados en cuenta al momento de analizar los contenidos de la DPI. Entre ellos se destacan muy especialmente:

- *Reglas Mínimas de las Naciones Unidas para la Administración de la Justicia de Menores,* también conocidas como *Reglas de Beijing,* aprobadas por la Asamblea General el 29 de noviembre de 1985 (resolución 40/33) y por recomendación del Séptimo Congreso;
- *Directrices para la prevención de la delincuencia juvenil,* también conocidas como *Directrices de Riad,* aprobadas por la Asamblea General mediante resolución 45/112, por recomendación del Octavo Congreso;
- *Reglas para la protección de los menores privados de libertad,* aprobadas por la Asamblea General mediante su resolución 45/113, por recomendación del Octavo Congreso.

Existe además otra herramienta que si bien corrientemente no es mencionada como parte de la arquitectura de la DPI debe ser presentada dado el objeto de este trabajo. No está destinada de modo específico al campo de las infancias, sino a la justicia penal en general; pero su espíritu contribuye a enriquecer el modelo sustentado por la DPI y, en particular, el supuesto en la *libertad vigilada* y/o *asistida.* Se trata de:

- *Reglas mínimas sobre las medidas no privativas de la libertad,* aprobadas por la Asamblea General mediante su resolución 45/110, por recomendación del Octavo Congreso.

Sobre esta base, la *doctrina de la protección integral* introduce una serie de transformaciones en la base de sustentación ideológica de la intervención en el campo de la niñez, en general, y en particular, el de la niñez en conflicto con la ley penal. En principio, dado su valor didáctico, tomaremos el sistema de contraste que Puebla[55] toma de Mary Beloff (Argentina, 1998) en los siguientes términos:

¿Cómo es una ley de la situación irregular?	¿Cómo es una ley de la protección integral?
* "menores"	* "niños y jóvenes"
* "objetos de protección"	* "sujetos de derecho"
* "protección de menores"	* "protección de derechos"
* "protección que viola o restringe derechos"	* "protección que reconoce y promueve derechos"
* "infancia dividida"	* "infancia integrada"
* "incapaces"	* "personas en desarrollo"

Ahora bien, ofrecemos aquí un esbozo de los cambios centrales impulsados por la DPI para el campo de la niñez y la adolescencia, cambio al que podríamos referirnos en términos de recuperación de ciudadanía para este sector poblacional. Si bien nuestro objeto forma parte del campo penal, interesa señalar, de forma breve, los profundos cambios jurídicos estructurales en la República Argentina, en el marco de la moderna DPI. La lógica penal juvenil se inscribe en relación con estas transformaciones, por lo que vale mencionarlas: nos referimos al pasaje desde la Ley de Patronato del Estado (Ley 10903) a la Ley de Protección Integral de los Derechos de Niñas, Niños y Adolescentes (Ley 26061) del año 2005.

---

[55] *Ibíd.*, p. 137.

5. Transformaciones normativas en Argentina: del *patronato* a la *protección integral*

Aun dado el carácter constitucional de la CIDN, en la República Argentina fue necesaria más de una década de debates más o menos regulares en torno a distintos proyectos orientados a superar, en grados distintos, la Ley de Patronato del Estado. Recién en el año 2005 el Congreso de la Nación Argentina logró la herramienta que derogó el instrumento también conocido como Ley Agothe. Se trata de la Ley de Protección Integral de Niñas, Niños y Adolescentes (Ley 26061).

La norma está orientada, en sus dimensiones dominantes, a establecer un marco general superador del *magma jurídico* (parafraseando a García Méndez) que posibilitaba la Ley 10903 o Ley de Patronato del Estado. En otros términos, esta herramienta diferencia, por un lado, el objeto de las políticas sociales, y por el otro, el objeto de la intervención judicial.

La nueva ley constituye una plataforma a partir de la cual construir un sistema eficaz de protección de derechos que no oculte tendencias compasivo-represivas. Se trata de una transformación significativa a nivel nacional, aun cuando puede sostenerse que por el carácter federal de la República Argentina cada provincia se reserva el poder que no ha delegado expresamente en el Gobierno Federal. Al respecto, no son pocos los debates. El constitucionalista Daniel Alberto Sabsay sostiene taxativamente:[56] "La Ley

---

[56]   La Corte Suprema de Justicia de la Provincia de Santa Fe ha realizado una interpretación de la Ley Nacional 26.061 que podemos calificar de "flexible" en el expediente "A., J. s/Su Situación-Competencia" (Expte. C.S.J. 232/2007) al sostener que "de allí que la interpretación de la disposición en estudio no debe ser literal sino más bien contextual, apelándose para ello a la teleología de la norma, cuál es la de inscribir la vulnerabilidad de los menores en un marco de problemática

26061 es una suerte de 'medida' elaborada por el Congreso Nacional para dar cumplimiento a los compromisos internacionales que se derivan de la ratificación por Argentina de la CDN, al asegurar su aplicación en nuestro país. Por lo tanto, en caso de conflicto con normas provinciales éstas deben ceder a favor de la ley nacional."[57](41)

Desde otra perspectiva pero complementaria de la anterior, Rubén Lo Vuolo entiende que la Ley 26061 tiende a modificar "el propio concepto de protección. Así, establece que el Poder Ejecutivo está obligado a adoptar las políticas públicas pertinentes para restablecer los derechos vulnerados. ¿Cómo? Mediante la ejecución de políticas de protección de los derechos de las personas menores de edad que enfrentan situaciones de amenaza de esos derechos."[58]

---

familiar y social abordable por los Órganos jurisdiccionales. Se trata, concretamente, de una disposición dictada por el órgano legislativo nacional con incidencia en los estados locales, por lo que corresponde adecuar dicho precepto a la organización dispuesta de acuerdo a las normas procesales y orgánicas propias. Siendo así, debe apartarse de la denominación que el legislador nacional empleó para el órgano judicial que debe intervenir, ello en razón de que éste no pudo razonablemente contener en la norma las distintas organizaciones provinciales con las particularidades, en materia de competencia, de cada una de ellas. Es decir, mediante este nuevo sistema de protección de los derechos y garantías de los menores se procura –tal como se ha dicho *ut supra*– que el accionar de la autoridad administrativa quede sujeto al control judicial suficiente, efectuando para ello una indicación simplemente formal, desprendida de las organizaciones jurisdiccionales locales, cuyas autoridades son, en definitiva, quienes deben proveer sus instituciones (Art. 5, Const. Nac)". El fallo puede consultarse, al 26 de marzo de 2008, en línea: www.poderjudicial-sfe.gov.ar/jurisp_destacada/csj/2007/078.pdf

[57]   Sabsay, Daniel Alberto, "La dimensión constitucional de la Ley 26.061 y del Decreto 1293/200", en García Méndez, Emilio (Comp.), *Protección Integral de Derechos de Niñas, Niños y Adolescentes*, Buenos Aires, Editores del Puerto, 2006, p. 26.

[58]   Lo Vuolo, Rubén M., "De los 'niños asistenciales' al ingreso ciudadano para la niñez: de la Ley 10.903 a la Ley 26.061", en García Méndez, Emilio

Claro está que, aun así, quedan profundas cuestiones pendientes en el sistema normativo argentino, estrechamente vinculadas a la regulación de –como lo expone Lo Vuolo– *la cuestión social*. Una de ellas es la más vinculada a este trabajo, es decir, la del *orden penal*. No se trata de un detalle más del sistema, sino de una de sus dimensiones estructurales. Así como la Ley de Patronato del Estado subsistió aun estando doctrinariamente reconocido el carácter constitucional de la CIDN, todavía subsiste en la República Argentina (avanzado el año 2007) el denominado *Régimen Penal para la Minoridad*, regulado por la Ley 22278. Como en el caso de la Ley Agothe, diversas iniciativas se han discutido y se siguen discutiendo.

Si bien existen diversas posturas respecto de qué características debería tener un sistema que supere el generado por la Ley 22278, tiene consenso la idea de un modelo cuyos pies tengan a la *responsabilidad* como uno de sus ejes.

6. El orden social penal especial en el contexto de la *protección integral*

Decíamos que, dada la vigencia del nuevo paradigma de la protección integral, también tomó fuerza el debate acerca de qué sistema conviene adoptar para intervenir en los conflictos protagonizados por niños en su relación con la legislación penal vigente, es decir, allí donde se presume que un niño ha cometido delito. Recordemos que se trata de abandonar el tratamiento del niño como *objeto* para considerarlo *sujeto de derechos*. Las ideas bases consensuadas para una solución se articulan con la CIDN por dos vías. En primer lugar, se trata de un modelo inscripto en el

_____

(Comp.), *Protección Integral de Derechos de Niñas, Niños y Adolescentes*, Buenos Aires, Editores del Puerto, 2006, pp. 109 y 118.

campo conocido como *garantista*, y en segundo lugar, se trata de una concepción identificada con el *Derecho Penal Mínimo*. A dicha doble relación se refiere María Daniela Puebla cuando sostiene:

> Esta propuesta se corresponde (de manera especial en relación con los niños / adolescentes) con la de un "Derecho Penal Mínimo" [...] Es decir, estaría justificado –parafraseando a Ferrajoli– únicamente si la suma de las violencias –delitos, venganzas y puniciones arbitrarias– que él puede prevenir es superior a las violencias constituidas por los delitos no prevenidos y por las penas para ellos conminadas. Este autor aboga por un "DP Mínimo que sería aquel que ocasione menos violencia contra los delincuentes y evite más violencia sobre los no delincuentes", considerando que "el progreso de un sistema político se mide por su capacidad de tolerar la desviación, entendiéndola como un producto de tensiones irresueltas, y por su capacidad de controlarla sin medidas punitivas, removiendo sus causas materiales".[59]

Esta base, entonces, contribuye a reemplazar la antigua arquitectura jurídica propia de la *doctrina de la situación irregular* por un nuevo sistema al que, desde una posición, se conoce como *sistema de responsabilidad penal juvenil*. Como la denominación lo indica, se trata de un régimen que considera fundamentalmente al joven según el o los hechos penales por él protagonizados. Al centrarse en el hecho protagonizado por el joven y no en el joven, pasa a formar parte del ordenamiento legal vigente en el país con sujeción a la Constitución Nacional por la vía de la CIDN, sujeción muy débil (o nula, según opiniones como la de Emilio García Méndez) desde la *doctrina de la situación irregular*. Pero esta articulación se da sobre la base de establecer que no se trata de cualquier tipo de *responsabilidad* sino, con precisión, de una responsabilidad *penal*.

---

[59]   Puebla, María Daniela, *op. cit.*, p. 151.

Nos centramos aquí en esta concepción de la cuestión de la *responsabilidad* pero, como profundizaremos más adelante, existen otras posturas que sin dejar de constituir su eje en la *responsabilidad* se alejan de manera significativa al señalar los contenidos del concepto.

Pero volviendo ahora a Emilio García Méndez, digamos que él enumera las que, según su opinión, son las bases para la construcción de un sistema de responsabilidad penal juvenil. En relación con la cuestión de las edades, asunto en general puesto a consideración del público, se pronuncia por fijar que los menores de 18 y mayores de 12 no son penalmente imputables pero sí penalmente responsables, idea esta última que consiste en un sistema diferenciado de consecuencias ante la responsabilidad en algo a lo que se denomina "crimen", "falta" o "contravención". Precisa que "el concepto de responsabilidad difiere sustancialmente respecto del de imputabilidad en tres puntos fundamentales: a) los mecanismos procesales; b) el monto de las penas (adultos) difiere del monto de las medidas socioeducativas (adolescentes); y c) el lugar físico de cumplimiento de la medida."[60]

Como queda dicho, García Méndez excluye de este régimen a los menores de 12 años, a quienes considera tanto inimputables como irresponsables, y propone la aplicación de medidas de protección a diferencia de las medidas socioeducativas propuestas para el otro grupo de edades. No obstante, sostiene que estas medidas son posibles sólo allí donde se comprobó la relación del niño con el hecho en cuestión.

Importante es el énfasis de este autor en establecer que la condición de adolescente "infractor" sólo es posible en quien ha desarrollado una conducta previamente

---

[60]   García Méndez, Emilio, *Infancia y adolescencia. De los derechos y la justicia*, segunda edición, México, UNICEF, 2001, p. 192.

tipificada como crimen, falta o contravención, se le ha imputado tal responsabilidad, se ha llevado adelante un proceso conforme a las garantías substanciales y procesales constitucionalmente establecidas, y en consecuencia se le ha impuesto judicialmente una medida socioeducativa.

Subraya también la necesidad de que, dado que el proceso conduce a la posibilidad de una medida socioeducativa (si se establece la responsabilidad), ésta debe formar parte de un espectro preexistente de respuestas diferenciadas y escaladas; por ejemplo: a) advertencia; b) obligación de reparar el daño; c) prestación de servicios a la comunidad; d) libertad asistida; e) semilibertad; y f) privación de libertad). Admite la posibilidad de que aquellas medidas no privativas de libertad puedan ser ejecutadas por cualquier organismo de la sociedad civil, pero establece de manera taxativa como responsabilidad directa del Estado la ejecución de aquellas que suponen privación de libertad ambulatoria.

En lo inherente a la privación de libertad, defiende la posibilidad de construir diversas alternativas, tales como el arresto en flagrancia o por orden judicial, la detención como medida cautelar, y la detención como medida definitiva de privación de libertad. En todos los casos se trata de una medida que debe ser administrada como último recurso y como resultado de infracciones gravísimas.

García Méndez piensa también en prever la posibilidad de terminar por anticipado el proceso judicial ("remisión"), luego de comprobar que las circunstancias hacen suponer que su continuidad resultaría contraproducente para las partes involucradas en el conflicto y, más aun, para el adolescente.

María Daniela Puebla subraya aspectos del sistema que, desde sus bases, contribuyen a diferenciarlo tanto de la *ideología tutelar-compasiva* como del orden penal aplicable sobre los adultos. Pero de forma paralela contribuye, como García Méndez, a resaltar coincidencias de este orden penal especial con el orden penal común (de adultos) en tanto ellas son prueba del tronco común al que obedecen: la Constitución Nacional. Así, la autora, en su libro *Democracia y Justicia Penal Juvenil: Doctrina e Intervención* (2005), otorga relevancia a:

- La definición legal de *menor delincuente.*

El objeto de la Justicia Penal de Menores.
El carácter y fin de la medida.
La autoridad competente y poder discrecional.

En cuanto a la definición de *menor delincuente*, Puebla recuerda:

> De conformidad al Art. 1 de la Convención, "se considera niño a todo ser humano menor de 18 años de edad, salvo que, en virtud de la ley que le sea aplicable, haya alcanzado antes la mayoría de edad". Por su parte, las Reglas de Beijing (R2) definen la dupla "menor delincuente", como "todo niño o joven que pueda ser castigado por un delito en forma diferente a un adulto". Mientras que al "delito" lo definen como "todo comportamiento (acción u omisión) penado por la ley con arreglo al sistema jurídico de que se trate"; "menor delincuente", entonces es "todo niño o joven al que se le ha imputado la comisión de un delito o se le ha considerado culpable de la comisión de un delito". De conformidad a lo establecido en las reglas, corresponderá a cada sistema jurídico nacional fijar la edad mínima y la máxima respecto de la cual se aplicará la definición antes referida".[61]

Más adelante, Puebla delimita lo que denomina el *objeto de la Justicia Penal de Menores.* Parte de –como se desarrollara ya en este trabajo– identificar la situación del niño inmerso en situaciones de pobreza, incluyendo los

---

[61]   Puebla, María Daniela, *op. cit.*, p. 160.

comportamientos que emergen en dicha situación pero no constituyen infracciones penales. Este conjunto de hipotéticas situaciones son objeto de políticas sociales pero no de la *Justicia Penal de Menores*. Esta *Justicia*, en cambio, debe ocuparse de garantizar que el adolescente o joven que ha desarrollado una conducta penalmente prevista sea jurídicamente tratado, lo que también es decir *constitucionalmente* juzgado. Así lo impone la Convención de los Derechos del Niño desde su Artículo 40.1., expresando:

> Los Estados Partes reconocen el derecho de todo niño de quien se alegue que ha infringido las leyes penales o a quien se acuse o declare culpable de haber infringido esas leyes a ser tratado de manera acorde con el fomento de su sentido de la dignidad y el valor, que fortalezca el respeto del niño por los derechos humanos y las libertades fundamentales de terceros y en la que se tengan en cuenta la edad del niño y la importancia de promover la reintegración del niño y la importancia de promover la reintegración del niño y de que éste asuma una función constructiva en la sociedad.

Hemos dicho ya con anterioridad que cuando se identifica un *sistema de responsabilidad penal juvenil* no se alude a cualquier tipo de responsabilidad sino, de un modo muy preciso, a la responsabilidad *penal*. Puebla entiende que, entonces, es necesario tener presente qué se entiende por Derecho Penal, dada su incidencia en la construcción del objeto específico de la Justicia Penal de Menores. Se apoya, entonces, en Funes y González (España, 1988), quienes, según la autora, dicen: "Por Derecho Penal se entiende al conjunto de normas jurídicas que a determinadas conductas previstas como delito, asocian determinadas restricciones de derechos llamadas penas [...] la esencia del Derecho Penal consiste en imponer coactivamente restricciones de libertad o de derechos a determinados individuos por el hecho de haber violado o transgredido determinadas normas consideradas básicas por la sociedad."[62]

Lo que García Méndez denomina *Sistema de Responsabilidad Penal Juvenil* y Puebla *Justicia Penal de Menores* forma parte del campo penal, pero no como copia refleja del campo penal propio del adulto sino como adecuación de sus principios rectores al campo de las infancias:

> Ya que lo que opera aquí como central es la necesidad de aplicar una medida que tenga en cuenta la vulnerabilidad del menor en un período de su vida en la que –según la R1 de Beijing– "es propenso al comportamiento desviado", de ahí que haya que actuar de manera correcta y oportuna, a través de "un proceso de desarrollo personal y educativo, lo más exento del delito y de la delincuencia posible"; es decir, actuar a manera de "prevención del delito evitando que el niño sufra daño y de que se inicie en la vida delictiva".[63]

Esta delimitación del *objeto* determina el carácter y fin de la medida. El reconocimiento del niño como sujeto en desarrollo condiciona la eficacia de las medidas que sobre él se aplican. De allí, entonces, la validez de lo expuesto por Puebla en tanto no basta con reconocer la pertenencia de esta concepción al campo *penal* sino que se impone la necesidad de una reconfiguración que supere lo meramente sancionatorio para lograr una adecuada combinación. García Méndez sostiene que dicha combinación es la que él identifica como "sanción responsabilizante". Puebla, por su parte, se refiere a la necesidad de aplicar "de manera especial" la sanción, lo cual trae como consecuencia que "se debe tener en cuenta el bienestar o interés superior del niño, se debe atender sus necesidades, se deben aplicar medidas sociocorrectivas, se debe prestar especial

---

[62]   Funes y González, citado por Puebla, María Daniela en *Democracia y Justicia Penal Juvenil: doctrina e intervención*, San Juan, Editorial Fundación Universidad Nacional de San Juan, 2005, p. 164.

[63]   Puebla, María Daniela, *op. cit.*, p. 165.

atención en evitar el daño que pueda sufrir el menor, y se debe prestar especial atención a la prevención de futuras conductas delictivas."[64]

Casi a título de corolario de este aspecto del desarrollo, María Daniela Puebla expone:

> En síntesis, el fin de la pena es a la vez resarcitorio, correctivo, preventivo y por sobre todas estas características, socioeducativo [...] La pena que se aplique deberá siempre estar delimitada en cuanto al tipo de medida y al tiempo de duración. Y además, el hecho de que se reconozca que las circunstancias que rodean al menor (situación de carencias o de insatisfacción de necesidades básicas) puedan haber operado como condicionantes de la conducta delictiva, de ninguna manera la imputación penal recaerá sobre una condición personal sino sobre el acto delictivo; en todo caso, las condiciones de vulnerabilidad serán tenidas en cuenta dentro del marco de un conjunto de medidas que coadyuven al mayor desarrollo e inclusión social del menor para evitar futuras conductas delictivas y lograr mayores niveles de inclusión social.[65]

Algunos de los aspectos desarrollados inciden directamente sobre una de las cuestiones más criticadas en la *doctrina de la situación irregular*. Por ejemplo, al imponer la necesidad de que las medidas aplicadas sean precisas tanto en su naturaleza como en su duración, se establecen límites al poder discrecional de los jueces sobre los "menores".

La cuestión de la *competencia* supone la habilitación de una cuota de poder pero, de un modo simultáneo, la limitación de muchas otras. La existencia de un sistema preciso implica que legalmente esté prevista la autoridad encargada de intervenir cuando la norma es violada, autoridad que deberá ajustarse a lo que se conoce como *debido proceso*. En términos de Puebla, significa:

---

[64]   *Ibíd.*, p. 165.
[65]   *Ibíd.*, p. 166.

Al igual que a todo delincuente adulto, al adolescente se le debe garantizar un "juicio imparcial y equitativo" así como la debida defensa de conformidad al proceso legal conocido como "debido proceso legal". En el primer caso, ello significa, que en todas las etapas del proceso se deben respetar garantías procesales básicas tales como la "presunción de inocencia", el "derecho a ser notificado de las acusaciones", el "derecho a no responder", el "derecho al asesoramiento", el "derecho a la presencia de padres o tutores", el "derecho a la confrontación con los testigos y a interrogar a éstos" y el "derecho de apelación ante una autoridad superior" (según nos ratifica la R.7.1. Beijing) [...] deben darse garantías tales como "la presunción de inocencia", la "presentación y examen de testigos", la "igualdad en materia de medios de defensa judicial", el "derecho a no responder", el "derecho de decir la última palabra en la vista", el "derecho de apelación", etc. (R. 14-comentario y R. 7.1). Pero además de atender a estas garantías que le asisten a cualquier delincuente adulto, con respecto a la situación especial de los menores, la R.4.2. nos destaca: "El procedimiento favorecerá los intereses del menor y se substanciará en un ambiente de comprensión que permita que el menor participe en él y se exprese libremente".[66]

Tenemos así, entonces, una visión de la Justicia Penal de Menores cuya especificidad se articula con la nueva posición doctrinaria (DPI), operativizando las nociones propuestas por el *sistema de responsabilidades penales juveniles.* Expresa una visión garantista del ordenamiento jurídico-penal a la vez que elige como camino el propuesto por el Derecho Penal Mínimo. Insistimos: se trata de una interpretación, con elevado nivel de consenso, en el marco de las tensiones doctrinarias existentes.[67]

---

[66]   *Ibíd.*, p. 169.
[67]   Aunque más adelante volveremos sobre la Ley 22.278 (Régimen Penal de Minoridad), adelantemos que el 11 de diciembre de 2007 la Cámara Nacional de Casación Penal (Sala III) de la República Argentina declaró la inconstitucionalidad de su Art. 1 de la Ley 22.278 que establece la no

7. Antecedentes a nivel latinoamericano[68]

Las transformaciones producidas en la República Argentina no se dan de un modo aislado, sino que forman parte de un movimiento internacional acorde con lo que, como quedó dicho, es la *Doctrina de Naciones Unidas sobre la Protección Integral*. Este proceso ha avanzado con mayor velocidad en algunos países latinoamericanos, pero se ha demorado significativamente en otros, entre los que se cuenta la República Argentina.

Es difícil poder establecer qué estados han adecuado realmente su legislación según los preceptos de la CIDN. Tal dificultad surge al trascender los aspectos meramente formales para analizar el sentido último de cada articulado en particular, el modo en que éste impacta sobre la realidad, los repliegues conceptuales que pueden ocultar contradicciones, etc. No obstante vale, al menos, repasar el estado de la cuestión a nivel latinoamericano.

A partir de 1989, año que entra en vigencia la Convención Internacional sobre los Derechos del Niño, aparece una inmediata respuesta de Colombia que mediante un Decreto (número 2737 de noviembre de 1989) crea un nuevo *Código del menor*. Este instrumento fue objeto de múltiples objeciones centrándose las críticas,

---

punibilidad de los menores de 16 años, pero autoriza la disposición transitoria o definitiva por parte de autoridad judicial si existiere imputación en su contra. El fallo no obliga automáticamente, pero establece un precedente trascendente a favor de la derogación definitiva de la mencionada norma. No obstante en el mes de marzo de 2008 la Corte Suprema de Justicia de la Nación suspendió la aplicación del mencionado fallo aunque a la finalización de este trabajo aún no se había expedido sobre la cuestión de fondo.

[68] Las citas incluidas bajo en el punto II. 7. provienen de un trabajo de autoría de la Dra. Mary Beloff, titulado *Los sistemas de responsabilidad penal juvenil en Latinoamérica* (1989-2004), quien gentilmente y a solicitud del investigador lo proporcionara para este trabajo.

en su mayoría, en la reiteración de vicios provenientes de la antigua legislación colombiana y en contradicción con los postulados de la CIDN. Fue calificado, inclusive, como un código aún inscripto dentro del campo de la *doctrina de la situación irregular*, a la que se pretendía reemplazar.

A diferencia de Colombia, Brasil –en 1990 y a través de la Ley Federal 8069– provoca una profunda ruptura con las viejas matrices de pensamiento y acción. Instituye lo que se conoce como Estatuto del Niño y el Adolescente, y en él aparecen dispositivos administrativos (los denominados *consejos*) específicamente destinados a la atención de la problemática de las infancias de modo tal que ellas no sean objeto de judicialización. En relación con este caso, Mary Beloff sostiene:

> En síntesis, el sistema de responsabilidad penal juvenil que se inaugura con el Estatuto del Niño y del Adolescente de Brasil, y que ha servido de modelo para el resto de los países, establece: 1) que comprende exclusivamente aquellos supuestos en los que una persona que tiene menos de dieciocho años comete un delito o una contravención; 2) que es un sistema que coloca a estas personas fuera del sistema de justicia penal de adultos y en ese sentido exclusivamente se habla de inimputabilidad; 3) que la atribución de responsabilidad en función de la particular condición de sujeto en desarrollo se expresa en consecuencias jurídicas diferentes, llamadas en este caso medidas socioeducativas; 4) que esa atribución de responsabilidad también se expresa en la exclusión de este sistema de los niños; 5) que los jóvenes, en tanto sujetos de derechos y de responsabilidades en el sentido descripto más arriba, gozan de todas las garantías procesales y sustantivas de las que goza un adulto en un Estado de Derecho frente al aparato coactivo del Estado, más derechos particulares que se expresan en este sistema; 6) que la privación de la libertad es excepcional, alternativa, limitada en el tiempo y breve; y 7) que se prevén soluciones alternativas a la reacción estatal frente al conflicto jurídico-penal.

A los dos años –en 1992– Perú se sumó a este movimiento creando un código especializado mediante el Decreto Ley 26102 del 24 de diciembre del mencionado año. Luego, mediante la Ley 27337 del 27 de julio de 2000, modificó el anterior instrumento generando el nuevo Código de los Niños y los Adolescentes. Recoge, así, la propuesta de adecuación sustancial del Estatuto del Niño y del Adolescente de Brasil –tal como ya lo había hecho en el año 1992–, pero ahora estableciendo un sistema muy similar en relación con los infractores con la ley penal. Retomaremos más adelante el caso de Perú, pues es una de las zonas en las que se viene intentando profundizar la discusión acerca de la "responsabilización", aunque desde una perspectiva que tiende a diferenciarse de la perspectiva hasta aquí expuesta.

En el año 1996 Guatemala creó, por Decreto 78, lo que denominó Código de la Niñez y la Juventud, instrumento que consideraba "joven en conflicto con la ley penal" a quienes habiendo cometido delito o contravención contaban con una edad superior a 12 años e inferior a 18. En el año 2003, mediante el Decreto 27-03, puso en vigencia la Ley de Protección Integral de la Niñez y Adolescencia, herramienta que fue modificada luego y actualmente se encuentra en vigencia (incluyendo una reforma en el año 2004 mediante Decreto 2). Beloff precisa que en la actualidad:

> La ley distingue entre dos grupos etarios en cuanto al proceso, a las medidas y a su ejecución: a partir de los trece años de edad y hasta los quince años de edad, y a partir de los quince años de edad y hasta tanto no se hayan cumplido los dieciocho años de edad. Los actos cometidos por un menor de trece años de edad, que constituyan delito o falta no serán objeto del Título II de la Ley, previéndose que estos niños y niñas serán objeto de la atención médica, psicológica y pedagógica que fuere necesaria bajo el cuidado y custodia de

sus padres o encargados, siendo atendidos por los Juzgados de la Niñez y la Adolescencia (Artículo 138).

Honduras produce una transformación en su sistema mediante el Decreto 73-96 del 30 de mayo de 1996. Recurriendo, como en la mayor parte de este punto, a Mary Beloff, tenemos:

> En lo sustancial, el Código de la Niñez y de la Adolescencia establece un sistema de responsabilidad penal juvenil muy similar al establecido por la Ley del Menor Infractor de El Salvador, que se analiza más adelante y fue la primera ley en su tipo de América Latina. Si bien está en muchos aspectos influido por cuestiones tutelares y asistenciales, el tema está tratado en un título aparte y claramente se establece en el Artículo 180 que los niños no se encuentran sujetos a la jurisdicción penal ordinaria y sólo podrá deducírseles la responsabilidad prevista en este Código por las acciones u omisiones ilícitas que realicen.

En Nicaragua, la Ley 287 del 24 de marzo de 1998 crea el Código de la Niñez y la Adolescencia mediante el cual instaura una "justicia penal del adolescente" para las personas entre trece y dieciocho años no cumplidos. Establece una distinción entre aquellos que tienen de quince a dieciocho años no cumplidos y quienes tienen trece y catorce años, no pudiendo estos últimos ser sometidos a medidas que impliquen privación de la libertad. En ambos casos se habla de responsabilidad. En cuanto a los menores de trece años, se establece que no serán sujetos a la justicia penal del adolescente y que están exentos de responsabilidad (excepto la civil); aunque se prevé que el juez remita el caso al órgano administrativo correspondiente a los fines de su protección integral (Artículo 95). Si bien se trata de un supuesto de derivación automática, se prevé que se respeten las garantías y derechos del niño y que bajo ningún motivo se les aplique una medida privativa de la libertad. Las garantías para aquellos sujetos a la justicia penal de adolescentes (se reconoce expresamente que se trata de una jurisdicción penal especial) se encuentran desarrolladas en los artículos 101 y siguientes. Existe un proceso detallado e instancias alternativas al proceso, como la conciliación (Artículo 145). En cuanto a la privación de libertad se establece la posibilidad de su dictado a partir, por un lado, de una enumeración de los delitos que permiten su aplicación, y por el otro, el supuesto de incumplimiento de otras medidas, que habilita una privación de libertad por un período máximo de tres meses. La privación de libertad puede dictarse a partir del mínimo establecido para el delito por la ley penal pero en ningún caso podrá exceder de seis años.

En el año 1992, Bolivia dictó la Ley 1403 por medio de la cual creó un Código del Menor. No obstante más adelante, el 27 de octubre de 1999, mediante la Ley 2026, instauró el Código del Niño, Niña y Adolescente mediante el cual organiza un sistema de responsabilidad penal adolescente, en la línea de los demás países y en consonancia con la tendencia internacional.

En Ecuador, el Código de la Niñez y Adolescencia creado por Ley 100RO/737 del 17 de diciembre del 2002 reemplazó al Código de Menores vigente desde el año 1992. Este último trataba el tema de los infractores dentro de la parte referida a los "menores en situación de riesgo", pero el nuevo sistema los incluye en la parte dedicada a lo que denomina "Responsabilidad del Adolescente Infractor". El Artículo 305 comienza aclarando que "los adolescentes son penalmente inimputables y, por tanto, no serán juzgados por jueces penales ordinarios ni se les aplicarán las sanciones previstas en las leyes penales". En caso de que cometan infracciones tipificadas en la ley penal, declarada su responsabilidad, estarán sujetos a medidas socioeducativas (Artículo 306). Los niños y niñas no son responsables, por lo que no están sujetos ni al juzgamiento ni a las medidas socioeducativas contempladas en el Código. Se prohíbe su detención e internación preventiva (Artículo 307). Dicho artículo, en su último párrafo establece que "cuando de las circunstancias del caso se derive la necesidad de tomar medidas de protección, éstas se tomarán respetando las condiciones y requisitos del presente Código".

La República Dominicana aprobó el 15 de julio de 2003 la Ley 136/03 por medio de la cual se impone un "Código para el Sistema de Protección y los Derechos Fundamentales de Niños, Niñas y Adolescentes". En su Artículo 222 señala como objetivo de la justicia penal de la "persona adolescente" aplicar, sólo luego de establecer su responsabilidad penal, medidas socioeducativas o la sanción correspondiente promoviendo la educación, atención integral e inserción de la persona adolescente en la familia y en la sociedad.

Venezuela aprobó el 3 de setiembre de 1998 la Ley 5266 por medio de la cual impone la Ley Orgánica para la Protección del Niño y del Adolescente. Crea, así, un "sistema penal de responsabilidad del adolescente", entendido como el conjunto de órganos y entidades que establecen la responsabilidad del adolescente por los hechos punibles en los que incurra, que aplican y que controlan las sanciones correspondientes. También prevé expresamente que el adolescente que viole derechos penalmente protegidos responde por el hecho en la medida de su culpabilidad, de forma diferenciada al adulto.

El Salvador fue el primer país que generó una ley específicamente destinada a regular la situación de aquellos jóvenes que cometen delitos. Lo hizo el 27 de abril de 1994 a través del Decreto 263 que recibió, con posterioridad, algunas modificaciones (Decreto 395 del 28 de julio de 2004). A este instrumento se lo identifica como Ley del Menor Infractor y, según Mary Beloff :

A partir de la Ley del Menor Infractor todos los países que han dictado leyes específicas (o que las han proyectado como a la fecha Chile, Argentina y México) han optado por elaborar sistemas de responsabilidad penal juvenil. Las diferencias entre las distintas leyes se explican, por un lado, a partir de la experiencia acumulada por cada proceso de reforma legal que permitió mejorar los textos considerablemente a lo largo de los últimos tres años. Por el otro, a partir de los diferentes contextos políticos nacionales en los que se discutieron y aprobaron las diferentes leyes.

Costa Rica avanzó en esta línea a través de la Ley de Justicia Penal Juvenil aprobada el 6 de febrero de 1996 bajo el número 7.576. Beloff comenta al respecto:

> La Ley de Justicia Penal Juvenil avanza considerablemente sobre las disposiciones de la Ley del Menor Infractor de El Salvador. Si bien se denomina penal juvenil, no habla de responsabilidad sino que establece su aplicación para las personas que tengan una edad comprendida entre los doce y los dieciocho años no cumplidos que cometan hechos tipificados como delitos o contravenciones por el Código Penal o las leyes especiales (Artículo 1). La ley distingue dos grupos etarios: entre doce y quince años, y entre dieciséis y dieciocho años no cumplidos.

Panamá cuenta con un Régimen Especial de Responsabilidad Penal para la Adolescencia, que comienza con la Ley 40 del 26 de agosto de 1999 modificada luego por medio de la Ley 46 del 6 de junio de 2003. Allí se establece que las adolescentes y los adolescentes sólo podrán ser investigados, procesados y sancionados por los hechos descriptos expresamente como delitos por la ley penal vigente al tiempo de su comisión (Art. 2). Por otra parte, establece que el régimen tiene como finalidades primordiales la educación del individuo en los principios de justicia, la defensa de la sociedad y la seguridad ciudadana, y la resocialización de los infractores (Art. 4).

Colombia, en el año 2006 y a través de la Ley 215, derogó la legislación del año 1989 (véase el inicio de este punto) dando lugar a un nuevo Código de la Juventud y la Adolescencia. Costa Rica se dio en el año 1998 la Ley 7739 a través de la cual crea el Código de la Niñez y la Adolescencia. Chile, por su parte, en el año 2005, sancionó la Ley 20084 denominada de Responsabilidad Penal Juvenil. También se sabe que Uruguay sancionó en el año 2004 la Ley 17823 conocida como Código de la Niñez y la Adolescencia, y Paraguay creó su Código de la Niñez y la Adolescencia en el año 2000 a través de la Ley 680. Por último, Puerto Rico dispone ya de una ley sobre Responsabilidad Penal Juvenil, pero al momento de elaboración de este informe aún no entró en vigencia.

Vemos, entonces, que este conjunto de transforma-ciones expresa un movimiento de la mayoría de los países latinoamericanos hacia formas de tratamiento jurídico de la infracción penal juvenil cuyo Norte es la adecuación garantista de los sistemas. Nos referiremos nuevamente a este movimiento, más adelante, teniendo presente algunas incipientes transformaciones que se observan y teniendo en cuenta algunos de los hallazgos logrados durante la investigación en terreno.

8. La atención de la vulnerabilidad como expresión de la *protección integral*

En tal entorno se fortalece la idea de la *prevención* como uno de los ejes centrales que aporta a la reformulación del abordaje. Ya Naciones Unidas dio, de un modo más gené-rico, su visión en esta línea de pensamiento. Al respecto postuló la existencia de distintos *niveles* en toda política preventiva, idea a la que el prestigioso criminólogo Pedro

R. David se refiere en términos de modelo, considerándolo de la siguiente manera:

> Ha sido tomado del ámbito de la salud pública y puede proporcionar una buena percepción analítica de las estructuras preventivas en el nivel de la criminología y de las ciencias sociales. La prevención primaria implicaría políticas generales destinadas a satisfacer necesidades básicas y su objetivo es la sociedad en general. La prevención secundaria consiste en diversos programas destinados a grupos de alto riesgo. La prevención terciaria implica una atención y un tratamiento individualizados con miras a impedir una recaída.[69]

Mientras que la primaria y la secundaria implican estrategias no represivas, la terciaria importa la utilización de recursos del sistema de instituciones del control social formal (policía, juzgados, etc.) con el objetivo de que las conductas delictivas no se repitan. Así tenemos, como consecuencia directa, que los aludidos dispositivos participan de la dimensión preventiva de toda tarea estatal relacionada con el delito. En los dos niveles no represivos el esfuerzo se orienta al trabajo sobre las situaciones sociales que pueden provocar la transgresión a la legislación penal. Dentro de este campo, la prevención primaria es pensada en un sentido amplio, mientras que la secundaria se ordena a lograr impactos sociales específicos sobre grupos de alto riesgo, pero siempre con la impronta de lo no coactivo.

La prevención terciaria involucra el amplio abanico de medidas que se pueden disponer desde las instituciones obligadas a intervenir cuando el delito ha sucedido, y aparece estrechamente vinculada a la ya desarrollada visión desde la perspectiva de las *responsabilidades penales juveniles*.

---

[69] David, Pedro, *Sociología criminal juvenil*, sexta edición, Buenos Aires, Lexis Nexis-Depalma, 2003, p. 32.

Naciones Unidas propone, entonces, un sistema preventivo que podría homologarse a lo que modernamente se conoce como *modelo de intervención en red*, concepción que no atenta contra la independencia de los poderes del Estado sino que promueve la intervención desde una matriz de pensamiento que da coherencia a la totalidad de las acciones. Tal matriz tampoco anula el pluralismo ideológico sino que lo fortalece a la vez que se fortalece en él.

Ahora bien, aquí aparece una idea que atraviesa todos los niveles de tratamiento (primario, secundario y terciario). Se trata de lo que María Daniela Puebla presenta como *clínica de la vulnerabilidad*, entendida como modelo de tratamiento o de acompañamiento técnico-profesional en el proceso de ejecución de las medidas coactivas. Tal modelo:

> [Está] centrado en la prevención del conflicto, de la violencia y del deterioro social, que dentro del amplio espectro de las Políticas Públicas destinadas al universo infancia / adolescencia, se inscribe en el plano de la construcción de una democracia real y de ciudadanía ampliada y de lucha contra la exclusión. Lo que se pretende es prevenir el conflicto psicosocial, evitar la reincidencia en el delito y reducir la exposición al control penal, por medio de dispositivos y acciones destinadas a la corrección de conductas delictivas, con fuerte protagonismo de recursos familiares, grupales y comunitarios.[70]

La atención de las vulnerabilidades no implica cualquier tipo de asistencia social, sino aquel modelo de tratamiento estrechamente vinculado a la construcción de ciudadanía. Es decir que el abanico de vulnerabilidades que afecta a niñas, niños y adolescentes no es conceptualizado en tanto necesidades sufridas por un *sujeto de necesidades*, sino que son consideradas en tanto *derechos vulnerados*.

---

[70]   Puebla, María Daniela, o*p. cit.*, p. 188.

Tales derechos son, simultáneamente, entendidos como *derechos sociales.*

En el contexto de la CIDN como paradigma garantista, la consideración del niño como sujeto de derechos importa los dos términos: el niño es *sujeto* y en tanto tal está socialmente sujetado según *derechos.* Esta doble implicación es analizada desde la perspectiva del elevado nivel de exposición a ser lesionados en sus *derechos sociales*, exposición que surge en cuanto potencial pero también ya como expresión de un conjunto de condiciones de vida que permiten considerar a tal posibilidad de lesión como algo inminente. La exposición constante (cotidiana) a situaciones y/o factores que inobjetablemente conducen al deterioro de la inclusión social (por ejemplo, deserción escolar, mendicidad, unidades domésticas desestructuradas, insatisfacción de necesidades básicas, etc.) es considerada ejemplo de *vulnerabilidades.*

La *clínica de la vulnerabilidad* favorece un escenario en el cual se tiende a recuperar las potencialidades del sujeto con el que se trabaja, lo que trae consigo la recuperación de la perspectiva que él propone para su propia vida. En términos de Puebla:

> Coincidimos con Villarreal (Argentina, 1996) quien propone ver al excluido (sea objeto de estudio o sujeto de atención de las Políticas Públicas), no desde lo que no tiene (NBI), sino desde sus valores, sus potencialidades, sus estrategias de sobrevivencia, sus luchas, sus normatividades. Visión que da espacio al análisis cualitativo, y no meramente cuantitativo y verticalista de las políticas compensatorias; se trata de una propuesta que en términos de Política Social, además de compensar situaciones de pobreza (NBI) y de diferencias sociales e inequidad, atiende fundamentalmente el problema de la diversidad y de la heterogeneidad social y cultural; procura lograr la inclusión social a partir de considerar a los destinatarios de las Políticas como "sujetos partícipes" (ciudadanos) y "portadores de derechos", y no como objetos

de atención y control de políticas verticalistas, burocráticas y autoritarias.[71]

La problematización desde dicha perspectiva, es decir, resignificando la situación del sujeto en relación con las necesidades, ha sido discutida en este trabajo. Al respecto digamos que señalar la relación que existe entre el incremento de la pobreza y el aumento en las tasas delictivas no significa afirmar que quien afronta carencias materiales necesariamente se dedicará a transgredir la ley. Si bien ocurre, tal conducta no puede constituirse en categoría explicativa de la mencionada ligazón. Cuando el problema se reduce a preguntas del tipo "¿el pobre delinque para comer?", se induce a contestaciones tales como: "No, porque muchos roban cosas que no son para comer". Así se prepara el corolario de perfil lombrossiano que no se hace esperar: "Es que los que roban es porque ya son ladrones". Ante tal afirmación valdría señalar que es cierto que no todos los pobres son delincuentes, pero también es cierto que cerca del 100% de la población alojada en las instituciones carcelarias proviene de sectores empobrecidos o estructuralmente pobres.

De diversas significaciones interesa en particular cómo, desde la perspectiva del ciudadano pauperizado, las normas (incluidas las jurídicas) tienden progresivamente a perder sentido y legitimidad en cuanto límites que dan forma a la vida en civilización. Y que, entonces, deben formar parte de un entramado capaz de disminuir la vulnerabilidad social. Si esto no sucede, se produce cierto vaciamiento simbólico, a partir del cual la norma pasa a representar algo del mismo orden pero de diferente grado en relación con lo que representa para el ciudadano "no-pobre". Imaginemos, por ejemplo, al poseedor de un lujoso automóvil y al "ciruja"

---

[71]   *Ibíd.*, p. 198.

conductor de un carro (de los que se usan para recoger residuos en las ciudades): ambos saben que no pueden circular sin luces, pero ¿para ambos significa lo mismo tal norma?

La pobreza material estructura vidas en las que la urgencia por subsistir lleva a empujar las normas hacia el límite que el sujeto transgredirá con mayor facilidad al comprobar la fragilidad de sus derechos sociales. La violación tiende a constituirse en norma sustituta y único sistema que asegura la subsistencia, única vía para *ser alguien*, ejercer un rol y disponer de un lugar reconocido dentro de la exclusión. Se da una estratificación simbólica diferente, en general invisible a los ojos del ciudadano socialmente incluido.

Parafraseando al psicólogo social Alfredo Moffat, valdría recordar que la "picardía criolla" es una expresión múltiple. Puede explicar aspectos de nuestro fracaso como Nación, pero también debe ser *entendida* en cuanto expresión de salud mental o conducta que fue necesaria para "aguantar vivo" en un contexto históricamente hostil. Tal explicación podría extrapolarse: para "aguantar vivo" en un contexto de muerte hacen falta herramientas eficaces. Se trata de aprendizajes sobre la base de nuevos modos de entender la eficacia de las conductas sociales. La consigna es subsistir. Si ella permanece a lo largo de años, tiende a estabilizarse. Y con ello a instituirse con rango normativo. En este punto ya se configuran otras identidades, otras subjetividades, otras tramas familiares y otras representaciones sociales: en definitiva, otras regulaciones.

A ello se alude cuando se afirma que la pobreza tiene relación con el crecimiento y permanencia del delito. Es decir, a su impacto sistemático, reorganizador y continuo más que a su poder de disuasión lineal del tipo "no tengo para comer y entonces salgo a robar". De un modo progresivo, la transgresión aumenta en calidad y en cantidad según la presión de las necesidades. Se estratifican las transgresiones y se llega a los delitos más graves.

Siempre alguien entronizará el ejemplo de la persona que a pesar de la pobreza se proyectó mediante su esfuerzo personal. Allí subyace la concepción liberal: suponer que todo depende del sujeto por lo que tras la fachada de reconocer su singularidad se niegan las singularidades de la inmensa mayoría que perece aplastada bajo la aplanadora del darwinismo social: "Si ese sujeto se salvó, que los que puedan hagan como él". Pero la mayoría no tiene con qué. Y si tal procedimiento fuera viable no sería necesario el orden de la civilización (la cultura, el Estado, el orden ético, el orden jurídico, etc.). No se requeriría ningún tipo de protección para los más débiles ante los más poderosos.

En definitiva, negar la relación pobreza-delincuencia es negar el equilibrio en la satisfacción de necesidades como condición previa para sancionar luego conductas culturalmente nocivas. No se trata de vivir sin ley sino, muy por el contrario, de garantizar marcos regulatorios con sentido para todos. Por ello, sin lucha contra la pobreza cualquier pelea contra la delincuencia está perdida de antemano.

Capítulo III
Libertad vigilada y/o asistida

1. Naturaleza de la medida

En relación con la medida que nos ocupa, señalemos, en principio, que la *libertad vigilada* aparece, originariamente, como un recurso del sistema penal en general, incluyendo a los adultos sobre los que se aplican penas. Manuel Ossorio y Florit señala: "Llámase así la que se concede a ciertos penados, pero sometiéndolos, mientras dura ésta, a una vigilancia de la autoridad pública o de los patronatos creados a tal efecto."[72]

En su origen, entonces, se trata de una medida en la que la vigilancia se constituye en impronta dominante. Ella supone contenidos punitivos que adquieren distintas formas, pero en los que se deposita la confianza de la rehabilitación de quien cometió delito. Tomando como referencia su experiencia en Chile, Julieta Cruz Figueroa da a conocer las características de la libertad vigilada para sujetos mayores de edad:

> 1) En su dimensión punitiva busca, como toda sanción penal, castigar al culpable de una infracción a la ley y proteger a la sociedad en su conjunto de nuevas violaciones a la ley.
> 2) En su dimensión resocializadora busca incorporar a la comunidad a quienes han delinquido a través del proce-

---

[72]   Ossorio y Florit, Manuel, *Diccionario de Ciencias Jurídicas, Políticas y Sociales*, vigésimo primera edición, Buenos Aires, Heliasta, 1994, p. 469.

so de reinserción social. Para eso, durante los 18 años de existencia de estas medidas, se ha establecido toda una red de trabajo comunitario. Busca evitar la desocialización de los condenados y los efectos negativos del sistema de reclusión por delitos no considerados graves, como son el desarraigo familiar, la marginalidad o la desintegración social que tienden a experimentar los condenados que están o han estado privados de libertad; busca, además, evitar el aprendizaje conductual y que se interioricen en la cultura de la delincuencia.[73]

Vemos que, en la descripción que la autora realiza, aparecen tanto la dimensión punitiva como la resocializadora en una misma medida. Esta unidad de dimensiones se vincula de manera estrecha con el debate tratado antes en este trabajo, con eje en la cuestión de la responsabilización. Es, sin duda, un aspecto polémico de la medida que traído al campo de la niñez se potencia. Tal potenciación se debe a que, entre otros factores, se aspira a superar la mera vigilancia como expresión del puro castigo, pero no hacia una nueva reducción asistencialista sino hacia un tipo de medida que sirva a la responsabilización del joven. Veremos que las diversas prácticas incluyen confusiones de este orden para, hacia el final del capítulo, precisar diferencias según las ideas que en la actualidad gozan de más consenso.

En el campo del todavía denominado "Derecho de menores", los jueces están facultados para entender esta medida como custodia y vigilancia, instrumentada por un equipo de delegados inspectores dependientes del Poder Judicial o profesionales de otros poderes o, inclusive, de la sociedad civil. Esta facultad está relacionada con el vacío

---

[73] Figueroa, Julieta Cruz, "Medidas alternativas en Chile", en David, Pedro et al., *Suspensión del juicio a prueba. Perspectiva y experiencias de la Probation en la Argentina y el mundo*, Buenos Aires, Lexis Nexis-Depalma, 2003, p. 102.

subsistente en este campo (transgresión a la ley penal) al que ya nos refiriéramos. En lo escrito por el citado jurista argentino González del Solar aparece esta tendencia a situar la medida como medio de asistencia social vigilada, sin que en ella la resonsabilización ocupe un lugar relevante. Veamos un pasaje en el que se refleja tal tendencia:

> Cuando el hogar ofrece ciertas condiciones que hacen confiable la evolución del precoz delincuente, resulta harto conveniente el tratamiento en su seno, sin quebrar su vínculo con la familia, la escuela o el trabajo. Se apela entonces a la libertad vigilada como medida que tiende a lograr su mejor emplazamiento doméstico y social, vigorizando sus relaciones interpersonales a través del apoyo, del consejo y del control que un oficial o delegado del juez debe prestar con sentido reeducador.[74]

Recordemos que la República Argentina ratificó, con reservas, mediante la Ley 23849, la Convención de los Derechos del Niño. Dicha ley fue publicada en el Boletín Oficial el 22 de octubre de 1990, pasando a formar parte del sistema jurídico nacional. El Artículo 40 de la CIDN contiene cuatro incisos dedicados a diversos aspectos de la intervención jurídica penal sobre la niñez, tales como la necesidad de una intervención que considere la especificidad del niño, que se respeten las garantías procesales y substanciales, enumerando hacia el final (inciso 4) una serie de medidas posibles. Así lo expresa: "Se dispondrá de diversas medidas, tales como [...] la libertad vigilada [...] para asegurar que los niños sean tratados de manera apropiada para su bienestar y que guarde proporción tanto con sus circunstancias como con la infracción."

Ya en 1985 la Resolución 40/33 de la Asamblea General de Naciones Unidas celebrada el 29 de noviembre de 1985

---

[74] González del Solar, José H., *Presupuestos para la corrección de los menores delincuentes*, Córdoba, Marcos Lerner, 1992, p. 61.

aprobó, como ya consignáramos, las Reglas Mínimas para la Administración de la Justicia de Menores, conocidas como las Reglas de Beijing. Allí se establece (Regla 17.b.) que "Las restricciones a la libertad personal del menor se impondrán sólo tras cuidadoso estudio y se reducirán al mínimo posible."

Asimismo (Regla 17.c.), "sólo se impondrá la privación de libertad personal en el caso de que el menor sea condenado por un acto grave en el que concurra violencia contra otra persona o por la reincidencia en cometer otros delitos graves, y siempre que no haya otra respuesta adecuada."

Además de incluir los precitados principios entre los que presenta como rectores de la sentencia y resolución, profundiza la tendencia en la Regla 18 (1) cuando afirma:

> Para mayor flexibilidad y para evitar en la medida de lo posible el confinamiento en establecimientos penitenciarios, la autoridad competente podrá adoptar una amplia diversidad de decisiones. Entre tales decisiones, algunas de las cuales pueden aplicarse simultáneamente, figuran las siguientes: a) órdenes en materia de atención, orientación y supervisión; *b) libertad vigilada*; c) órdenes de prestación de servicios a la comunidad; d) sanciones económicas, indemnizaciones y devoluciones; e) órdenes de tratamiento intermedio y otras formas de tratamiento; f) órdenes de participar en sesiones de asesoramiento colectivo y en actividades análogas; g) órdenes relativas a hogares de guarda, comunidades de vida u otros establecimientos educativos; h) otras ordenes pertinentes. (El destacado es del autor.)

Aun cuando el Régimen Penal de la Minoridad (Ley 22278/80) contradice profundamente el sistema impuesto por la CIDN, él sigue aplicándose en gran parte de los estados provinciales incluso cuando –lo hemos mencionado antes– existen importantes pronunciamientos judiciales en su contra. Es mayoritaria la opinión según la cual dicha ley debe ser derogada pero esto aún no ha sucedido de manera expresa. Con anterioridad al citado fallo de la Cámara de Casación en Argentina, se destaca lo resuelto el 06 de diciembre de 2006 por la Cámara Nacional de Apelaciones en lo Criminal y Correccional Federal (Sala Primera) de la República Argentina, declarando la inconstitucionalidad parcial del Artículo primero de la Ley 22278, en cuanto atañe a sus párrafos segundo, tercero y cuarto, y del Artículo 412 del Código Procesal Penal de la Nación con relación a sus párrafos segundo y tercero.

Recordemos a qué se refieren los instrumentos declarados inconstitucionales en la causa mencionada. Los párrafos del artículo primero de la Ley 22278 expresan:

> Si existiera imputación contra alguno de ellos la autoridad judicial lo dispondrá provisionalmente, procederá a la comprobación del delito, tomará conocimiento directo del menor, de sus padres, tutor o guardador y ordenará los informes y peritaciones conducentes al estudio de su personalidad y de las condiciones familiares y ambientales en que se encuentre. En caso necesario pondrá al menor en lugar adecuado para su mejor estudio durante el tiempo indispensable. Si de los estudios realizados resultare que el menor se halla abandonado, falto de asistencia, en peligro material o moral, o presenta problemas de conducta, el juez dispondrá definitivamente del mismo por auto fundado, previa audiencia de los padres, tutor o guardador.

Por su parte, los párrafos segundo y tercero del Artículo 412 del Código Procesal Penal de la Nación prescriben que el tribunal:

> Podrá disponer provisionalmente de todo menor sometido a su competencia entregándolo para el cuidado y educación a sus padres o a otra persona o institución que, por sus antecedentes y condiciones, ofrezca garantías morales, previa información sumaria, audiencia de los interesados y dictamen del asesor de menores. En tales casos, el tribunal podrá designar un delegado para que ejerza la protección

y vigilancia directa del menor y periódicamente le informe sobre la conducta y condiciones de vida de aquél.

Ahora bien, en el marco del viejo Régimen Penal de Minoridad, el Consejo Nacional del Menor y la Familia (transformado luego, a partir de la Ley 26061) llevó adelante una prolongada experiencia que merece atención aun cuando, de antemano, aparecen supuestos que se transforman en fuente de polémicas. El mencionado organismo afirmó que "en la aplicación práctica del sistema de la Ley 22278 en Argentina, sólo se admiten dos posibilidades, internación o un régimen de libertad vigilada."[75]

El Dr. Torres,[76] ex Juez de Menores de Santa Fe (durante los años que van de 1976 a 1980), entrevistado para esta investigación y haciendo referencia a *libertad vigilada* (incorporada a la Ley 3460 vigente hasta 1996), sostiene que esta medida correspondía aplicar "para los casos penales", considerando su eficacia de esta manera: *"Como la palabra lo dice libertad... vigilada... yo creo que es propio del ser humano... todos andamos mejor si nos vigilan... si nadie nos controla hacemos lo que queremos... yo creo que por eso funciona... que es la vigilancia, el control, lo que pone límites...".*

Torres, con sus dichos, pone en evidencia el funcionamiento de una matriz de pensamiento que se relaciona con la necesidad de actuación externa. Es evidente la asociación de la vigilancia con el castigo, morigerado, pero castigo al fin. Ese castigo es externo y promotor de mayores grados de heteronomía.

Sabemos que, no obstante, y especialmente a partir de la CIDN, aparecen diversas nuevas leyes, manifiestos y

---

[75]   Consejo Nacional del Menor y la Familia, Escuela de Formación Especializada, Centro Focal 80, Documento 35.670, "Capítulo I", *Medidas Alternativas a la Institucionalización*, Buenos Aires, 1996, p. 39.

[76]   Por razones éticas el apellido fue cambiado para este trabajo.

cambios de otro orden. Por una parte, en algunos ámbitos y/o jurisdicciones provinciales se desdobla en *libertad asistida* y *libertad vigilada,* como es Santa Fe, caso del que luego nos ocuparemos. En otros ámbitos se observa la preferencia por desplazar el término "vigilada" a favor del término "asistida", con todo lo que ello simboliza en términos de rechazo al contenido represivo que –en principio– acarrea la vigilancia. Así, el Consejo Nacional del Menor, la Mujer y la Familia, del Ministerio de Desarrollo Social de la República Argentina, la denominó *libertad asistida* y sostuvo que "ha sido descripta como la medida que deja al menor en poder de los responsables de su guarda, bajo la custodia de un delegado que observa su comportamiento y toma las prevenciones pertinentes."[77]

Al momento de revisar los conceptos postulados por el Consejo Nacional encontramos que algunos coinciden con los postulados por distintos autores. Los puntos de contacto aparecen, fundamentalmente, en torno a la preocupación por lograr que el niño o adolescente conserve o reestructure sus vínculos familiares originarios. Encontramos que "a favor de la libertad vigilada se ha sostenido que es una medida abierta y flexible, que pretende tratar al menor en su propio medio, ya que es allí donde precisamente en la mayoría de las ocasiones reside la causa de su conducta."[78]

Guemureman y Daroqui investigaron de qué contenidos se dota a la medida en el Juzgado de Menores n° 2 del Departamento Judicial de Quilmes (Buenos Aires, Argentina), encontrando lo siguiente:

La orientación y el control son los pilares en los que se sostiene el Régimen de Libertad Asistida. La orientación como

---

[77]   Consejo Nacional del Menor y la Familia, Escuela de Formación Especializada, Centro Focal 80, Documento 35.669, *Niñez y adolescencia en conflicto con la ley penal,* Cap. VI, Buenos Aires, 1996, p. 24.

[78]   Fellini, Zulita, *Derecho Penal de Menores,* Buenos Aires, Ad-Hoc, 1996, p. 89.

parte de la creación de un espacio de reflexión y esparcimiento en el cual los chicos puedan vivenciar experiencias que los ayuden a evitar situaciones de riesgo y les permita plantearse alternativas diferentes para el presente y el futuro (la búsqueda de empleo, estrategias para conseguirlo, formación en algún oficio, conclusión del ciclo primario, etc.) El control consiste en verificar si el adolescente trabaja o busca trabajo, si concurre a la escuela, si acepta límites, si la familia acompaña su esfuerzo para evitar nuevas comisiones de delito y aquellas transgresiones que lo expongan a situaciones de riesgo para sí mismo.[79]

Rafael Gamas, docente y operador en Psicología Social, al relatar su experiencia en el Distrito Judicial de Morón, Provincia de Buenos Aires, Argentina, coloca el énfasis en la necesidad de que la perspectiva del sujeto sea el vector de análisis dominante, aun con el atravesamiento de la ley. Al respecto sostiene que la libertad asistida "es un acompañamiento en libertad que tiene una direccionalidad concreta, que puede ser atravesada por la ley, pero desde ellos como sujetos, como protagonistas."[80]

De este modo se observa una tendencia a abandonar la antigua noción de mero control a favor de la idea de apoyatura, de asistencia al estado de libertad en procura de su cualificación, entendida como el desarrollo de un bagaje de instrumentos a aplicar para modificar de manera favorable la realidad del niño considerándolo como protagonista de la libertad asistida. Tal protagonismo supone el esfuerzo por abandonar la vigilancia que depositaba todas las responsabilidades en el vigilado (él era quien debía comportarse según las normas) para asumir la construcción del proceso

---

[79]   Guemureman, Silvia *et al.*, *La niñez ajusticiada*, Buenos Aires, Editores del Puerto, 2001, p. 287.

[80]   Gamas, Rafael, "Aproximación a una conceptualización de la práctica en el Programa Grupal de Libertad Asistida", en Raffo, Héctor *et al.*, *Menores infractores y libertad asistida (los cinco puntos)*, Buenos Aires, Ediciones La Rocca, 2000, p. 134.

como algo complejo, con responsabilidades compartidas, con la obligación de generar estímulos contextuales que promuevan cambios productivos en la conducta de quien cursa la medida. Claro está que no se trata de un cambio sincrónico, observable sin dificultad en todos los ámbitos. Por el contrario, se trata de un movimiento generalizado que incluye zonas en las que este avance se da con más firmeza y zonas en las que aún persiste la noción de vigilancia pura.

No obstante, como se ve, la interpretación de lo anterior en términos de corresponsabilidades se induce de las formas que éstas toman. Se advierte, no obstante, cierta debilidad en la responsabilización en tanto eje de trabajo. Esta debilidad no quita viabilidad a las intervenciones citadas, pero se postula aquí la idea de que las operaciones descriptas sean resignificadas hacia, prioritariamente, la responsabilización.

2. Algunos momento del trayecto histórico de esta medida en la Provincia de Santa Fe[81]

Haciendo un rastreo histórico, encontramos que en la Provincia de Santa Fe la creación de los tribunales de menores data del año 1949 (Ley 3460). El título V de dicho instrumento se denominaba "De la libertad vigilada". Allí organizaba la medida como dependiente de la Secretaría de Servicio Social (Artículo 14), identificando las figuras de *inspector* y *delegado de libertad vigilada* como responsables de su seguimiento. No obstante no precisaba en qué casos

---

[81] El autor de este libro publicó en junio de 2011, como columnista del diario *El Litoral* de la ciudad de Santa Fe (Argentina), un artículo titulado "Santa Fe: niñez, memoria, vanguardia legislativa". Dado que aporta información, se ofrece el mismo como Anexo, al final del texto.

debía aplicarse libertad vigilada, por lo que se trata de una dimensión que quedó abierta a la decisión del juez.

Entrevistada quien se desempeñara como delegada de la libertad vigilada, jubilada en 1999 con treinta años de servicio, explica que –según su experiencia– las medidas de "libertad vigilada" coexistían con otras figuras identificadas como "control", más asociadas a los casos en los que no existía delito, categorizados en el discurso jurídico como "civiles": "Había legajos que se hacían con el título de 'control' pero bueno... lo que pasa es que en muchos casos civiles, por ejemplo, cuando llegaban a la Secretaría no se pensaban como libertad vigilada."

Estas expresiones parecen develar que la línea divisoria entre los casos judicializados por hechos delictivos y los casos netamente "civiles", entendidos como aquellos que involucran a niños en situaciones de riesgo (deserción escolar, mendicidad, niños en situación de calle, etc.) no era nítida. No obstante aparece la noción de "libertad vigilada" como medida típicamente asociada al ámbito penal, que vuelve a debilitarse al advertir que –como expresa la entrevistada– "eran pensadas" de otro modo.

Esta diferenciación conceptual pero de aplicación ambigua es también planteada por el ex juez de menores, quien sostiene que cuando ingresó al juzgado encontró que la naturaleza de la medida había sido deformada: *"Cuando yo llegué, en el '76, estaba la jueza N... ella había nombrado delegados de libertad vigilada a diestra y siniestra, tenía como diez... o más... pero se había diluido la función... ella los mandaba a los espectáculos públicos... ¡a las playas... a ver si andaban con bikinis o no!... se había desvirtuado... yo llegué y saqué todo eso... libertad vigilada era para los casos penales, para cuando había delito... sólo eso..."*

El ex juez sostiene: "Yo llegué y saqué todo eso", con lo que pone en evidencia el grado de discrecionalidad que caracterizada a la medida. Por ello resulta pertinente consignar aquí que la Ley 3460 fijaba, entre las facultades y atribuciones de los delegados de libertad vigilada, las siguientes:

Inspeccionar los establecimientos públicos o privados, o lugares donde se encuentren menores, llevando a conocimiento del Juez las cuestiones que interesen a los efectos de la ley (Art. 16, Inc. e).

> Los inspectores y delegados de libertad vigilada tendrán libre acceso a los locales o lugares donde se llevaren a efecto actos públicos, a los establecimientos de instrucción públicos o privados, a los lugares donde trabajen menores, a los centros de diversión o espectáculos públicos y en general a todo lugar donde se encuentren menores a los fines de controlar si en los mismos se cumplen y respetan las disposiciones de las leyes de protección de menores (Art. 17).

En este contexto se inscribían entonces las acciones que el entrevistado (ex juez) consideró deformaciones en la utilización de la libertad vigilada.

El funcionamiento aparece acorde con el planteo doctrinario imperante hasta el momento, y que recién comenzaría a variar con la vigencia de la CIDN en la República Argentina, en 1990. Retomemos, brevemente y en beneficio del relato, aquella conceptualización para recordar que si bien dicho año no señala de modo taxativo el fin del dominio de la lógica denominada *doctrina de la situación irregular (DSI)* y el inicio de otra denominada *doctrina de la protección integral (DPI)*, es aceptado como referencia al momento de organizar la construcción histórica. Hasta allí podría decirse que no se discutía la legitimidad de una matriz de comprensión de la problemática asentada sobre la judicialización de la niñez en situación de riesgo social (DSI), lo situado fuera de la normalidad, sin diferenciación de las múltiples expresiones de la pobreza, incluyendo allí los casos de niños que transgredían la legislación penal vigente. Desde este hito hacia atrás se considera vigente lo que se inscribía en lo que ha dado en llamarse *doctrina de la situación irregular*. Luego, y a la luz de los aportes de la Convención, pierde fuerza aquel antiguo planteo doctrinario, abriéndose los espacios para lo que se conoce como *doctrina de la protección integral*, centrada en diversos aspectos que tienen su eje en ideas tales como el pasaje del niño desde la condición de objeto de derechos a la condición de sujeto de derechos, la exclusividad de las políticas sociales como instrumento para trabajar sobre la niñez en riesgo social y la no judicialización de la pobreza.

La investigadora Daniela Puebla, refiriéndose a los avances que la *doctrina de la protección integral*, sostiene en relación con la primera:

> Los comportamientos socialmente indeseables pero que no constituyen una infracción penal, de conformidad a la tipificación o definición legal de fondo, deberán ser objeto de políticas específicas (de protección y promoción), pero despojadas de contenidos de carácter punitivo, coercitivo. De manera similar, se procederá con aquellos casos referidos a menores de una edad determinada, que, de conformidad a la legislación nacional, sean considerados inimputables. Se trata de ámbitos de actuación diferentes y que no deben confundirse.[82]

En relación con este viraje de concepciones y considerando la experiencia de la Provincia de Santa Fe, uno de nuestros entrevistados, que participó en el debate de la antigua legislación (Ley 3460) y en la redacción de la actualmente vigente (Ley 11452 que identificaremos unas páginas más adelante), hace referencia en forma particular a las dificultades que se presentaban para diferenciar la

---

[82] Puebla, María Daniela *et al.*, *Control social punitivo institucionalizado en niños y adolescentes en la Provincia de San Juan. Congruencia con la constitución nacional*, San Juan, Universidad Nacional de San Juan, Facultad de Ciencias Sociales, Instituto de Investigaciones Socioeconómicas, p. 31.

aplicación de la medida: "La libertad vigilada es una medida indiscutiblemente penal... ¿no?... me parece que en esto no hay dudas.... Sin embargo esa medida se aplicaba discrecionalmente, a diestra y siniestra, sin distinción de ningún tipo."

La Ley 3460, en el Art. 15, especificaba la estructuración de la Secretaría Social y regulación de la libertad vigilada:

> Tendrá como jefes inmediatos los inspectores de libertad vigilada a quienes compete: a) la designación de los delegados que deban informar periódicamente; b) el estudio de los informes escritos que envíen los guardadores; c) la colocación en familia de los menores, conviviendo con las personas que se interesen por ellos, todo cuanto se refiera a su asistencia, protección y trabajo; d) la visita personal de los establecimientos públicos y privados, donde se encuentren menores, llevando a conocimiento del juez toda la cuestión que requiera su autoridad o resolución; e) realizar las tareas que fije la ley y los reglamentos respectivos o disponga el Juez de Menores; f) llevar el índice alfabético de los menores colocados con mención del delegado que los tiene a cargo.

El Art. 16 establecía deberes y atribuciones para los funcionarios encargados de la libertad vigilada:

> a) Indagar de la manera más prolija la conducta del menor, de sus padres y familiares, guardadores y en general, de las personas a cuyo cargo se encuentren; la efectividad, tendencias, gustos y predilección del menor, compañías y lugares que éste frecuenta; distracciones y juegos que prefiere; concurrencia, conducta y aprovechamiento en los planteles educativos, talleres y fábricas; b) asistir a los menores colocados por el tribunal en libertad vigilada, y practicar cuantas diligencias considere conveniente a tal fin; c) poner en práctica las medidas acordadas por el tribunal y el tratamiento aconsejado por el cuerpo de asesores técnicos; d) velar por el cumplimiento de las leyes, edictos u ordenanzas de protección a la infancia, denunciando a sus infractores; e) inspeccionar los establecimientos públicos o privados, o lugares donde se encuentren menores, llevando

a conocimiento del Juez las cuestiones que interesen a los efectos de la ley; f) vigilar a los menores egresados de los institutos oficiales durante el término que determine el Juez; g) realizar las demás tareas que dije la ley y los reglamentos respectivos o disponga el juez.

Por otra parte, dedicaba parte de su articulado –del 17 al 25– a regular aspectos funcionales y operativos de los encargados de la libertad vigilada.

La Ley Orgánica del Poder Judicial (nº 3611), ya derogada, delegó la organización de lo que denominaba *libertad vigilada* en la Secretaría Social. Así fijaba la competencia de los *delegados de libertad vigilada*:

Artículo 56º - Delegados de la Libertad Vigilada. Bajo la dependencias inmediata de la Secretaría de Servicio Social, actuarán los Delegados de la Libertad Vigilada, a quienes compete especialmente: 1º) Asistir a los menores colocados por el Tribunal[83] en Libertad Vigilada, visitándolos personalmente, observando su conducta, costumbres, lugares y personas que frecuentan, y practicando cuantas diligencias fueren conducentes a su tutela; 2º) Vigilar a los menores egresados de los institutos oficiales durante el término que determine el Juez a cuya disposición se encuentren; 3º) Presentar, mensualmente por escrito, un informe de la labor cumplida, conforme a las obligaciones que les incumbe; 4º) Realizar las demás tareas que establezcan los reglamentos respectivos o que disponga el Tribunal. Los Delegados de la Libertad Vigilada serán propuestos por la Corte Suprema, a solicitud del Juez de Menores, y éste determinará de entre los delegados al que deba ejercer el cargo de Inspector General.

Artículo 57º - Designación. Además de los Delegados de la Libertad Vigilada, los Jueces podrán nombrar a maestros, maestras o personas idóneas que presten su conformidad,

---

[83]   Tribunal y Juzgado de Menores son sinónimos en este caso.

delegados del Tribunal a fin de asistir a los menores colocados en Libertad Vigilada. Esta designación se ejercerá gratuitamente. Anualmente deberán los Jueces de Menores comunicar a la Dirección General de Escuelas el desempeño que han tenido las maestras o maestros designados, a los efectos de registrarlos en sus fojas de servicios.

En 1996 la legislatura santafesina sancionó la Ley 11452 conocida como Código Procesal de Menores, actualmente vigente, que derogó la Ley 3460. En su Artículo 35 establece las medidas cautelares o provisorias incluyendo allí la libertad asistida:

> Medidas tutelares provisorias. Las medidas cautelares o provisorias que se dispongan consisten, siguiendo un orden prioritario, en: 1) Mantener o reintegrar al menor al núcleo familiar en el que convive, sea el de sus padres, tutor o guardadores; 2) Disponer su permanencia con terceras personas, preferentemente parientes del menor; 3) Detención domiciliaria en un plazo máximo de cuarenta y ocho horas o permanencia obligada en su domicilio por el término que el juez determine; 4) *Libertad Asistida* a cargo del órgano judicial o administrativo; 5) Disponer su alojamiento en el lugar más adecuado. (El destacado es del autor.)

Luego, el Artículo 98 se refiere a las Medidas Alternativas a la Privación de Libertad disponiendo:

> Medidas alternativas a la privación de libertad. Se podrán disponer las siguientes alternativas a la privación de la libertad: 1) Llamado de atención y/o advertencia; 2) Realización de un trabajo comunitario, en una institución u organismo oficial o privado; 3) Realización de un tratamiento médico o psicológico, individual o como terapia familiar; 4) *Libertad Vigilada*; 5) Toda otra medida que beneficie al menor. (El destacado es del autor.)

Dado que tiene relación con aspectos de lo que se piensa de la medida ("lo social está en el barrio" y "al barrio van las asistentes sociales"), es pertinente señalar que el

27 de septiembre de 1995 (Acta n° 34), la Corte Suprema de Justicia dispuso que para cubrir cargos de inspectores de libertad vigilada en los juzgados de menores de la Provincia de Santa Fe debe acreditarse la posesión de título habilitante en Servicio Social o los equivalentes previstos por la Ley 7754/75 (título habilitante en Trabajo Social o Licenciaturas o Doctorados en la especialidad). Esta postura es recogida por la Ley 11452 (Código Procesal de Menores) estableciendo en su Artículo 138:

> La función de Delegados [...] corresponde prioritariamente a los Trabajadores Sociales que integran la Secretaría Social. Los Jueces Comunales y los de Primera Instancia de Circuito son considerados, a los efectos de esta ley y con las mismas características, como delegados naturales de la Justicia de Menores y en tal carácter puede exigírseles el cumplimiento de las medidas que se les encomienden. Subsidiariamente puede designarse como tales a personas ajenas al Poder Judicial que se consideren idóneas para dicha función. Su designación constituye una carga pública y será ejercida gratuitamente.

El Artículo 138 de la Ley 11451 establece la competencia de los Trabajadores Sociales incluyendo la de "intervenir como Delegados en las medidas tutelares, cuando sean designados".

La nueva normativa expresa el pasaje de un discurso a otro. Este proceso, aunque no exento de contradicciones, trata de actualizar a nivel provincial lo que tiene legitimidad a nivel internacional y nacional. La adecuación según los postulados de la Convención sobre los Derechos del Niño incluye el esfuerzo por –al menos– diferenciar las nociones de *libertad vigilada* y *libertad asistida* dotando inclusive a ambas medidas de cierta autonomía técnica. Esta autonomía aparece al priorizar la condición de Trabajador Social para acceder a la función de *delegado*, aun cuando tal denominación ("delegado") sea la propia del viejo sistema de mera vigilancia donde, como ya se explicó, existían las figuras del *Inspector de Libertad Vigilada* y *delegados*.

La realidad de la Provincia de Santa Fe manifiesta las tensiones que se producen a nivel nacional e internacional en esta materia. Se observan avances que no aparecen tanto de las contradicciones propias de la naturaleza de la problemática en sí misma como de los procesos de construcción política que se dan para lograr instrumentos aceptados por los distintos actores. No se trata de un cambio sincrónico sino de modificaciones que se dan con mayor rapidez en unos sectores, con cierta lentitud en otros y también con oposición en algunos.

3. La práctica cotidiana

Ahora bien, hasta aquí se ha centrado el esfuerzo en desarrollar una exposición dominada por diferentes disposiciones legales y ciertas interpretaciones que sobre ellas se han realizado. Lo que sigue intenta reconstruir qué características adquiere la medida teniendo en cuenta el modo en que funciona en la práctica. En efecto, ubicándonos en otra dimensión de análisis –esto es, en la práctica cotidiana–, podemos observar que ante hechos penales protagonizados por niños o adolescentes el dispositivo judicial reacciona, en el ámbito territorial en el que se realizó la investigación, y en líneas generales, de la siguiente manera:

Si el sospechado de ser responsable del hecho porta un historial criminológico jurídicamente significativo; o si el hecho, por su naturaleza o modalidad, es lo suficientemente grave (homicidio, robo calificado, etc.), es común que sea privado de libertad. Para la toma de estas decisiones también incide la edad del protagonista, pues ella determina a qué supuesto jurídico responde la realidad. La Ley 22278, que en Santa Fe se aplica (nos hemos referido ya a esto), en su Art. 1° establece: "No es punible el menor que no haya cumplido 16 años de edad. Tampoco lo es el que no haya cumplido 18 años, respecto de delitos de acción privada o reprimidos con pena privativa de la libertad que no exceda de 2 años, con multa o con inhabilitación."

Si el joven es *punible*, las posibilidades de que sea privado de libertad son mayores. En la práctica, la autoridad policial se comunica telefónicamente con el Juez quien adopta la medida cautelar, y esta situación es la que se da en menor cantidad de veces. El proceso sigue adelante permaneciendo privado de libertad, según lo dispuesto por el Código Procesal de Menores (Ley 11452) de la Provincia de Santa Fe, hasta que el Juez dicta una medida tutelar (que debe ser *fundada* según el Art. 82 de la mencionada norma), incluyendo o no privación de libertad ambulatoria.

Si, por el contrario, se trata de un adolescente sin demasiados antecedentes o el hecho no es jurídicamente significativo, es común que recupere en pocas horas su libertad. Esta situación, por lo general, tiene dos variantes. El Juez puede disponer, al ser informado por la policía, que el joven sea de inmediato puesto en libertad bajo responsabilidad de sus padres. O, por el contrario, puede ordenar su traslado a la sede del Juzgado. Ya en esa sede es el Magistrado quien mantiene una muy breve entrevista (audiencia) en la que recibe las primeras impresiones, se forma opinión y toma una decisión. Esta decisión se sustenta en la normativa provincial (Ley 11452), pero también en la normativa nacional de rango constitucional de fuente internacional (Convención de los Derechos del Niño). Según éstas se debe priorizar, siempre, la permanencia del joven junto a su grupo familiar.

El proceso judicial sigue adelante permaneciendo libre el joven. Es citado las veces que sea necesario a los efectos estrictamente jurídicos, y se abre también la investigación social o interdisciplinaria si fuera el caso. Luego, el Juez puede disponer alguna de las medidas previstas en el Código Procesal de Menores (Art. 35) dentro de las que se incluye la *libertad asistida*.

Si se tratara de un joven *punible*, el proceso sigue adelante –vale esto también para el caso de que haya sido privado de libertad– y en el momento en que el Juez estima que ha sido responsable de un hecho puede decidir entre diversas medidas previstas en el Artículo 98, entre las que figura la *libertad vigilada*.

En el punto anterior, al desarrollar lo inherente a aspectos normativos, se planteó la existencia de algunas contradicciones que también aparecen en la práctica cotidiana. Así, en las decisiones que se toman, incide lo que se conoce como *peligrosismo social*, es decir, el grado de peligrosidad que se presume encierra la personalidad del joven. La noción de *peligrosismo social* no pertenece –en cuanto tal– a la *doctrina de la protección integral*, sino que –por el contrario– es un remanente conceptual de la antigua, al menos en lo doctrinario, *doctrina de la situación irregular*.

La práctica cotidiana refleja la preocupación por priorizar el tratamiento en estado de libertad (ambulatoria) tal como lo exige la normativa nacional e internacional. No obstante se observa que gran parte de las decisiones urgentes que un Juez toma inmediatamente durante las madrugadas de la mayoría de los días, se asientan sobre la información que brinda la policía, que por lo general es la que intervino en el hecho. El análisis en profundidad de tal información queda para un momento posterior que es regulado según los plazos mencionados en este punto.

4. ¿Libertad vigilada, libertad asistida o libertad corresponsable?

Hemos dicho, en el inicio de este capítulo, que las diferencias y coincidencias entre libertad vigilada y libertad asistida son objeto de numerosas polémicas. Fijaremos postura ahora, siguiendo para ello las ideas que gozan de consenso a nivel nacional e internacional.

El Primer Seminario Latinoamericano de Capacitación e Investigación sobre los Derechos del Menor Frente a los Sistemas de Administración de Justicia Juvenil, celebrado en San José de Costa Rica y organizado por el Instituto Latinoamericano de las Naciones Unidas para la Prevención del Delito y el Tratamiento del Delincuente (ILANUD), en 1986, llegó a las siguientes conclusiones sobe el tema: entre las normas alternativas de tratamiento, cabe hacer una diferencia de objetivos entre la libertad vigilada (control sobre la conducta del menor) y la libertad asistida (creación de condiciones para reforzar vínculos entre el menor, su grupo de convivencia y su comunidad).

En la Provincia de Santa Fe, la norma jurídica, quizá justamente por su condición de norma, no establece diferencias conceptuales que permitan precisar en qué consiste una y en qué consiste la otra en los niveles de operativización. Introduce, en cambio, una diferencia estructural central relacionada con uno de los ejes que se vienen desarrollando. Así, establece que la libertad asistida es provisoria o cautelar hasta tanto se establezca, jurídicamente, que el joven es responsable del hecho investigado. Se refiere, claro está, a la responsabilidad en su sentido externo, es decir, a aquel que se construye en base al procedimiento jurídico pero no necesariamente a la construcción de responsabilidad desde la perspectiva del sujeto.

No es por casualidad que la responsabilidad en el hecho se transforma en factor determinante de diferenciación de la medida en el Código Procesal de Menores, instrumento que en la actualidad está en proceso de rediseño. Cuando la medida era libertad *vigilada* dominaba la mera vigilancia, componente típico de la sanción penal privativa de libertad traído a la medida cuando no incluye privación de libertad ambulatoria. Es decir que no se priva al sujeto de su posibilidad de circular con libertad, pero el Poder Judicial lo vigila. En el Código vigente, esta medida es aplicada cuando al niño se lo considera responsable de un hecho pero no antes, pues –garantías mediante– no es posible imponer medidas si no se prueba su responsabilidad en el hecho que se investiga. Es el equivalente a la sentencia judicial que penaliza en la Justicia Penal de Mayores. La libertad asistida, sin embargo, es reservada para el momento en que el niño aún no ha sido jurídicamente declarado responsable, por lo que se lo "asiste" con una medida menos asociada a la sanción, con menor contenido de vigilancia. Se estima entonces que esto se acerca con mayor eficacia a la ya mencionada *doctrina de la protección integral*, que –en lo jurídico– postula la necesidad de un juicio justo, con las debidas garantías que limiten el poder discrecional del Estado, en este caso de los jueces de menores.

Subrayemos entonces: si judicialmente aún se está investigando para saber si el sujeto fue el autor del hecho, puede imponerse libertad asistida. Luego de esta medida, cuando judicialmente ya se ha dicho que tiene responsabilidad en el hecho, puede imponerse libertad vigilada. Pero en la práctica, los aspectos que son significativos para el joven no varían en demasía.

El propio Artículo 35 del Código Procesal de Menores de la Provincia de Santa Fe (Ley 11452) presenta la libertad asistida en los términos ya expuestos, es decir, como medida cautelar o provisoria. Pero antes de decir esto, la define como "tutelar", lo que permite suponer la existencia de un resto de la vieja ideología tutelar. No construida jurídicamente la responsabilidad del joven en el hecho que se investiga, se aplica, no obstante, una medida que no pudiendo ser de un orden más abiertamente penal –libertad vigilada– toma la forma de "asistida". La forma que caracteriza a esta última no difiere en demasía de la forma que caracteriza a la primera, por lo que (y no casualmente) el joven puede percibirlas como idénticas. El propio profesional operador, inclusive, las percibe como muy parecidas.

Muchas de estas cuestiones han sido tomadas por autores. Por ejemplo, podemos tomar las apreciaciones que realiza Zulita Fellini quien sostiene:

> Sin perjuicio de las ponderaciones a la libertad vigilada, algunas de las críticas que se le han formulado deben considerarse en este orden: a) es una restricción de la libertad; b) no tiene tiempo de duración; c) no consiste en la instrumentación de tratamiento alguno; d) se basa en el control ejercido mediante la vigilancia; e) No existe capacitación adecuada para la formación del cuerpo de delegados inspectores.[84]

En el campo de la práctica cotidiana, se observan dificultades que devienen de algunos dispositivos no suficientemente problematizados. Se ha mencionado ya la indiferenciación substancial entre *libertad vigilada* y *libertad asistida*. Esto acarrea la importante dificultad a la que nos hemos referido, pues pareciera que la normativa ha sido pensada de manera exclusiva desde la perspectiva del proceso, pero no desde la perspectiva del sujeto que la protagoniza. Así, es común que un joven que viene siendo tratado mediante libertad asistida sea encontrado responsable del hecho penal que se investiga y, entonces, como se ha mencionado, el Juez disponga como medida la libertad vigilada. El joven es citado y notificado de la novedad. Se trata de un cambio jurídicamente substancial, pero lo que se impone al niño supone las mismas acciones que venía desarrollando. La medida, su modo de operar cotidiano, sigue siendo igual. Transmitir esto al protagonista resulta en particular dificultoso. Y es necesario lograrlo pues, si se pretende su carácter activo ante la medida, es necesario

---

[84]   Fellini, Zulita, *op. cit.*, p. 93.

que comprenda en qué etapa se encuentra y que advierta cuál es el eje de su trabajo: responder por lo protagonizado, es decir, hacerse responsable dado que otro (el Estado) también se hace responsable.

Por otra parte, y recordando lo desarrollado bajo el título "Naturaleza de la medida", convendría señalar que en el ámbito de la Justicia de Menores de la Provincia de Santa Fe existe una firme tendencia a escindir el discurso respecto de la génesis de lo que públicamente se conoce como "delincuencia juvenil" y el tratamiento que desde el Estado se le da cuando ella ya forma parte de la tarea judicial. Así, por un lado, se reconoce sin demasiadas dificultades la incidencia de "lo social" –aun cuando el término se usa en un sentido vago– en la causalidad, admitiéndose la exclusión social como fuente mayor de la problemática. No obstante, al momento de ocuparse del problema existe una también fuerte tendencia a psicologizar el abordaje. El Programa de Libertad Asistida que depende del Gobierno Provincial, por ejemplo, viene priorizando desde hace varios años un tipo de abordaje cuyo núcleo se encuentra en la instancia clínica-psicológica, con un encuadre altamente tradicional, aun cuando tiende a observarse algunas mixturas profesionales incorporando la tarea de otras profesiones, como por ejemplo, la Terapia Ocupacional. Durante el año 2006, por ejemplo, se incorporan las "Indicaciones terapéuticas" como apartado específico de los informes que los profesionales presentan ante el Poder Judicial, procedimiento técnico que refleja lo antes expuesto en términos de "psicologización" de la intervención.

Los operadores de la Justicia, por su parte, en su mayoría, parecieran agotar su capacidad de intervención desde un conjunto de datos socioeconómicos cuya función última está orientada a reflejar o categorizar el nivel de pobreza material. Toda emergencia compleja es atribuida a disfunciones conductuales que se depositan en la esfera de lo psicológico.

Cuando se afirma que este procedimiento domina entre los operadores de la Justicia, se incluye a todos los estamentos, en tanto lo llevan a la práctica tanto jueces como trabajadores sociales. El campo de lo psicológico, lo psicopedagógico, lo psiquiátrico, opera como una caja de la que, si bien no se conocen en profundidad sus contenidos, se supone que allí se encuentran todas las explicaciones a las conductas que se estiman fuera de la norma.

Por una parte, se abre una discusión respecto de la posibilidad efectiva de que un joven cumpla una imposición terapéutica unilateral. En la discusión domina la idea según la cual "lo ideal" es que predomine la libre voluntad del joven, por lo que, entonces, adquiere entidad la conceptualización de lo que suele identificarse como *tratamiento en contextos obligatorios*. El contexto obligatorio no es otra cosa que la decisión de un juez sin margen de discusión, al menos en lo inherente al contexto: el cumplimiento de una medida determinada.

Sin embargo, los dispositivos clínicos no siempre logran mantener al joven "en tratamiento". Diversos condicionamientos, como la lejanía de los lugares de atención, las dificultades para hacer uso de los servicios públicos de transportes, la falta de convicción respecto de la utilidad del tratamiento, etc., introducen momentos de crisis en los procesos. Ante ellos, es común que sus operadores acudan a la autoridad judicial para que, desde tal lugar, se introduzcan reforzamientos en el encuadre: citación al joven, ante el Juez, para que éste reinscriba con fuerza el carácter obligatorio de la medida.

Pero, ¿qué espera el sistema judicial del sujeto que es puesto en situación de libertad vigilada y/o asistida? Preguntando de un modo más preciso: ¿qué esperan el

Juez de Menores y sus auxiliares nítidamente jurídicos (secretarios y sumariantes) de este joven?

En general puede sostenerse que el éxito de esta medida aparece cuando se comprueba que el joven se ha comportado con docilidad frente al orden jurídico. Esta comprobación contiene una fuerte impronta formalista, es decir, una importante incidencia de los informes que la Policía pueda agregar al expediente. No necesariamente se trata de informes que el Juez de la causa solicite, sino -por ejemplo- de nuevos motivos de intervención policial sobre el niño, en la vía pública, por razones variadas.

En la Provincia de Santa Fe ya no tiene vigencia lo que se conoció como "detención en averiguación de antecedentes", facultad policial fundada en su ley orgánica. Esta prerrogativa fue muy discutida, considerada inconstitucional por muchos doctrinarios, y derogada en el año 1997. Permitía, en la calle, detener a cualquier persona para averiguar su identidad, aun cuando no se presumiera su vinculación con delito alguno. Este instrumento policial fue reemplazado por otro (Art. 10 bis de la Ley 7395), según el cual "cuando hubiere sospecha o indicios ciertos respecto de personas, que pudieran relacionarse con la preparación o comisión de un hecho ilícito, podrán ser demorados en el lugar o en dependencia policial hasta tanto se constate se identidad. En este caso, la demora no podrá exceder las seis (6) horas corridas."

Quienes cursan un proceso de libertad vigilada o asistida obviamente han atravesado las dependencias policiales, por lo que son conocidos por sus actores (policías) y sospechados cuando son hallados en la vía pública. La policía lleva adelante esta especie de restricción o represión preventiva sobre los jóvenes que ya disponen de historial criminológico, adecuando de modo formal la intervención según la mencionada prescripción legal. Si son trasladados a sede judicial, deben ser retirados por sus padres cuando no quedan detenidos por aparecer vinculados a otros hechos, lo que motiva una nueva intervención judicial, un nuevo expediente, una nueva causa, aun cuando luego no sea declarado jurídicamente responsable. No obstante, habrá acumulado un nuevo "antecedente" en el fichero de los juzgados de menores, sin que necesariamente tal "antecedente" constituya una responsabilidad jurídicamente comprobada.

En las audiencias de evaluación, en la instancia judicial, son determinantes los "informes de antecedentes" (de los juzgados de menores) que reflejan la cantidad de veces que el joven mantuvo un nuevo conflicto con el orden jurídico sin que –vale reiterar– tal conflicto se dé realmente a partir de un nuevo hecho penal.

El Juez de Menores espera, entonces, que "el menor", término cuya utilización no se discute en el ámbito judicial, responda adecuadamente al "control" que sobre él se impone. Cómo evoluciona esta conducta es algo importante, pero al momento de contraponer este elemento (el control) con otros, de naturaleza más compleja, es el primero el que domina. Tratemos de ver esto en lo que sigue.

La presencia de trabajadores sociales en los juzgados, claro está, forma parte de la perspectiva jurídica. Son profesionales (funcionarios judiciales) con independencia técnica cuyos diagnósticos sociales, expresados en informes sociales, no son vinculantes. Dicho de otro modo: no son obligatorios para el Juez, quien puede apartarse de ellos, es decir, atender la propuesta profesional o desecharla. Claro está que en todos los casos, si se aparta de tal informe, se reconoce que debería hacerlo de manera fundada. No obstante, aun cuando estos informes no sean vinculantes para el Juez, se acepta que ellos condicionan de una manera muy importante su decisión final, más aun cuando estos informes sociales aparecen –como es debido– fundados empírica y teóricamente. La presencia de trabajadores sociales en la evolución de la causa, entonces, es significativa como también es significativa la de otros profesionales, pero un poco más debilitada dado que ellos no forman parte efectiva de la planta del Poder Judicial, no integran su plantilla, no son funcionarios judiciales, por lo que su lugar simbólico se ve reducido (colaboran con el Poder Judicial pero pertenecen al Poder Ejecutivo).

Como sabemos, con cada profesional hay una realidad distinta fundada en perfiles personales y profesionales, y esto no es exclusividad de un solo campo. Aun existiendo matrices teóricas validadas que fundamentan cada intervención, la práctica concreta exhibe matices inevitables. Así, por ejemplo, podremos encontrar un abogado que ante una crisis matrimonial sólo informa qué recursos jurídicos existen para la disolución del vínculo jurídico, mientras que otro podrá intentar una solución previa, inclusive interactuando con otros profesionales de otras disciplinas (terapia familiar u otras).

En libertad vigilada y/o asistida la intervención de trabajadores sociales también varía, pero en general se hace bajo la idea de "control" impuesta desde el Juez a quienes "auxilian" desde un lugar que se acerca al del Perito Judicial, aun cuando se pueden identificar diferencias. En esta tarea auxiliar aparece nítida la impronta propia de la profesión, que se expresa de diversas formas. La búsqueda, entonces, de formas de articulación social a través de lo familiar, lo escolar, lo laboral, los clubes de barrio u otras actividades, caracteriza estas actuaciones profesionales. Las intervenciones tienden, en tanto aumenta su calidad, a privilegiar el trabajo en red, aparece la retroalimentación –no siempre exenta de conflictos– con otros profesionales de instituciones no judiciales. Surge entonces una productiva tensión entre la acción del ámbito no judicial (Poder Ejecutivo o sociedad civil) y el puramente judicial (Juez, secretarios, sumariantes), con una zona que más o menos eficazmente funciona como articulación entre estos dos ámbitos. El "control" original adquiere entonces matices variados.

Para el "control" desde el sector más jurídico de los juzgados, por ejemplo, un joven puede sostener en una audiencia que "hizo conducta", término con el que estará refiriéndose a haber desarrollado el comportamiento esperado por el sistema.[85] Pero que el joven sostenga esto no es motivo de preocupación, sino que, por el contrario, es considerado un indicador de cumplimiento de lo buscado: ausencia de conflictos con el orden jurídico, visto como un elemento exterior de la conducta del sujeto, con independencia de su significación interior. Relacionamos esto con el concepto de autonomía antes desarrollado, a partir de Jean Piaget *et al*.

De un modo coincidente para los Trabajadores Sociales, en cambio, este suele ser un indicador preocupante de desarrollo de conductas no suficientemente autónomas. Cuando aquí se sostiene que *suele ser*, se está reiterando lo ya dicho antes: las intervenciones profesionales no son homogéneas en su totalidad, sino que dependen de perfiles profesionales e incluso personales. "Hacer conducta" suele indicar la pertenencia, aún, a una especie de *cultura carcelaria* en medio de la cual es más conveniente desarrollar unos comportamientos y no otros, hasta lograr el cese del "control". Pero esto no necesariamente importa la modificación real del sistema de representaciones sociales que regula la conducta con el entorno, con el orden jurídico y lo que este representa en cuanto expresión de un orden social; o sea, en tanto posibilidad de lograr la inclusión

---

[85]   El término proviene de la cultura carcelaria, donde "hacer conducta" es seguir sin discutir todas las órdenes de las autoridades (guardiacárceles, fundamentalmente), sin introducir protestas (exigencias, reclamos), en busca de una buena calificación, lo que luego se traduce en beneficios concretos (permisos de salida, visitas, etc.).

social plena, usualmente resquebrajada, de manera total o parcial, en estos jóvenes.

Por otra parte, desde los juzgados en general se supone que el joven, al ser atrapado por el sistema judicial, puede optar con libertad por modificar su conducta aprovechando la oportunidad para el cambio. Así es que toda medida que no incluya privación de su libertad ambulatoria se supone más benévola que otra medida que sí lo prive de libertad. Nunca, ante cualquier dificultad en su operativización, los miembros del sistema judicial llegan a plantearlo como un fracaso del sistema en cuanto tal, sino como un fracaso del joven, a quien "se le dio una oportunidad pero no la supo aprovechar". La responsabilidad del fracaso es depositada en uno de los polos de la díada –el joven–, pero no se logran niveles mínimos de problematización sobre la estructura operativa. De esta manera, las nociones de *oportunidad para el cambio* y de *fracaso ante la oportunidad* funcionan de modo complementario.

Retomando la oposición *libertad asistida vs. libertad vigilada*, y para definir en este trabajo, recurrimos de nuevo a María Daniela Puebla quien, citando a Domínguez, diferencia a ambas en tanto estrategias, y lo hace en los siguientes términos:

> La estrategia de "libertad asistida", dispositivo de control social participativo y no autoritario, de atención y de tratamiento, que está centrado en el joven pero articulado con una red de servicios asistenciales y de contención, no necesariamente específicos para jóvenes infractores, sino para todos los jóvenes de la comunidad o localidad. Se trabaja sobre la base de la estrategia grupal combinada con la atención individual. La estrategia grupal, en esta instancia, propicia mayor autonomía y responsabilidad, con lo cual se tiende a no producir dependencia institucional; a través de lo grupal se facilita la toma de conciencia sobre el acto delictivo, su cotidianeidad, y sus implicancias, con lo cual; se logra un efecto socio-correctivo. La estrategia de "liber-

tad vigilada", destinada a sujetos que vienen de instancias de mayor coerción (de la institución total pasan a libertad condicional), así como aquellos que requieren mayor control que los que están en libertad asistida y menor que los que requieren de privación de libertad en institución total. Esta estrategia implica un dispositivo de control participativo con mayor grado de contención y supervisión que el tipo anterior; requiere de un abordaje de mayor grado de articulación y de acompañamiento en base a las instituciones comunitarias con un dispositivo de vigilancia, combinado con asistencia y acompañamiento familiar.[86]

Nos interesa muy especialmente subrayar, entonces, la posibilidad de desarrollar una medida que trascienda tanto la asistencia en el sentido tutelar que expone el Código Procesal de Menores[87] de la Provincia de Santa Fe, como también la vigilancia que reproduce sujetos acríticos sin estimular la autonomía. Creemos que el vector de análisis de la intervención debe constituirse en los procesos de responsabilización del sujeto, sin excluir el contenido de asistencia que toda medida supone ni el inevitable contenido de vigilancia que lo judicial importa. Pero conviene resignificar estos conceptos hacia –como decimos– la idea de que el joven debe responder por sus actos, aunque ese deber tiene que depender de lo que él puede, por lo que, así, la medida cobra formas singulares según cada caso. No se trata de esperar de manera ingenua una respuesta sin modificar elementos del contexto. Por el contrario, se necesita rediscutir la relación, exhibiendo cambios desde el lugar del que impone la medida, cambios que hagan suponer la asunción de responsabilidades desde ambos lugares. Se trataría, entonces, del ejercicio de una *libertad*

---

[86]   Puebla, María Daniela, *op. cit.*, p. 238.
[87]   Al momento de redactar este trabajo (2008) existen iniciativas parlamentarias en la Provincia de Santa Fe para introducir modificaciones en dicho instrumento legal.

corresponsable, diferenciada del asimétrico concepto de *libertad responsable* tan propalado desde posiciones tradicionales. Esta opción en favor de la libertad corresponsable concuerda con lo preceptuado tanto por la CIDN como, luego, por la Ley de Protección Integral de los Derechos de Niñas, Niños y Adolescentes de la República Argentina.

Capítulo IV
Escena social y legalidades múltiples

En concordancia con lo hasta aquí expuesto, digamos que lo que la opinión ciudadana reconoce como "delincuencia juvenil" es por lo corriente asociado a determinados conjuntos de causalidades que circulan como repetición mecánica. Tales construcciones no implica necesariamente la ausencia de una cuota de acierto, pues es posible que expliquen aspectos de la problemática, pero no la agotan. Así, de manera cíclica, cuando algún hecho coloca la cuestión en la agenda pública, reaparecen las explicaciones del tipo "es el quiebre de la familia", "es una crisis de valores", "es la falta de disciplina de los padres hacia los hijos" o "es la desocupación", entre otras.

Todos estos aspectos seguramente concurren en algún grado, pero no en términos excluyentes. Esta problemática supone una construcción compleja que, por ello, resiste convertirse en generalización que dé cuenta de su génesis definitiva. Aun en el supuesto de que se lograra totalizar el objeto, y de hecho existen posicionamientos teóricos que se lo proponen en cuanto tales, estaríamos frente a –sólo– la perspectiva de quien estudia el problema desde un lugar que privilegia el trabajo con las variables, más que el significado que los actores otorgan a determinados hechos sociales.

Este trabajo fue diseñado con la pretensión de pensar la problemática desde la perspectiva del propio sujeto protagonista de un espacio vital donde la judicialización es substancia de su trama diaria. Y si este objetivo se lograra, constituiría una mirada más entre las infinitas posibles de obtener desde el mencionado lugar. Involucrar las opiniones de los propios jóvenes permite desentrañar aspectos que adquieren relevancia, tanto porque pueden operar como regularidades, como porque tienen una especial significación en tanto emergentes de totalidades que deben ser atendidas como cuerpos conceptuales significativos, que enriquecerían la intervención profesional en pos de otorgar respuestas diferentes a la problemática del joven en estas circunstancias.

1. La internalización del control

Sería razonable pensar que la eficacia de los constructos que regulan el funcionamiento social no depende más de su realidad objetiva o externa que del lugar que ellos lograron ocupar en el sistema de imágenes que desde el interior del cuerpo social y de cada sujeto regulan las conductas. Dicho de otro modo, no se trata sólo de dispositivos exteriores a la persona que son eficaces por ser en sí mismos de un modo o de otro, sino que, por el contrario, se trata de cómo ellos se ubicaron en cada persona, cómo ésta los percibe y cómo los reconoce una vez que dentro de sí misma ha logrado instalar una imagen que reproduce dicho dispositivo. Es precisamente tal emplazamiento interno el que hace que él funcione como tal, funcionamiento que inclusive se da al margen de lo que estrictamente se reconoce como conducta racional (razonada). La fuerza de ciertas conductas no reside sólo en la función (utilidad) que cumple, sino también en una fuerza más del orden de lo irracional que de lo racional. Sucede que lo que se internaliza, lo que ocupa un lugar en el interior del sujeto, cuenta con una fuerza difícil de remover.[88] En relación con este proceso de internalización mostraremos, bajo el título "La responsabilidad como nudo conceptual", cómo los procedimientos adultos condicionan, en el desarrollo del niño, las posibilidades que él tiene de superar la hete-ronomía moral originaria. Por ahora repasemos algunas expresiones recogidas durante la investigación, vinculadas con la cuestión a la que se alude desde el título de este inciso: el "control" opera fundamentalmente porque ha sido internalizado como necesario por los sujetos.

El propio ex Juez de menores lo expone manifestando sin dudar: *"Estoy más convencido ahora que antes, ahora que soy Fiscal... mientras hay control, vigilancia, la cosa funciona... pero aflojaste eso y se desbarranca todo, pensá en un chico que todavía no sabe nada, de lo que está bien y lo que está mal... que funciona mal la familia... que no tiene límites... alguien se los tiene que poner...".*

Rafael, de 23 años de edad, reconstruye su historial considerando que su conducta estuvo caracterizada por cierta ausencia de medidas de control: *"...en una de esas, si me metían preso ahí, no seguía yendo después... qué se yo... eso no lo voy a saber... pero me parece... por ahí si te pegan una frenada de entrada...".*

El *sentirse vigilado* aparece con nitidez como una ne-cesidad considerada por los jóvenes como un requisito para mantener su comportamiento dentro de los límites jurídicamente impuestos, dimensión que es explicitada por

---

[88] Intentemos dar un ejemplo patente de tal eficacia irracional: la *corbata*, objetivamente, no es más que un trozo de tela que no viste, que no abriga, es decir que no cumple ninguna de las funciones que racionalmente podríamos reconocer a toda indumentaria. Sin embargo, es un recurso casi obligatorio en diversos grupos sociales. Tal obligatoriedad no podría ser objeto de una argumentación estrictamente racional desde el punto de vista del sentido originario de la indumentaria. Pero la corbata ocupa un lugar en el sistema de imágenes sociales que la hace -para muchos- indiscutible.

Hugo (24 años) en los siguientes términos: *"Bueno... es que la libertad asistida era como que me hacía sentir vigilado...."*
Veíamos que Rafael estimaba necesarias más medidas de control en el inicio de su historial judicial. Alejandro, de 22 años de edad, reconoce la existencia de una función delimitadora que en cierto modo legitima, al expresar que ella *"de que sirvió, sirvió... yo sabía que me andaban atrás... y cuando quise... me convenía cortarla...."*

En las expresiones, particularmente en la última, aparece la necesidad de vigilancia, pero entendida como aquella que tiene como respuesta necesaria la obediencia por parte del joven (*"...me convenía cortarla..."*, dice Rafael).

Recurramos ahora al orden teórico. Ana de Quiroga comenta en el libro titulado *Proceso de constitución del mundo interno* lo siguiente:

> Para Pichon-Riviére, el mundo interno es la reconstrucción de la red vincular externa. Lo que el sujeto internaliza en su mundo interno configurándolo, a ese mundo interno, como un sistema de vínculos es, precisamente eso: un sistema de interacción, un sistema de relaciones dialécticas mutuamente modificantes entre el sujeto y los otros sujetos. Y ese grupo interno se configura teniendo como referente central al sujeto pero no sólo desde su significación sino también desde la acción significante del otro que se mueve hacia la gratificación o hacia la frustración. De allí "grupo interno" como sistema interaccional que fue exterior, como una organización de relaciones que se inscribe en la interioridad [...] que se va configurando, que se va haciendo, que se va estructurando por un proceso de interiorización, de inscripción de las experiencias del sujeto, de internalización del sistema de relaciones, de internalización de la realidad objetiva en esa dimensión interna, es decir por el pasaje fantaseado del afuera al adentro.[89]

---

[89]   De Quiroga, Ana P., *Proceso de constitución del mundo interno*, cuarta edición, Buenos Aires, Ediciones Cinco, 1985, p. 34.

En las expresiones citadas aparece una significativa articulación entre las formas que adquiere la conducta humana en general con una estructura de significaciones interiores. Esta idea, sabemos, encuentra conceptos análogos en diversas disciplinas. Así es que pueden aparecer múltiples coincidencias al revisar la noción de *objeto interno* propuesto por algunas líneas del Psicoanálisis, o la noción de *imago* desarrollada fundamentalmente desde la Psicología Social, o la noción de *representación social* muy utilizada en la actualidad en el campo de la Antropología, Trabajo Social y la Pedagogía, entre otras disciplinas.

En el curso de la investigación se halló en los entrevistados una persistente recurrencia a la idea del *control* judicial o policial como requisito exterior no excluyente pero necesario para mantener conductas legalmente aceptadas. Beto tiene hoy en día 19 años de edad, pero su historial judicial comenzó a los 16 años hasta que a los 17 es tratado mediante *libertad asistida*. Al preguntársele sobre el sentido que dicha medida tuvo en su vida y, en especial, si el *control judicial* lo afectaba, expresó: *"Y por un lado siempre me sentía bien porque yo sabía que mientras me estén vigilando... aparte yo ya sabía que era la última un poco como que me ayudaba... me estaban controlando continuamente mi mamá... mi familia... yo agradecía mucho porque como me conozco es como si por ejemplo tu mamá te dice no te comés ese yogurt pero estás así una semana pero cuando ya no te lo dice más... a lo mejor te lo tomás..."*

En Beto aparece una especie de sensación de incompetencia en cuanto sujeto imbricado en una trama social, y aquí particularmente tramado desde la dimensión jurídica en cuanto parte de lo social. Es decir que pareciera no sentirse con los recursos necesarios para manejarse con autonomía (recuérdese a Piaget) en su vida en general, como dependiente del control externo. Tal falta de autonomía se expresa también en su relación con el orden jurídico: plantea como necesaria la vigilancia jurídico-policial, pues tampoco se siente capaz de mantenerse dentro de los cánones jurídicamente establecidos. Se trataría de una especie de incompetencia para con su mundo interno, es decir, algunas tendencias a la transgresión de las que es consciente pero que no considera productivas.

Vale recordar a Erich Fromm, quien en *El miedo a la libertad* sostuvo:

> En el proceso de la adaptación dinámica a la cultura se desarrolla un cierto número de impulsos poderosos que motivan las acciones y los sentimientos del individuo. Éste puede o no tener conciencia de tales impulsos, pero, en todos los casos, ellos son enérgicos y exigen ser satisfechos una vez que se han desarrollado. Se transforman así en fuerzas poderosas que a su vez contribuyen de una manera efectiva a forjar el proceso social.[90]

Beto, a partir de la percepción de sí mismo, parece concluir que necesita acudir a otros recursos fundamentalmente controladores, como lo es el judicial, pero con la particularidad de que recurre de modo permanente a explicarlo por comparaciones con los controles naturales desde el ámbito familiar.

La idea según la cual "debo ser controlado", que aparece con insistencia en los entrevistados, podría ser considerada como un dato propio de la naturaleza humana, con lo que se abriría un discusión transdisciplinaria que –inclusive– tiene su lugar desde los orígenes de la filosofía, y más tarde, desde los orígenes de los saberes científicos. Pero es notoria la asociación del "control" con una medida judicial que desde su nombre vigente (libertad "asistida") debería significar *asistencia* para el joven, si tomamos la conceptualización de Puebla citada en este trabajo. Sabemos que

---

[90]   Fromm, Erich, *El miedo a la libertad*, traducción de Gino Germani, Buenos Aires, Paidós, 1964, p. 48.

aun la asistencia, según la forma que adquiera, puede funcionar también como vigilancia (no por casualidad se ha hablado de "lo tutelar-represivo", siguiendo en esto a García Méndez). Pero los jóvenes entrevistados no parecen asociar ni siquiera en primera instancia la medida judicial a una posibilidad de asistencia y sí a la mera vigilancia.

La relación entre *asistencia* y *vigilancia* ha sido tratada con mayor énfasis bajo el subtítulo "Libertad vigilada y/o asistida". Al respecto, vamos a insistir en el sentido que la asistencia jurídica está en la medida específica denominada libertad asistida. Silvia Chuari sostiene:

> El acceso a la justicia presenta dos finalidades básicas: la primera es que los sujetos puedan reivindicar sus derechos y buscar las soluciones a sus problemas bajo el patrocinio y protección del Estado, y por lo tanto el sistema jurídico debe producir resultados individual y socialmente justos; y la segunda corresponde al fin último del sistema jurídico en el Estado Democrático de Derecho que es el de garantizar el acceso a la justicia igualmente a todos.[91]

El vínculo que el joven establece con la Justicia pareciera estar atravesado por un origen desarticulado desde la perspectiva de la cohesión social. El orden de lo jurídico pretende rearticular o instaurar una nueva legalidad para el joven, que es la "jurídicamente" vigente. Se supone, así, que los jóvenes encontrarían restauración a sus derechos y a los derechos por ellos violados, en el ámbito de la Justicia. Ésta, por su parte, aspira a constituirse en expresión específica del Estado Democrático de Derecho.

Recurriendo a herramientas teóricas, puede suponerse que el *control* es un proceso complejo que se apoya en diversos dispositivos entre los cuales uno sería la *libertad*

---

[91] Chuari, Silvia, "Asistencia jurídica y servicio social: reflexiones interdisciplinares", en *Revista Serviço Social & Sociedade*, núm. 67, San Pablo, Cortez, 2001, p. 127.

vigilada y/o asistida, según surge de la información recogida. Foucault sostuvo sobre el panoptismo:

> Es uno de los rasgos característicos de nuestra sociedad: una forma que se ejerce sobre los individuos a la manera de vigilancia individual y continua, como control de castigo y recompensa y como corrección, es decir, como método de formación y transformación de los individuos en función de ciertas normas. Estos tres aspectos del panoptismo –vigilancia, control y corrección– constituyen una dimensión fundamental y característica de las relaciones de poder que existen en nuestra sociedad.[92]

La información recogida también pareciera indicar que existe un abanico de instrumentos de control. Ellos no se agotan en los formalmente establecidos (policía, justicia), sino que los propios jóvenes presentan otros que parecieran sumar a la misma tarea (vigilancia-control-corrección), tales como algunas religiones o el trabajo entendido como empleo. Pero este abanico no parece funcionar como una imposición abierta desde las instituciones formales. Por el contrario, y tal como se ha comentado, el "control" es validado en términos positivos por los jóvenes, quienes así lo verbalizan. Son ellos mismos quienes sostienen que "controlados" tienen mayores posibilidades de superar el conflicto con lo jurídico.

"El trabajo" pareciera integrar dicha constelación de controles en tanto es presentado de forma recurrente como factor que regula su cotidianeidad, sea en términos de inclusión o de exclusión respecto de la legalidad jurídica. Tratemos de ver esto en el punto que sigue.

---

[92]   Foucault, Michel, *La verdad y las formas jurídicas*, traducción de Enrique Lynch, Barcelona, Gedisa, 1980, p. 117.

2. Inserción laboral y pertenencia a lo penal

Hemos citado la obra de Loïc Wacquant. El autor muestra la existencia de un "proceso de normalización del trabajo asalariado precario". Puede suponerse que sobre la base del genuino valor del trabajo se ha generado otra realidad objetiva –el trabajo precarizado– que en realidad puede ser sometido a crítica en cuanto integrante de la categoría que se conociera como "trabajo". "Tener trabajo" en una sociedad no dividida en incluidos y excluidos es ser empleado de manera estable, con la serie de beneficios sociales (obra social, jubilación, etc.) propios de la época. Sin embargo –y a esto se refiere Wacquant– las formas salariales precarias parecieran internalizadas en los jóvenes entrevistados como "tener trabajo".

Tomás tiene 25 años de edad y se involucró en un delito cuando tenía 16. A partir de allí cumplió con libertad asistida durante ocho meses. No cometió nuevos hechos que –al menos– hayan sido registrados oficialmente. Al incursionar en el ámbito de las causas de la transgresión sostiene: *"Sí claro... si te dan trabajo es otra cosa... yo me acuerdo eso de robar para tener para tus gastos..."*

No obstante no es categórico pues al preguntársele: *"¿Te parece que un pibe a esa edad, si tiene trabajo, es más difícil que entre en el delito...?",* sostiene: *"Creo que sí, aunque hay algunos que ya están en esa y no salen..."* Y repreguntado: *"¿Pero ayudaría?",* contesta: *"¡Claro...!".*

Tomás deposita confianza en "el trabajo" como estímulo para evitar la transgresión de la legislación penal. No obstante, luego, relativiza tal afirmación al sostener que algunos "ya están en esa y no salen".

La valorización del trabajo como posibilidad de evitar el contacto con el sistema judicial aparece de modo reiterado en las entrevistas, por lo que convendría recordar que la población-objetivo de la Justicia de Menores es casi en un 100% la población excluida. Por ende, es población para la que "el trabajo" no es el empleo estable típico de la "sociedad salarial"[93] de Robert Castel, sino que es el tipo de trabajo al que Wacquant se refiere como "precarizado", pero –y esta quizá sea una diferencia– ni siquiera "asalariado". Por asalariado entendemos al empleado que percibe un salario con regularidad. En este sector domina el trabajo esporádico, la denominada "changa", la tarea eventual por la que perciben una pequeña suma de dinero sin garantía alguna de que dispondrán de una nueva "changa" en un tiempo razonable de búsqueda. A ese tipo de "trabajo" se refieren los entrevistados, y así lo expresa Diego, de 26 años de edad a la fecha de la entrevista, quien trata de exponer si su actual situación laboral mejoró en relación a años anteriores: *"Si, no mucho pero se mueve... para pucherear porque viste que está jodido para conseguir un buen laburo".*

Tomás considera que existe relación entre la transgresión penal y "el trabajo". Si el sector social al que él pertenece tuviera la posibilidad de acceder a un empleo estable posiblemente su confianza en lo laboral se acrecentaría. Wacquant sostiene desde su obra ya citada que "el sistema penal contribuye directamente a regular los segmentos inferiores del mercado laboral, y lo hace de manera infinitamente más coercitiva que todas las deducciones y gravámenes sociales y reglamentaciones administrativas."[94]

Entonces podría suponerse que "el trabajo", dado en estos términos, forma parte del complejo sistema de control, al ser valorado, desde la perspectiva de los jóvenes, como una de las soluciones más eficaces. "El trabajo" es uno de los valores socialmente construidos e internalizados de

---

[93]   Castel, Robert, *Las metamorfosis de la cuestión social: una crónica del salariado*, traducción de Jorge Piatigorsky, primera edición, primera reimpresión, Buenos Aires, Paidós, 2004, p. 325.

[94]   Wacquant, Loïc, *Las cárceles de la miseria*, traducción de Horacio Pons, Buenos Aires, Manantial, 2000, p. 102.

manera individual y colectiva, pero luego pareciera que esta nueva categoría (el trabajo precarizado) es expuesta de modo tal que sea internalizada como parte de la categoría validada (el trabajo). Tomás resume con sus expresiones esta valorización que pareciera equívoca y conducente a transformarse en el mejor agente de control de sí mismo, pero no para sí mismo sino para la lógica propia del ya mencionado Estado Penal (Wacquant).

Desde la perspectiva del análisis, las respuestas pueden relacionarse con la necesidad de una *corresponsabilidad*. Pero también aparecen vinculadas de forma estrecha con la *impunidad* que estructuró y estructura la vida social argentina. En *El horror económico*, Viviane Forrester plantea la cuestión del "derecho a la vida" y se pregunta lo siguiente:

> Este derecho a la vida pasa por el deber de trabajar, de estar empleado, que a partir de entonces se vuelve un derecho imprescriptible sin el cual el sistema social sería una vasta empresa de asesinato. ¿Pero qué sucede con el derecho de vivir cuando éste ya no funciona, cuando se prohíbe cumplir el deber que da acceso al derecho, cuando se vuelve imposible cumplir con la obligación? Se sabe que hoy están permanentemente cerrados estos accesos a los puestos de trabajo, que a su vez han prescrito debido a la ineficiencia general, el interés de algunos o el curso de la Historia [...] todo colocado bajo el signo de la fatalidad. Por lo tanto, ¿es normal o siquiera lógico imponer aquello que falta por completo? ¿Es siquiera legal imponer como condición necesaria para la supervivencia aquello que no existe?[95]

Los jóvenes entrevistados presentan la falta de trabajo como una limitación para organizar de otra manera sus vidas, pero en general no llegan a reclamar sanciones para los responsables de la precarización del mercado laboral (corresponsabilidad). Por el contrario, aceptan someterse

---

[95]   Forrester, Vivianne, *El horror* económico, traducción de Daniel Zadunaisky, Buenos Aires, Fondo de Cultura Económica, 1997, p. 15.

según las condiciones impuestas. En su mayoría, considexran su propia conducta como exponente de la trasgresión penal, pero no identifican en la contraparte (Estado, empresariado, etc.) otras violaciones, en este caso masivas, como lo es el derecho al trabajo.

Fernando Ulloa propone el concepto de *encerrona trágica* en el contexto de una idea mayor a la que denomina "cultura de la mortificación", mediante la cual da cuenta de las distintas formas de psicopatología institucional y social. Sostiene que el empobrecimiento subjetivo es el rasgo mayor de tal *cultura*, dejando a un lado la valentía para dar paso a la resignación acobardada, con una evidente merma del accionar crítico y en especial del autocrítico. Al referirse a la "encerrona trágica" dice:

> Es un concepto que extraje de mi quehacer en el campo de los derechos humanos, principalmente referido a la tortura como situación límite. En ella, la víctima está a merced de algo que rechaza con todas sus fuerzas, circunstancia que se da cada vez que alguien depende para vivir de algo o alguien que lo maltrata o simplemente lo "distraía", negándolo como sujeto. No hay allí sino dos lugares: dominado y dominador, marginado y marginador, sin tercero que represente la ley.[96]

Podría suponerse que los elementos que configuran dicha "encerrona trágica" están presentes en las escenas sociales investigadas. Y que el complejo mecanismo de control que –como se dijo– contiene como mínimo una estrecha vinculación con "el trabajo", también obedece a esta estructura dominado-dominador. Así tendríamos que el primero de los términos ("dominado") es ocupado por el joven controlado por el sistema judicial, tomando este último, por su parte, el segundo de los términos ("dominador").

---

[96]   Ulloa, Fernando, "La cultura de la mortificación: una forma de psicopatología social", en Lozano, Claudio (comp.), *El trabajo y la política en la Argentina de fin de siglo*, Buenos Aires, Eudeba-CTA, 1999, p. 387.

De forma paradójica, quedaría vacante el lugar de *la ley* en cuanto interdicción cultural que toma cuerpo de un modo significativo en la normativa jurídica, pero, también, quedaría vacante el lugar de la responsabilización por la ausencia de posibilidades laborales.

Hemos planteado –y volveremos sobre ello– que el concepto de *responsabilidad* puede expresar varias cuestiones en simultáneo. Puede ser utilizado como elemento constitutivo de conductas *socialmente responsables*, donde el sujeto se obliga a sí mismo pero en función de sus pares. Más adelante veremos que en el caso de Julio, otro de los entrevistados, la incorporación al Movimiento Piquetero provoca un emplazamiento distinto a partir de un discurso diferenciado, propio de la pertenencia a un movimiento social con un posicionamiento ideológico y político crítico.

Pero la noción de *responsabilidad* también puede ser utilizada como expresión radicalizada de concepciones neoliberales, donde *lo social* no aparece determinando la responsabilidad como estructura compleja en la que participan el joven, y a su vez la comunidad, el Estado, las familias. La responsabilidad es presentada, en cambio, como una estructura simple, centrada en el joven, y con capacidad de operar casi mágicamente. Él deberá, con independencia del contexto social –por lo general muy adverso–, demostrar que "es responsable" pero sin encontrar una contrapartida, especialmente, en el Estado.

3. El "rescate" de las religiones

De manera recurrente, se apela en las entrevistas a la religión como recurso para acceder a una reinscripción social, luego del proceso de judicialización. La práctica mencionada como "ir a la iglesia" parece regular la cotidianeidad a partir de incidir en la reconfiguración de varias dimensiones. La participación en un culto religioso provoca cambios en los hábitos cotidianos, en el entorno de amistades que se frecuentan, y en ocasiones incide en posibilidades laborales. De forma progresiva, pareciera incidir en la visión que desde lo general explica cada una de las partes de su historia de conflicto con la legislación penal.

El influjo religioso (término que aquí es usado en un sentido amplio, incluyendo aquellas creencias que suelen no ser consideradas "religiones") aparece en momentos en los que la historia vital de los jóvenes en libertad vigilada y/o asistida toma claramente un rumbo de no confrontación con el orden jurídico.

Para otro de los entrevistados –Fernando, de 20 años de edad–, la participación de diversos actores fue importante, pero en su discurso aparece con mayor estabilidad el factor religioso, siendo inclusive el que aún permanece. Recuerda haber cursado el proceso de libertad asistida en contacto con *"mucha gente... la asistente (social)... unos de los evangelistas, y ahora sigo yendo a la Iglesia...".*

Julio, de 18 años de edad, trata de explicar si la libertad asistida le fue útil, expresando: *"Y sí... creo que sí... o capaz que no... capaz que sigo jodiendo... no sé qué hubiera pasado o qué hubiera dicho... pero me ayudó mucho la Iglesia... ahora yo me junté... tengo un pibe... tengo mi familia... pienso en conseguir un trabajo... mi familia y listo...".*

Como se sabe, es común que toda práctica religiosa exija fidelidad a un orden normativo que en general supone la no transgresión al orden jurídico, pero no es éste su motivo principal. La fidelidad es exigida en relación con otro orden normativo que es el propio del credo religioso (la tradición, las escrituras, la doctrina, los dichos del pastor, etc.). Lo religioso opera como ley, como interdicción que expresa un deber ser indiscutible, ante el cual se exige docilidad del sujeto que a tal estructura se integra.

La conexión entre el joven que transgrede la norma jurídica y los aparatos del sistema jurídico (policía, juzgados, etc.) puede colocarse en los términos propuestos por Fernando Ulloa: dominado versus dominador. Pero, como ya se dijo más arriba, esta relación tiene algo de paradojal, pues lo que debiera representar la ley (lo jurídico) es más abono para la confrontación que para que funcione como tercer elemento ordenador (ley, en su sentido primigenio). Ulloa plantea la reducción de la relación a dos polos, uno formado por quien está siendo víctima de maltrato (o *distrato*, como él lo llama) y otro que desde el *distrato* reacciona agrediendo en defensa propia.

El orden jurídico existe, pero no como un dato más, sino como un dato necesario para la vida en sociedad de cualquier sujeto. Para el socialmente incluido, como debiera serlo para todos, la ley (jurídica) garantiza condiciones de vida que se pueden traducir en calidad de vida: acceso a la propiedad privada, seguridad social, resolución pacífica y equitativa de conflictos, etc. La ley (jurídica) opera como dimensión inevitable para el sujeto en conflicto con ella, pero no ordenando su vida, dándole calidad, sino como elemento que limita la satisfacción de sus necesidades. Funciona como constitutivo de la *encerrona trágica*.

Pues bien, ¿qué lugar vienen a ocupar las prácticas religiosas en esta relación paradojal? A juzgar por los resultados en términos de *normalización* de las conductas, sería razonable suponer que instituye algo vinculado a la función de *ley*. El elemento más significativo en el que se puede fundar esta suposición es, precisamente, la eficacia con que lo religioso interviene en muchos de estos jóvenes. Se observan cambios en sus hábitos cotidianos, en sus proyectos de vida, inclusive en su situación socioeconómica, que bien pueden ser examinados como impacto social relacionado con la nueva articulación por vía de las relaciones religiosas.

4. La regulación desde lo afectivo

Pero la perspectiva de Julio, citada en el punto anterior, incluye otra referencia hacia el final de dicho pasaje, y junto al aspecto religioso, hace una consideración a lo afectivo-familiar comentando: *"...ahora yo me junté... tengo un pibe... tengo mi familia... pienso en conseguir un trabajo... mi familia y listo..."*.

En este sentido son muchas las referencias aparecidas en el discurso de los jóvenes entrevistados. Algunas describen pasajes como el expuesto por Julio, pero otras hacen referencia a la misma dimensión desde el extremo opuesto. Así es que Víctor, de 19 años de edad, identifica lo que según su propia valoración habrían sido deficiencias en el orden familiar con impacto a nivel afectivo. Expresa: *"Y bueno... en mi casa había mucha bronca... mambo todo el día... mi vieja... tomaba vino pero eso era todo el día, así que todo el día andaba mal... siempre terminaba mal eso... con ese quilombo en mi familia, no se puede hacer nada... mis hermanos también se fueron porque no aguantaron..."*.

Con asiduidad se encuentra que dado un historial conflictivo para con el orden penal, los jóvenes, inclusive sus familias, visualizan en la conformación de una nueva familia un hito fundacional. Esta especie de nueva institución de vida es rodeada de una suerte de eficacia que aparece relacionada con la cuestión de la responsabilización personal a la que antes se hiciera referencia en este trabajo, con cierta prescindencia de la estructura social como contexto.

Para comprender la naturaleza de tal eficacia conviene recordar a Pierre Bourdieu, quien sostiene:

> Si bien es cierto que la familia no es más que una palabra, también es cierto que se trata de una "consigna", o, mejor dicho, de una "categoría", principio colectivo de construcción de la realidad colectiva. Se puede decir sin contradicción

que las realidades sociales son ficciones sociales sin más fundamento que la construcción social y que existen realmente, en tanto que están reconocidas colectivamente. En cualquier uso de conceptos clasificadores como el de familia, iniciamos a la vez una descripción y una prescripción que no se presenta como tal porque está (más o menos) universalmente aceptada, y admitida como evidente: admitimos tácitamente que la realidad a la que otorgamos el nombre de familia, y que ordenamos en la categoría de las familias "verdaderas", es una familia real.[97]

Pareciera que lo socialmente prescripto para todo adulto que funda una familia constituye un poderoso satisfactor de necesidades posiblemente vinculadas al orden del reconocimiento social, aun cuando tal reconocimiento no suponga siempre inclusión social. Es posible que jóvenes de esta edad pero pertenecientes a los sectores sociales que Donzelot identifica como *burgueses* dispongan de muchos otros recursos como para obtener el reconocimiento que les garantice pertenencia a algún grupo, a alguna actividad o a algún modo de vivir legitimado explícita o implícitamente desde el discurso dominante.

La utilización más o menos consciente de este recurso –la conformación de una familia– podría vincularse al pasaje prematuro desde una identidad social de baja calificación ("menor delincuente") a otra que sin garantizarle muchos más beneficios sociales sí le ofrece una calificación algo más elevada. Así pareciera que lo que debiera resolverse sin alterar de manera radical la especificidad de un momento en el desarrollo en cuanto sujeto, en realidad, se resuelve de modo precario y a un costo que desde una perspectiva

---

[97]   Bourdieu, Pierre, *Razones prácticas sobre la teoría de la acción*, traducción de Thomas Kauf, Barcelona, Anagrama, p. 128. Material seleccionado por las docentes Cristina González y Cristina Nucci para el curso de posgrado "Trabajo Social en el abordaje familiar: dilemas de la intervención en el actual contexto", Escuela de Trabajo Social, Universidad Nacional de Córdoba, dictado en Rafaela (Santa Fe), entre mayo y junio de 2003.

parece elevado. O sea: pareciera razonable aspirar a que la situación de "menor delincuente" pueda ser superada sin que para ello se imponga la necesidad de dejar de ser un sujeto joven que acceda a los beneficios de que gozan otros jóvenes de la misma edad, pero en otros sectores sociales.

Puede suponerse que este modo de resolución tiene algunas bases a nivel de representaciones sociales que explican por qué la salida de una posición asociada a la transgresión –el campo del delito– orienta al sujeto hacia una posición signada por lo que se valora como no transgresión, y que, particularmente, es el ámbito regulado por la idea de *familia*. La familia, en un sentido cercano al de la "familia tipo", "familia ideal" o "familia de clase media", "familia bien constituida" o "familia estable", es la que pareciera transformarse en requisito necesario para la legalidad. Para Hugo (24 años) es importante en la situación de algunos jóvenes el hecho de que *"bueno... algunos no tienen padres... o los fajan y nada más... otros tienen otros dramas... yo lo veo acá adentro..."*.

Inclusive el lugar del que emerge la salvación pareciera también coincidir con ese lugar que en el imaginario se nomina como "familia". Así es que Beto recuerda positivamente algunas características de su pasaje por la libertad asistida: *"Después... lo que me ayudó mucho también fue mi familia porque... por ejemplo mi novia... ellos me ayudaron mucho a salir de todo eso... yo a lo mejor... qué se yo... no le voy a decir que maduré... bah... un año y pico ya... ya tengo 19...cuando caí la última vez tenía 17. Sí... ya le digo... no le voy a decir que maduré pero a lo mejor veo ahora... veo de otra manera no veo como antes... ya pienso más en mi hija... me gustaría por mi novia y por mi hija me gustaría formar algo... una familia..."*.

Rafael identifica un hito particular en su historial cuyo carácter constitutivo reside precisamente en el inicio de una relación afectiva con una joven, a partir de lo cual instituyen una estructura familiar que, desde su perspectiva, posibilita el cambio. Así lo expresa: *"Estuve en Alcaldía por robo... como un mes creo... por ahí los milicos me jodían un poco en la calle... pero nada más... que documentos y todo eso... viste... hasta que la conocí a ella (actual pareja) y bueno... nos vinimos a vivir acá...".*

Y si bien puede visualizarse cómo "la familia" constituye un elemento que incide desde las representaciones sociales, también surgen significativas intervenciones profesionales que muestran cómo éstas se articulan con aquellas. Veamos lo que relata Pedro: *"Es que también depende de uno, viste... te digo que a mí me ayudaron mucho las conversaciones... me di cuenta de muchas boludeces que hacía... Bueno, mi vieja también venía a veces... todo bien también con ella... la psicóloga hablaba con los dos, a veces separados...".*

Antonio, de 22 años de edad, pareciera identificar con claridad el orden familiar como un nudo posible para la reinscripción social que, inclusive, compara con otros nudos posibles que, tal como él lo expresa, son recursos para otros jóvenes en el proceso de libertad vigilada y/o asistida: *"Ah... bueno... yo tengo un amigo que también estuvo* [en libertad asistida]... *de acá cerca... no sé si lo conoce al Rafa... hace una banda ya... pero estuvo... ahora anda de piquetero el loco... pero bien... me quiere convencer a mí también... y no... no es que no quiera... pero bueno... es que ya estoy acá... con mis suegros... y viste... les ayudo en el negocio... ellos salen por ahí... a veces salgo a vender en la calle también... ando en otra".*

En lo expresado por Antonio también se repite la aparición de lo familiar articulado con lo laboral, tal como lo plantea Ariel (20 años): *"...empecé con el trabajo... y estaba con mi novia nada más...".*

Los afectos vinculados a la familia (de estructura más o menos convencional) parecieran, entonces, regular gran parte de las construcciones que realizan los jóvenes. A estos afectos atribuyen significativa importancia, tanto en el orden de las causas de sus conductas delictivas como luego, cuando comienzan a reinscribirse socialmente, dentro de la normativa jurídica. Identifican tanto deficiencias afectivas originarias en sus familias como –luego– nuevos anudamientos familiares que facilitan la inclusión jurídica.

5. La relación de los circuitos judiciales con el deterioro subjetivo

El pasaje por las distintas dimensiones que adquiere el control, sea judicial o del orden de lo laboral, lo religioso o lo afectivo-familiar, tiende también a exhibir otro elemento constante: la construcción de circuitos judiciales a la par de niveles de deterioro subjetivo que se expresan en el agravamiento del historial judicial formal. A deterioros de este orden se ha referido Daniela Puebla, quien considera que se trata, inclusive, de "actuaciones violatorias de los derechos humanos".[98]

Como ejemplo se trae un resumen de la historia de Lucas:

En el año 1996, cuando Lucas contaba con 12 años de edad, aparece un primer antecedente caratulado como "Robos Reiterados". El niño es devuelto a su madre. En el año 1998, ya con 14 años de edad, aparece otro hecho caratulado como "Robo". También es devuelto a su madre. En el año 1999, cuando Lucas tenía 15 años de edad, surge otro antecedente caratulado como "Su Situación", a raíz de haber sido retenido en la vía pública en horas de la madrugada, en el centro de la ciudad de Santa Fe. Luego, pero dentro del mismo año, registra los siguientes hechos, sucesivamente: "Robo", "Abuso de Armas" y, nuevamente, "Abuso de Ar-

---

[98]   Puebla, María Daniela, *op. cit.*, p. 106.

mas". Ante éstos el Juez dispone Libertad Asistida, medida que es llevada adelante por una profesional del Juzgado. El tratamiento se prolonga durante seis meses dándose por finalizado con evolución satisfactoria. En el mismo año aparecen los siguientes hecho, luego de cerrado el expediente anterior: "Lesiones Leves", "Robo, Abuso de Armas, etc.", "Robo", "Robo", "Abuso de Armas", "Abuso de Armas". Es puesto nuevamente en el sistema de Libertad Asistida asignando a la tarea un profesional del Juzgado. Estando en curso esta medida, ya en el año 2000, Lucas es relacionado con "Robos Calificados Reiterados, etc.", "Robo Calificado", "Robos Calificados Reiterados, etc.", "Robo Calificado". El Juez dispone que sea alojado en la Residencia Juvenil de Coronda, sistema semi-abierto. Allí permanece sin que se detecten informes desfavorables, durante un periodo de tres meses. Egresa y se cierra el expediente. Luego, en el 2001, contando Lucas todavía con 17 años de edad, ingresa nuevamente detenido por "Robo Calificado", "Incendio, Amenazas", "Robo Calificado". En esta ocasión es alojado en el Pabellón Juvenil de la Cárcel de Las Flores. Permanece en el lugar durante once meses egresando un mes antes de cumplir los 18 años de edad. A los pocos meses se tuvo noticia en el Juzgado de que Lucas había sido nuevamente detenido, ya a disposición de la Justicia Penal de Mayores, y alojado nuevamente en la Cárcel de Las Flores, donde actualmente permanece a la espera de la correspondiente sentencia (fue procesado, por lo que el Juez presume que es responsable).

Al observar el desarrollo de este tipo de historiales se detecta que cuentan con una especie de aporte para que el deterioro avance. No se trataría sólo, entonces, de que la judicialización avanza a la par del deterioro subjetivo, sino también de que la primera es inclusive uno de los motores de la segunda. Incide en esto la aplicación de formas simples de análisis de las situaciones, dominando la escena los criterios netamente *tarifarios* según los cuales es común que de un modo más o menos difuso esté pautado que –a

la luz de la *doctrina de la situación irregular*– ante unas
situaciones se apliquen unas medidas mientras que para
otras –que el sistema considera más graves– esté prevista la
aplicación de otras medidas en las que aumenta la "cantidad" de castigo, pero esto no implica cambios en términos
de responsabilización en el sentido antes expuesto.

Aunque pensándolo para la Justicia Penal en general,
Eugenio Zaffaroni dice que "no en vano esta idea va unida
a la idea de pena como privación de libertad, a la idea de
que el juez se parece al tendero que saca un metro y dice:
un homicidio, 3,15 m; un hurto, 6,0; un robo, 1,10; una violación, 1,80. Una sola pena, perfectamente cuantificable".[99]

Como vemos, entonces, la *tarifa* aparece como una
lógica proveniente de la mera *pena*, en el sentido que se le
otorga desde los sistemas penales para personas mayores
de edad. Esto está lejos, inclusive, de la idea de *sanción
responsabilizante* defendida por quienes postulan la necesidad de un *sistema de responsabilidad penal juvenil*.

Las problemáticas particularidades del caso suelen
tener escasa incidencia, con lo que, por ejemplo, hechos
que penalmente son leves merecen el mero reintegro del
niño junto a sus padres, aun cuando la situación, dadas problemáticas singulares, exigiría una intervención compleja
que incluye, como venimos diciendo, la *responsabilización*
como categoría central. El niño del ejemplo –Lucas– posiblemente vuelva a cometer otro hecho con algún grado
de mayor complicación que el anterior, y el mecanismo se
repetirá incluyendo algún llamado de atención. El sistema
judicial estará, por esos momentos, ocupado en atender *los
casos graves*, entendidos como "hechos graves" (homicidios,
abusos sexuales, etc.). El niño que ahora no configura una
situación judicialmente grave será considerado motivo de

---

[99]   Zaffaroni, Eugenio Raúl, *Apuntes sobre el pensamiento penal en el tiempo*,
Buenos Aires, Hammurabi, 2007, p. 42.

preocupación del sistema cuando comience a participar en los "hechos graves" mencionados con anterioridad. Mientras desde la lógica dominante la *tarifa* a aplicar sea baja, el joven seguirá circulando por el sistema judicial sin movilizarlo en demasía, pero el deterioro subjetivo irá avanzando. Claro está que existen excepciones, pero en líneas generales domina este esquema de procedimiento.

No se trata de un sistema totalmente explícito, sino que obedece a una matriz de pensamiento que homogeniza toda la estructura, pero de un modo difuso, sin que lo edificante de la responsabilización penal exhiba claros perfiles. Pepe fue Delegado de Libertad Vigilada en un Juzgado de Menores de la ciudad de Santa Fe desde el año 1978 hasta el año 1988. Involucrando esta idea de los circuitos judiciales, comenta lo que sigue, tratando de explicar qué criterios seguía el juez para aplicar libertad asistida: *"No era algo fijo, lo hablábamos, veíamos en qué andaba el pibe desde hacía tiempo, si venía repitiendo, lo más posible era que fuera a alguna institución, pero esos eran siempre los mismos, unos poquitos... El resto salía con esa vigilancia...".*

En sus expresiones aparece con claridad que la repetición de hechos, mientras el joven no era privado de libertad ambulatoria, era tomada como un agravamiento casi previsible que, así, aparece íntimamente asociado al deterioro subjetivo. La profundización del conflicto, a la vez, lleva al joven hacia instituciones que inclusive lo quitan de su medio natural, privándolo de la libertad (no sólo ambulatoria), agravando la situación.

Volviendo al caso de Lucas, pareciera que, tal como se expresa en el resumen expuesto, ninguna de las dimensiones propias del sistema de control logró su cometido. Se observa el avance hacia el encarcelamiento al que es sometido casi de inmediato luego de pasar el umbral de los 18 años de edad (transformándose en objeto de la justicia penal de mayores). Ya en este momento pareciera participar abiertamente de la codificación propia de lo carcelario, pudiendo suponerse allí un elevado grado de deterioro.

Esto es expresado por otro de los jóvenes entrevistados, Sergio, de 22 años de edad, quien identifica lo que entiende como inicio de tal dinámica en las historias vitales articuladas a los circuitos judiciales. Así es que ya desde un lugar sin conflictos con el orden penal es espectador de las historias de sus hermanos menores, trayectorias en las que dice detectar elementos similares a los vividos por él mismo. En función de esa experiencia realiza algunos pronósticos: *"...yo veo ahora a mis hermanitos chicos, en mi casa, me cuentan, porque así no voy. Están ahí... van a la escuela a veces... se juntan en la esquina... mi vieja limpia casas ajenas... es como que todo está igual... igual a lo mío... que van a terminar mal... presos o muertos..."*

La experiencia profesional permite el registro de algunas construcciones que se estiman relacionadas con la perspectiva que expone Sergio, tal como: *"...X tuvo muchas oportunidades y no las aprovechó".* Cotidianamente aparece naturalizada la tendencia a considerar adecuada la "oferta" institucional, es decir, lo que el sistema tiene previsto dar ante las necesidades que considera estandarizadas. Subyace el supuesto según el cual ese bagaje es el adecuado, y que la contraparte –el joven en conflicto con la ley– sólo debe aceptarlas cuando se las coloca a su disposición. Las razones por las cuales la historia de estos jóvenes evidencia tales procesos corrosivos no suelen ser objeto de análisis desde otra perspectiva que no sea el lugar de la institución. Que el joven "no aproveche" las oportunidades remitiría a la noción liberal de la responsabilidad, re-visitada hoy desde el neoliberalismo; es decir, la idea de un sujeto que por sí y aun en un contexto social notoriamente adverso puede y debe hacerse cargo de sus responsabilidades individuales, como de un modo análogo lo hacen otros ciudadanos socialmente incluidos.

Es notoria la ausencia de cuestionamientos que inviertan la perspectiva problematizando la situación. Por ejemplo, la idea *"X nos dio muchas oportunidades y no supimos / pudimos aprovecharlas"* no es corrientemente escuchada como disparador de reflexiones acerca de por qué, tanto los circuitos del deterioro subjetivo como los circuitos judiciales, se construyen de un modo y no de otro.

De nuevo pareciera operar la noción tarifaria como substrato, es decir, cierto razonamiento del tipo causa-efecto, construcciones del orden del "*dado a, corresponde b*". Campea la ausencia de singularidad, que sin embargo pareciera tener lugar desde la perspectiva teórica, aun con todos sus vacíos, como se planteó en capítulos anteriores. El joven se enfrenta una y otra vez a situaciones que lejos de exponerle alternativas valiosas en términos de cambio social para su vida, se limitan a confirmarlo en la posición de sujeto transgresor que, en todo caso, debe abandonar esa práctica a través de la obediencia o bien desarrollar habilidades para permanecer dentro del campo de conflicto.

La culpabilización, a diferencia de la responsabilización, descalifica integralmente al joven sin rescatar en él las dimensiones positivas que, aunque dominantes en relación con las dedicadas a la transgresión, son hundidas en su estigmatización como "delincuente". Antes que resignificar su historia pareciera que los circuitos judiciales dominados por la matriz tarifaria tienden a destruirla definitivamente para instaurar otra distinta.

6. Transgresión y pertenencia grupal

Ariel, de 20 años de edad, sostiene como una de las explicaciones acerca de su cambio de conducta a favor de la no transgresión: *"No... no... no... ya me alejé... y eso fue de una gran ayuda también... alejarme de todo".*

En los entrevistados, como en Ariel, aparece con fuerza la vinculación de la conducta delictiva con la pertenencia a grupos de amigos, pertenencia que aparece como condición a la que se accede cumpliendo el requisito de participar en la transgresión. Parece bastante común que uno de los requisitos para favorecer el cambio de conductas sea precisamente el egreso del grupo.

Mario, de 23 años de edad, describe un pasaje de su historia judicial dando también importancia al entorno de amistades: *"Bueno, también me dieron la libertad asistida esa... anduve bien un tiempo... pero después me descarrilé... no siempre es solo... vos viste... los compañeros... los pibes del barrio..."*.

En *Sociología criminal juvenil* Pedro R. David sostiene que las "bandas" que no nacen como producto de planificaciones previas sino espontáneamente tienen caracteres especiales. Se estructuran en torno al respeto mutuo y la obligación de no delatar ni abandonar al compañero. Existe un sentimiento de justicia –sostiene David– que conduce al reparto equitativo de los objetos logrados, más la sensación de poder que otorga seguridad. Las jefaturas dependen de la astucia y la fortaleza física, viabilizando los deseos de juego y aventura de sus integrantes. "El niño, en la pandilla, ha compensado su deseo de juego, de aventura, su carencia de afectividad, su inseguridad y en forma que le permite vengarse de la sociedad culpable y demostrar que él es capaz de realizar con éxito uno de los personajes más temidos por la sociedad: el delincuente."[100]

No podría sostenerse que entre los jóvenes en los que se basara la investigación se detecta la existencia de lo que tradicionalmente se conoce como "códigos de honor" en las estructuras de las bandas. No obstante, Pedro David

---

[100]   David, Pedro R., *Sociología criminal juvenil*, sexta edición, Buenos Aires, Lexis Nexis Depalma, 2003, p. 154.

en el texto citado señala la existencia de "un sentimiento particular del honor", elemento que sí pareciera existir pues aun cuando la no delación no es un elemento fuerte, con la fuerza de un código, sí aparece de un modo más superficial, menos determinante.

En cuanto al resto de los elementos identificados por este autor, si bien se observa que pertenecen a una época distinta de la actual,[101] también pareciera operar con eficacia la búsqueda del poder, de ser alguien perteneciendo a un grupo identificado, de obtener reconocimiento al menos por la vía de la depreciación social.

Adecuado a la época, Gerardo, de 36 años de edad, identifica la transgresión grupal como fuente de constitución de una identidad que garantiza tal reconocimiento: *"...pero claro... después las cosas se enredaron todas... y viste cómo es esto... mucho andar por ahí con los pibes... siendo pibe... parece que uno es más vaguito cuanto más cagadas hace..."*

Para Gerardo, el término *"vaguito"*[102] sintetiza la imagen de joven trasgresor, trasgresión que es posible gracias a habilidades personales que incluyen el ejercicio de la fuerza, la astucia, la demostración de valentía ante el orden público, particularmente la Policía. Es en definitiva la construcción de pequeños liderazgos en torno a los cuales cada uno va ocupando un lugar. Este lugar no es un lugar sólido como el que puede suponerse en las "bandas" a las que refiere David, sino que se trata de lugares endebles, pues el agrupamiento en la exclusión social de la que forma parte la población juvenil estudiada tiene esta característica –y a esta edad–, asociada con el conflicto penal más circunstancial que planificada,

---

[101] Se utilizó la sexta edición, del año 2003, pero la primera edición data del año 1965.

[102] El término *vago* es utilizado en la región por los jóvenes para designar a sus pares. En este contexto –de conflicto con la ley penal– y en diminutivo, evoca un significado más ligado a *vagar*, al tiempo desembarazado, a disponer de tiempo, al ocio.

organizada, meditada, en la búsqueda del "gran golpe", típico de la conducta transgresora altamente estructurada.

Las membresías grupales, entonces, aparecerían atravesadas más por las estrategias de supervivencia *identitaria* que por el desarrollo de una actividad delictiva como actividad profesional o preprofesional. Eso no significa, claro está, que luego no se consoliden en tal sentido.

Tales procesos de identificación no obedecen a decisiones totalmente conscientes, deliberadas o libres. Obedecen, en primer lugar, a la dinámica propia de construcción de cada sujeto social del mismo modo en que se construyen otros sujetos sociales en otros grupos. Desde el sentido común corrientemente se encuentra que esa dinámica es reducida a uno de sus aspectos, como lo es la influencia del entorno de amistades ya en fases finales en la constitución de identidades delictivas.

Así, la idea de "la junta" como concepto que alude a una supuesta influencia negativa de las amistades suele dominar gran parte del imaginario. No se trata de que tal aseveración desde el sentido común sea totalmente errónea. Pero sucede que así presentada no promueve la búsqueda de las causas en profundidad. Este modo de explicar las situaciones pareciera una simplificación que inclusive atribuye un poder casi mágico a ese grupo –"sus amigos"– sin enjuiciar el contexto de vulnerabilidad en el cual se dan mayoritariamente estas situaciones y que por otra parte también vulneran a "sus amigos". "La junta", en términos de influencias negativas, antes que victimaria es víctima.

Por lo general, el hecho penal forma parte de la fase final en el proceso de construcción de la transgresión. Allí sí suele observarse la influencia de unos sobre otros para llevar adelante conductas que violen la normativa jurídica. Pero para que esto suceda es necesaria la acumulación de muchos otros deterioros previos.

7. Autoculpabilización y cambio

Posiblemente uno de los rasgos que con mayor nitidez aparece en el espectro de ideas expuestas por los jóvenes entrevistados sea aquel según el cual ellos mismos son, de un modo predominante, culpables de sus conductas, una cuestión individual en última instancia. Utilizamos aquí el término "culpa" en su sentido lato, sin abordar la discusión acerca de las significaciones desde saberes específicos, como por ejemplo el Derecho o la Psicología.

Tal culpabilización forma parte de la propia forma de verse a sí mismos. Es escasa la tendencia a depositar culpabilidades en otros lugares del orden social que no sean ellos, pero –vale insistir– de un modo significativamente individual.

En un pasaje de la entrevista realizada a Gerardo, de 36 años de edad, el joven reflexiona acerca de los motivos por los cuales la *libertad asistida* no dio los resultados esperados y sostiene taxativamente: *"No, sí... el que no la aprovechó fui yo..."*

Rafael, de 23 años de edad, trata de identificar los motivos que lo llevaron a modificar sus conductas y a finalizar el proceso de judicialización que protagonizaba. En medio de tal esfuerzo comenta: *"...pero también dije que tenía que cortarla...sí, eso sí... pero depende de uno, digo yo..."*

Hugo, de 24 años de edad, comenta al momento de reflexionar sobre si la *libertad asistida* tuvo alguna incidencia en su cambio de conducta: *"...creo que sí, pero también porque no quería seguir en esa..."*

Wacquant cuestiona a Charles Murray, quien en su teoría sostiene que son las características individuales las que determinan las conductas delictivas (coeficiente intelectual, carencias morales, etc.), expresando:

De ello [del planteo de Murray] se sigue lógicamente que el Estado debe prohibirse intervenir en la vida social para intentar reducir desigualdades fundadas en la naturaleza, so pena de agravar los males que trata de aliviar al perpetuar "las perversiones del ideal igualitario originado en la Revolución Francesa". Puesto que, "ya sean jacobitas (sic) o leninistas, las tiranías igualitaristas son algo peor que inhumanitarias: son inhumanas".[103]

Wacquant presenta a Murray como un exponente del pensamiento neoliberal radicalizado, extrapolado al campo penal. Sostiene que forma parte del plantel de intelectuales norteamericanos que en Europa:

> brinda a los políticos locales la oportunidad de subirse al último vagón de la "modernidad" estadounidense y, desde ahí, realizar una pirueta retórica paradójica que les permite a la vez reafirmar a bajo costo la decisión del Estado de actuar con severidad frente a los "desórdenes" y liberar a ese mismo Estado de sus responsabilidades en la génesis social y económica de la inseguridad, para apelar a la responsabilidad "individual" de los habitantes de las zonas "inciviles" a quienes correspondería en lo sucesivo ejercer por sí mismos un control social estrecho.[104]

Algo de lo paradojal aparece en la línea argumental de los propios jóvenes víctimas de lo que en el pensamiento de Wacquant ha sido traducido como excesos de responsabilización individual (en este título estamos hablando de "culpabilización"). Los jóvenes, lejos de coincidir con el autor cuestionando la tendencia a liberar de responsabilidad al orden social, tienden con sus expresiones a revalidar la postura del neoliberalismo que los perjudicaría. En última instancia, es su propia decisión la que los conduce a finalizar la etapa de conflicto para con el orden jurídico,

---

[103]   Wacquant, Loïc, *Las cárceles de la miseria*, traducción de Horacio Pons, Buenos Aires, Manantial, 2000, p. 27.
[104]   *Ibíd.*, p. 32.

lo que determinaría también la aceptación de los términos supuestos en el orden penal liberal.

Tal enfoque coincidiría con conceptualizaciones relativamente clásicas asentados en –por ejemplo– el pensamiento de Paulo Freire, según el cual el propio sujeto en su condición de oprimido internaliza como valioso el discurso provisto por el opresor y, al representárselo a sí mismo como valioso, lleva adelante operaciones para hacerlo eficaz.

Néstor García Canclini sigue a Pierre Bourdieu incorporando el concepto de *hábitus*, entendido como "sistemas de disposiciones durables y transponibles, estructuras predispuestas a funcionar como estructuras estructurantes"[105] que regulan las conductas sociales sistematizando las prácticas de personas y grupos. A través del *hábitus*

> las condiciones de existencia de cada clase [social] van imponiendo inconscientemente un modo de clasificar y experimentar lo real. Cuando los sujetos seleccionan, cuando simulan el teatro de las preferencias, en rigor están representando los papeles que les fijó el sistema de clases. Las clases revelan a los sujetos como "clasificadores clasificados por sus clasificaciones" [...] En esta estructuración de la vida cotidiana se arraiga la hegemonía: no tanto en un conjunto de ideas "alineadas" sobre la dependencia o la inferioridad de los sectores populares como una interiorización muda de la desigualdad social bajo la forma de disposiciones inconscientes, inscriptas en el propio cuerpo, en el ordenamiento del tiempo y espacio, en la conciencia de lo posible y de lo inalcanzable.[106]

Cuando Rafael, de 23 años de edad, evalúa esta etapa de su vida, es enfático al señalar diversos elementos que podrían haber incidido en su cambio positivo, clasificándose a

---

[105]   García Canclini, Néstor, "La sociología de la cultura de Pierre Bourdieu", en *Cátedra Elementos de Integración Sociocultural*, Universidad Nacional de Santiago del Estero, 1996, p. 197.

[106]   *Ibíd.*, p. 198.

sí mismo como un sujeto reconciliado con el orden jurídico por decisión propia, lo que supondría –también– que el conflicto fue iniciado por él, libre de todo condicionamiento. Así sostiene: *"...pero depende de uno, digo yo... cuando yo quise, salí porque no quería más esa vida..."*

Esta concepción de la problemática no parece dejar margen alguno para demasiadas alternativas. Así planteada, pareciera que la transgresión fue el producto de una elección realizada en condiciones de total libertad, que entonces y en cuanto tal puede dar lugar a una nueva elección en condiciones de libertad casi ideal. Esta es, precisamente, la posición neoliberal trasladada al campo penal.

En tanto *internalización de la conciencia del opresor en la del oprimido*, no encuentra demasiadas excepciones, aunque sí en la investigación aparece como discurso significativo el de Julio, de 18 años de edad, quien tiene pareja y un hijo, y expone ideas vinculadas a su experiencia como militante de un movimiento barrial de desocupados, luego de haber finalizado su ciclo de judicialización: *"...nos quieren sacar a todos... a toda costa... ahora tratan de ir* [se refiere a sus dirigentes] *a ver si nos dan laburo pero... dentro de poco se van a cansar y nos van a echar a todos a la mierda... ¿viste que se decía que se van a hacer Planes por cien pesos y se van a dar más...? Ahora están peleando porque igual... bajaron a cien pesos y no les quieren dar más plata ... no dieron más cabida... si entraron veinte personas más es mucho... Y sí... la gente... ya tiene miedo porque son gente con familia... y no quieren ir a hacerse meter un tiro por buscar laburo... quieren trabajar ¡pero sino se puede...! andá a protestar y te agarra la policía... te arriman plomo... y si no te cagan a palo y te llevan a la comisaría... y en la comisaría te siguen pegando... entonces el Gobierno les aplica la ley a todos los que roban y al que busca trabajo también le quiere aplicar la ley... en vez de dar trabajo para que no haya robo... que no roben los pibes... no... no... no*

dan ni trabajo ni nada... dan encarcelamiento al que busca
trabajo y al que roba... al menos si darían trabajo... caes
preso y la policía dice 'vos caíste pero por pavote'... pero no
hay... y caés preso porque querés plata... o querés trabajar y
no... no hay... ¡Nadie... nadie da bolilla! Y más para la gente
que tiene familia... vagos que tienen 22 o 23 años y andan
con familia buscando laburo y no encuentran... entonces
quieren ir a robar... Y si es lo único que les queda...".
Pareciera bastante evidente la tarea de contrastación
ideológica que a Julio le fue posible gracias a su inserción
en el mencionado movimiento barrial de desocupados.
A diferencia de la mayoría de los jóvenes que superan
su situación judicial apoyados fundamentalmente en lo
laboral, lo religioso o lo afectivo-familiar, aquí aparecen
herramientas de otro orden que aportan otra perspectiva a
la problemática, más caracterizada por la visión de carácter
global, incluyendo, aun de un modo relativamente simple,
planteos que superan la mera dimensión individual, como
sucede en otros casos.

Es el mismo Julio quien prioriza la perspectiva de sus
propios compañeros *"que andan con familia buscando*
laburo y no encuentran", incluso cuando él forma parte de una situación muy parecida (precariedad laboral y
responsabilidad familiar). Esta manera de conceptualizar
la realidad pareciera estar vinculada con modificaciones
en las perspectivas –en este caso, priorizando la del otro–,
sin anular la responsabilidad personal, pero incorporando
elementos ideológicos que dotan de cierta eficacia a la
manera de situarse como actor social.

8. La identidad difusa de la *libertad vigilada* y *la libertad asistida*

Hemos planteado ya algunos aspectos problemáticos de la medida de libertad vigilada y/o libertad asistida que constituye uno de los ejes de este trabajo. Pero además de aquellas consideraciones, tenemos también que, desde la perspectiva del sujeto que atravesó por un proceso de esta naturaleza, éste no llega a identificarla con nitidez

Para Daniel, de 21 años de edad, la experiencia quedó registrada de un modo que posibilita, por ejemplo, el siguiente relato, al referirse a la duración de los períodos de institucionalización que cursó: *"...no... no... siempre por unos días... en la comisaría o en juveniles... me daban la vigilada esa...".*

Se estima que cuando Daniel se refiere a la libertad vigilada con la expresión *"...la vigilada esa..."* pone en evidencia lo que antes se expresara, es decir, que la medida carece de una identidad definida que –posiblemente– también sea expresión de sus niveles de eficacia. Pareciera que no se trata de una mera debilidad en la identificación del instrumento, sino que dicha labilidad indica la debilidad de sus componentes internos, es decir, de aquellos elementos destinados –en concreto– a lograr modificaciones en la conducta. En tal sentido, Daniel también expresó: *"...alguna vez vino la asistente... hablamos... qué se yo... me preguntaba qué hacía... todo así... Y... yo sabía que tenía que hacer eso para que no me manden adentro... no me gustaba... claro".*

Rafael, de 23 años, recuerda: *"Bueno... me controlaban un poco... de vez en cuando venían o me citaban... a veces me atendía el secretario... o el sumariante... bueno... en el expediente... no me acuerdo qué... pero siempre me hacían firmar algo...".*

Carlos, también de 23 años, comenta lo que a continuación se transcribe y que tiene relación con el aspecto que viene siendo tratado: *"...bueno... me citaban del Juzgado...*

*un hombre... no me acuerdo el nombre... como a prueba...
algo así como la condicional... hablaba un ratito, me preguntaba qué andaba haciendo, si había caído otra vez... y
me iba para casa...".*
En el grupo con el que se trabajó, como así también en
la experiencia cotidiana, se muestra cómo otras medidas
netamente penales (por ejemplo, la prisión) son identificadas con nitidez. Estaría también en claro que dichas
medidas ofrecen más facilidad desde el punto de vista
conceptual como para que cada sujeto logre resumirlas en
una idea e interiorizarlas en cuanto representación social.
Tal ventaja no sería compartida por la libertad vigilada y/o
asistida, caracterizada por la tensión entre, por un lado,
el mero control, y por otro lado, el atravesamiento desde
diversos órdenes disciplinares. Tal tensión –como se dijo
antes– supone un alto grado de complejidad conceptual
y práctica. De allí la relevancia de lo expuesto más arriba,
en el sentido de pensar en la posibilidad de un pasaje
conceptual hacia la noción de *libertad corresponsable.*

¿Qué importancia puede tener tal debilidad en el registro subjetivo de la medida? Pues, en definitiva, siguiendo
a Jacques Derrida en su libro *Fuerza de ley: el fundamento
místico de la autoridad*, tendríamos:

[que] la operación que consiste en fundar, inaugurar, justificar
el derecho, hacer la ley, consistiría en un golpe de fuerza, en
una violencia realizativa y por tanto interpretativa, que no es
justa o injusta en sí misma, y que ninguna justicia ni ningún
derecho previo y anteriormente fundador, ninguna fundación
preexistente, podría garantizar, contradecir o invalidar por
definición. Ningún discurso justificador puede ni debe asegurar el papel de metalenguaje con relación a lo realizativo
del lenguaje instituyente o a su interpretación dominante.[107]

---

[107]   Derrida, Jacques, *Fuerza de ley: el fundamento místico de la autoridad*,
traducción de Adolfo Barberá y Patricio Peñalver Gómez, Madrid, Tecnos,
1994, p. 33.

Según parece, tanto la libertad asistida como la libertad vigilada no son negadas en cuanto imposiciones judiciales, pero dicha aceptación no encontraría su motivo en la participación consciente en un proceso que -a juicio de los jóvenes entrevistados- les facilitaría la construcción de "un proyecto de vida". Pareciera que la medida es aceptada pues emana de la autoridad, autoridad que volviendo a la obra citada de Jacques Derrida tiene en última instancia un *fundamento místico*. Su aceptación sería, entonces, la aceptación de una imposición por razones también del orden de lo místico o de lo formal, y no de lo razonado; lo incorporado como parte de un proceso de construcción en el que una de las substancias centrales sea la responsabilidad de quienes llevan adelante tal compleja y singular arquitectura.

9. La matriz de pensamiento penal-tarifario

Volvemos sobre la cuestión de la intervención pensada como "tarifa", tal como -según hemos citado antes- lo plantea Zaffaroni para el ámbito penal en general. Se viene esbozando a lo largo de este trabajo, tanto desde la perspectiva teórica como desde la perspectiva de los propios sujetos que brindaron un sustento empírico, una idea sobre el grado de complejidad de la libertad vigilada y/o asistida. No obstante, aun dentro de tal complejidad que supone dimensiones positivas y negativas, hay un aspecto que parece central: esta medida no fue originaria y deliberadamente pensada en términos de respuesta "tarifada" ante una conducta determinada.

A esta cuestión ya nos hemos referido mencionando que, sin embargo, algunos operadores del sistema son agentes de tal matriz de pensamiento "tarifario", según la cual, "libertad vigilada y/o asistida" es una medida que

puede aplicarse de acuerdo a ciertas situaciones "tipo".
Éstas combinan la naturaleza del delito con las condiciones
individuales, económicas, familiares, en síntesis, sociales
del sujeto, aunque tal combinación tiende a ser incorporada
como categorización; una suerte de escena social prevista,
codificada, que al darse de nuevo exige de manera automática la aplicación de la medida. Es la lógica penal que
diluye las particularidades de cada caso en beneficio de lo
categorizable, lo –en cierta forma– medible, cuantificable,
reducido a su mínimo común denominador que permite
el dominio del pensamiento lineal, del tipo causa-efecto,
con más posibilidades de generalización en detrimento de
la singularidad de cada caso.

Krmpotic y Allen se refieren a este modo de resolución
de la problemática sosteniendo que la cuestión punitiva
ha desarrollado movimientos pendulares entre una posición a la que identifican como "ideología del tratamiento",
centrada en el carácter del delincuente, y otra posición
–que es la que aquí nos interesa– a la que denominan
"enfoque neoclacicista". Este último "recupera el énfasis
en el tipo de delito, cuantificando la culpa, la reincidencia
y las circunstancias agravantes y atenuantes, en cuyo caso
el reparto del dolor y la definición de la pena resultan una
cuestión aritmética."[108]

Desde esta lógica penal razona Carlos, de 23 años de
edad, quien fue entrevistado para que exponga su visión
de la libertad asistida. Se encuentra alojado en una cárcel
ya por disposición de un juez penal para mayores de edad.
Comentando su situación procesal y sus posibilidades de
egreso de la institución dice: *"Claro... ni idea de cuánto ya
pagué y cuánto me falta..."*

Hemos dicho entonces que la singularidad debiera informar toda la libertad vigilada y/o asistida como

---

[108]   Krmpotic, Claudia *et al.*, *op. cit.*, p. 210.

medida. En relación con este aspecto –singularidad– Pierre Rosanvallón sostiene en *La nueva cuestión social: repensar el Estado Providencia*: "No tiene ningún sentido tratar de aprehender a los excluidos como una categoría. Lo que hay que tomar en cuenta son los procesos de exclusión [...] Para captar lo social, hoy en día es preciso despedirse del 'hombre medio' de Quételet y del 'hecho sociológico' de Durkheim y otorgar a los datos sus valores individuales. Por no hacerlo, es posible que la sociedad parezca a veces inasible."[109]

Pero esta distancia de la libertad vigilada y/o asistida como oportunidad para reparar derechos sociales vulnerados y, desde allí, consolidar proyectos particulares, no es sostenida sólo por los mencionados agentes, sino que son los propios jóvenes judicializados quienes la viven como la idea de *pago de lo debido* y de que *lo debido* se da según una tarifa.

Hemos visto ya, tomando las expresiones de Carlos, que la pena es percibida en cuanto sucedáneo de un monto a pagar, previsto para un hecho. Beto, de 19 años, expresa dicha lógica en el campo de la libertad vigilada y/o asistida a través de la siguiente expresión: *"Sí, me dijo* [el juez] *que a la próxima vez ni siquiera iba a ir al Juzgado de Menores... que la próxima vez pasaba derecho a la cárcel..."*

Antonio, de 22 años de edad, expresa similar matriz de pensamiento al explicar las razones por las cuales ante un delito, que reconoce haber cometido, el juez decidió no llevar adelante un proceso de libertad asistida. Sostuvo Antonio: *"Bueno... ahí fue que el juez me dijo que ya me había dado la oportunidad...."* A lo que el entrevistador agregó: *"...y que te la habías gastado..."*. Nuevamente Antonio expuso: *"Y sí... y tenía razón pero yo no había sido..."*. Hay unos

---

[109]   Rosanvallon, Pierre, *La nueva cuestión social: repensar el Estado Providencia*, Buenos Aires, Manantial, 1995.

instantes de silencio y una acotación del entrevistador: *"Te tocó seguir 'pagando'..."*. Antonio asiente afirmando: *"Medio caro..."*

Las referencias empíricas ofrecidas por los entrevistados ponen en evidencia tanto el mencionado razonamiento tarifario por parte de los jóvenes como su otro íntimo componente en la construcción del discurso: el de uno de los más significativos operadores, como lo es el propio juez. Es el magistrado quien, desde un lugar que puede suponerse con elevado nivel de eficacia simbólica, impone una concepción que parece más asociada a un monto a abonar que a la puesta en funcionamiento de un complejo proceso de reconstrucción de derechos sociales.

10. El juez como dador de oportunidades

Sin embargo, en el complejo marco conceptual ya referido, aparece otro aspecto que pareciera funcionar de manera contradictoria. Parece razonable que si, como trató de explicarse en el punto anterior, existe una noción de "tarifa" penal, esto implicaría la existencia de un sistema cuya aplicación minimizaría de modo significativo la voluntad de los administradores del sistema, en particular el juez. Antes que lo que el magistrado opine sobre la situación que juzga, pareciera aceptable suponer que impactaría lo tarifado. Esto equivale a postular la existencia de una especie de beneficio secundario en medio de la deformación de la medida.

Pero lo que expresan algunos jóvenes al tratar de explicar su experiencia hace evidente la incidencia, en el modo en que se representan la medida, de componentes de otro orden. Este otro orden estaría ligado al funcionamiento del juez como dador de oportunidades de redención, es decir, de una persona que decide por sí, qué y cómo hacerlo ante una situación.

Víctor, de 19 años de edad, asocia su pasaje por la libertad asistida también con la oportunidad, pero pareciera tomar forma de "ayuda" dada por otros antes que por la aplicación de normas preexistentes: *"Sí, trataron de ayudarme con eso..."* Fernando, de 20 años de edad, así lo resume: *"No, no llegué* [a estar privado de libertad]... *me dieron esa oportunidad... la libertad asistida..."*

Esta visión de la intervención judicial tiene relación con otra dimensión presente en este trabajo bajo el título "La identidad difusa de la *libertad asistida* y la *libertad vigilada"*. Pareciera débil la significación de la medida. Tal debilidad posiblemente se perciba reiterando un aspecto ya abordado con anterioridad, al compararla con la fortaleza de la significación social que tienen otras medidas, en particular, las privativas de libertad. Hemos citado el pensamiento de Jacques Derrida, quien considera que el fundamento último, es decir, la fuerza última, o dicho de un modo positivo, la fuerza instituyente, es *mística*.

Es el propio discurso jurídico el que admite cierta debilidad conceptual (ver "Algunos aspectos en discusión") que aparece ya en ese momento místico. Recurriendo a Cornelius Castoriadis podríamos suponer que tal momento contiene elementos que definirán luego su grado de desarrollo, es decir, su fortaleza o debilidad, teniendo en cuenta su significación social:

> Hemos de pensar el mundo de las significaciones sociales no como un doble irreal de un mundo real; tampoco como otro nombre para un sistema jerárquico de "conceptos"; no como formado por lo "expresable" de las representaciones individuales, o como lo que debe ser postulado como correlato "objetivo" (*entgegen-stehend*) de las noesis subjetivas; ni tampoco, por último, como sistema de relaciones que se agregaran a sujetos objetos plenamente dados, por

otra parte, y en tal o cual contexto histórico modificaran sus propiedades, efectos y comportamientos. Hemos de pensarlo como posición primera, inaugurable, irreductible, de lo histórico-social y de lo imaginario social tal como se manifiesta en cada oportunidad en una sociedad dada; posición que se presentifica y se figura en y por la institución, como institución del mundo y de la sociedad misma. Es esta institución de las significaciones –siempre instrumentada a través de las instituciones del *legein* y del *teukhein*– la que, para cada sociedad, plantea lo que es y lo que no es, lo que vale y lo que no vale, y cómo es o no es, vale o no vale lo que puede ser y valer. Es ella la que instaura las condiciones y las orientaciones comunes de lo factible y de lo representable, gracias a lo cual se mantiene unida, por anticipado y –por así decirlo– por construcción, la multitud indefinida y esencialmente abierta de individuos, actos, objetos, funciones, instituciones en el sentido segundo y corriente del término que es, en cada momento y concretamente, una sociedad.[110]

Así planteada la cuestión parece incomodar una pregunta central: si la medida está obturada en su desarrollo por un origen tan débil como difuso, y si lo originario condiciona la significación con la fuerza con que lo plantean pensadores como Derrida y Castoriadis, ¿es posible aumentar su calidad específica? A tal pregunta se intentarán aportar algunos elementos que contribuyan para la construcción de una respuesta, tarea que se ha asignado a lo que sigue en este trabajo.

---

[110]   Castoriadis, Cornelius, *La institución imaginaria de la sociedad*, traducción de Marco-Aurelio Galmarini, Volumen 2, Buenos Aires, Tusquets, 1993, p. 326.

Retomaremos la pregunta acerca de la factibilidad de una libertad vigilada y/o asistida cualificada en relación con la medida tal como hoy existe, cualificación que –como ya lo adelantamos– debería darse en términos de *corresponsabilización*. Venimos trabajando sobre algunas dimensiones surgidas, fundamentalmente, a partir de la perspectiva de jóvenes que estuvieron sometidos a esta medida (la libertad vigilada y/o asistida) y tratamos ahora de discutir si tales dimensiones pueden ser tenidas en cuenta en tanto implicancias para la intervención profesional. En principio, debemos advertir que Trabajo Social no decide de un modo completamente autónomo qué reformulaciones puede producir a la aplicación de la medida, sino que debe negociarlas desde su posición de discurso asimétrico en un ámbito donde es evidente la existencia de otros discursos hegemónicos, como por ejemplo, el jurídico.

En los juzgados de menores de la Provincia de Santa Fe la medida es por lo general llevada adelante por trabajadores sociales, lo que cotidianamente hace que esta profesión amplíe el control sobre ella. No obstante, y como ya hemos dicho, ese control no significa que la medida se haya configurado según matrices propias del Trabajo Social, aun cuando es evidente su influencia. Por el contrario, se trata de una construcción que resulta de la concurrencia con el Derecho, portador de una matriz conceptual dominante en el ámbito judicial.

Pensemos entonces algunas características comparativas entre Trabajo Social y Derecho. En primer lugar, hemos de tener presente que ambas disciplinas se inscriben en el campo de la Teoría Social, participando de la búsqueda constante de nuevos conocimientos. Podemos decir que Trabajo Social –por lo menos como tendencia– está relativamente abierto al progreso ético, político, teórico y metodológico, apertura que –sabemos– no conviene pensar como generalidad excluyente, pues no es difícil encontrar ejemplos de prácticas repetitivas, difíciles de reconfigurar, y por ende conservadoras de forma significativa.

De un modo algo esquemático, hemos de evaluar, a la par, si el Derecho en cuanto campo disciplinar participa de las mismas características, con lo que podríamos coincidir en que tenemos, por un lado, una disciplina –Trabajo Social– cuyas matrices de pensamiento están atravesadas por la preocupación por la reformulación, la reconfiguración, la transformación, es decir, la tendencia hacia nuevas formas, aun cuando encontremos muchas expresiones profesionales que nieguen dicha orientación, como ya hemos expresado. Y por el otro, tenemos el Derecho, fundamentalmente signado en su práctica cotidiana por la conservación, por la búsqueda de estabilidades (jurídicas), por el afianzamiento de múltiples tradiciones en los modos y contenidos de sus razonamientos. Esto hace suponer que el Derecho es un saber altamente conservador, opuesto a los cambios abruptos, sobre todo atado al pasado a través de la historia de los fallos (jurisprudencia) que sus propios operadores (jueces) fueron considerando justos. Claro está que así como la transformación no es una nota determinante en Trabajo Social, tampoco la conservación es una nota determinante en el Derecho. Se trata de una tendencia dominante que, no obstante, permite encontrar excepciones numerosas y valiosas.

Dando un paso adelante en la tarea comparativa, podríamos preguntarnos: ¿es real esta profunda diferencia con Trabajo Social? ¿Comparamos una disciplina signada por el cambio –Trabajo Social– y otra –el Derecho– signada por la conservación? Postulamos que no, pues el Derecho es una disciplina en la que la conservación forma parte de una dureza asociada a la práctica cotidiana en los ámbitos jurídicos, es decir, a una práctica caracterizada de manera mayoritaria por lo adversarial (en el sentido de ver al otro como adversario). La aparente conservación de lo dado tendría que ver con su propia naturaleza estratégica, caracterizada por la búsqueda de lo que ya sucedió alguna vez (en la norma jurídica o en el razonamiento de otros jueces o teóricos) para hacerlo operativo de nuevo.

Pero su naturaleza íntima, más allá de esa coraza estratégica, estaría caracterizada también por el cambio en tanto abreva en la Teoría Social. Claro está que ese cambio debe darse en un marco de estabilidades. De hecho, la evolución histórica de sus saberes así lo demuestra, inclusive en el propio campo de la Justicia de Menores.

Para fundamentar en términos teóricos esta visión de la cuestión, acudiremos de nuevo al trabajo de Jacques Derrida titulado *Fuerza de ley: el fundamento místico de la autoridad*, donde sostiene:

> El derecho es esencialmente deconstruible, ya sea porque está fundado, construido sobre capas textuales interpretables y transformables (y esto es la historia del derecho, la posible y necesaria transformación, o en ocasiones la mejora del

derecho), ya sea porque su último fundamento por definición no está fundado. Que el derecho sea deconstruible no es una desgracia. Podemos incluso ver ahí la oportunidad política de todo progreso histórico. Pero la paradoja que me gustaría someter a discusión es la siguiente: es esta estructura deconstruible del derecho o, si ustedes prefieren, de la justicia como derecho, la que también asegura la posibilidad de la deconstrucción. La justicia en sí misma, si algo así existe fuera o más allá del derecho, no es deconstruible. Como no lo es la deconstrucción, si algo así existe. La deconstrucción es la justicia.[111]

Derrida no sólo sostiene que el Derecho es deconstruible, sino también ubica a tal deconstrucción como condición de justicia, es decir que ubica a la justicia como valor en sí mismo, que se realiza a través del Derecho, pero para que ello suceda él debe conservarse deconstruible.

Así planteadas las cosas, tenemos entonces no sólo que la discusión acerca de la naturaleza de la libertad vigilada y/o asistida es posible, sino también que simultáneamente es una imposición que podría entenderse como del orden de la fundamentación ética y/o política. Desde esta perspectiva, podría sostenerse que este campo –el de la libertad asistida–, que resulta de la concurrencia de diversas disciplinas, más se alejará de la justicia en tanto más se acerque a la naturalización de las acciones, es decir, a la repetición acrítica de medidas que comienzan a tener más carácter de ritual burocrático que de administración racional de recursos fundamentalmente simbólicos. Para que la libertad vigilada y/o asistida se cualifique en cuanto expresión de justicia, se impone entonces su deconstrucción, pues esta última *es* la justicia, según lo planteado por Derrida.

---

[111] Derrida, Jacques, *Fuerza de ley: el fundamento místico de la autoridad*, traducción de Adolfo Barberá y Patricio Peñalver Gómez, Madrid, Tecnos, 1994, p. 35.

1. Del contexto obligatorio al contexto de corresponsabilización

Orientaremos esta tarea deconstructiva hacia el análisis de la medida, tanto en su dimensión puramente conceptual como en otra dimensión puesta en evidencia por los propios entrevistados. En otras palabras, trataremos de recuperar la palabra de los jóvenes colocándola en tensión con la pretensión de autonomía propia de la Modernidad.[112] Al irrumpir esta medida en su vida se configura un escenario al que ellos no acceden de un modo totalmente voluntario, sino como producto de una serie de circunstancias que no controlan del todo y que combinadas producen tal situación. Aun cuando puede discutirse si la decisión de llevar adelante una transgresión a la legislación penal fue realizada con discernimiento, sería difícil negar que en gran medida concurran factores externos al joven. Tal concurrencia no niega, por otra parte, el grado de capacidad de elección que se encuentra en manos de quien transgrede la norma penal, factor que permite pensar en la posibilidad de una corresponsabilización.

En relación con esto último –el sentido compartido de la *responsabilidad*–, se articula uno de los debates contemporáneos que consideramos más significativos, por lo que constituye una línea de trabajo a sostener, inclusive, a futuro. Nos referimos a la conceptualización de la cuestión teniendo presente como vector de análisis las conductas delictivas en sujetos menores de edad. En el contexto de este camino abierto, se tiene presente que mucha luminosidad podría aportar el estudio de la historia de vida de la Asociación Nacional de Magistrados y Funcionarios de

---

[112] Cuando nos referimos a la *autonomía* lo hacemos entendida ella como valor propio de la Modernidad que en cuanto tal es siempre una *autonomía relativa*.

la Justicia de Menores de la República Argentina. Se tiene conocimiento de que en ella, especialmente en sus asambleas (y "en los pasillos" de las asambleas), tuvieron lugar durante las últimas dos décadas múltiples debates sobre la cuestión, siendo el autor de este trabajo –inclusive– testigo de algunos de ellos. Vale hipotetizar que dicha investigación aportaría resultados sorprendentes en términos de cantidad y calidad de jueces (simultáneamente académicos) que se enrolan en unas u otras posturas.

Retomando el hilo conductor de este trabajo, digamos que, sin lugar a dudas, el quedar sujeto a la libertad asistida o vigilada transforma la cotidianeidad del joven. Inclusive es posible que su propio grupo familiar le recuerde de manera constante el imperativo según el cual distintas expresiones del control formal, judicial y/o policial, estarán presentes en su vida. Así podrá tomar decisiones siempre que ellas no transgredan los límites impuestos externamente. Y de un modo permanente, tales presencias, con sus ramificaciones en su propia familia, le recordarán la vinculación entre cada paso que no encaje dentro de lo aceptado y su historia de conflicto mutuo entre él y el orden jurídico.

Y así como a tal contexto ingresaría sin el control de todas las variables, sino apenas, y en el mejor de los casos, de algunas de ellas, también sería bastante evidente que permanece o egresa de él según una serie de factores que no controla con plenitud. La mayor parte de los elementos contextuales le son impuestos, en particular desde el orden judicial.

Hemos visto que *lo impuesto exteriormente* –el control, la vigilancia, todas cuestiones asociadas de un modo u otro a la sanción– opera con una particular *eficacia* sobre las conductas que desarrollan los jóvenes, porque son ellos quienes depositan allí gran valor. Aparece una especie de reconocimiento de limitaciones para conducirse por sí mismo, sin depender de una fuerza exterior que al imponerse actuaría como una suerte de *prótesis social*, figura a la que pareciera no se llega por casualidad sino por efecto lógico dentro de una concepción. Tal concepción entendería que el joven no *funciona* de manera adecuada del mismo modo en que un órgano del cuerpo humano puede presentar algún déficit, y por lo tanto, exige una intervención curativa exterior. Desde la perspectiva piagetiana (entre otros autores), se trataría de la asunción para sí de la heteronomía moral como un estado de cosas insuperable.

En el contexto de un imaginario social signado por el control, por lo obligado desde el exterior y por la unilateralidad, parece coherente la presencia de medidas que sean socialmente representadas como castigo morigerado que el Estado impone al joven, que se supone no ha cumplido con mandatos socialmente vigentes. Si bien en teoría aparecen como menos severas que las penas privativas de libertad, no siempre se da así en la práctica y es justamente por esto que funcionan como prótesis. El discurso hegemónico en este campo impone conductas a desarrollar, pero con ello instituye también sujetos que al adecuarse las convalidan y se fundan ellos de un modo particular: el del sujeto que regresa al orden de lo jurídico por obediencia impuesta antes que por la vigencia de un proceso complejo de reconstrucción de corresponsabilidades.

Ahora bien, ¿puede llegar a transformarse tal contexto obligatorio en un contexto de corresponsabilización?

2. La *responsabilización* como necesidad a construir

Podríamos suponer que allí donde el sujeto plantea y se plantea a sí mismo la necesidad de retornar a una vida dentro del orden jurídico como vía de reinscripción social, y reclama para ello un control externo, está manifestando una necesidad. Siguiendo a Agnes Heller, tenemos que "la necesidad del hombre y el objeto de la necesidad están en correlación: la necesidad se refiere en todo momento a algún objeto material o a una actividad concreta. Los objetos hacen existir las necesidades y a la inversa las necesidades a los objetos."[113]

Según lo expuesto antes en este trabajo, la necesidad de control constituiría, siendo necesidad inmaterial, un potencial orientado hacia un recurso preestablecido, es decir, hacia un objeto previamente construido que habría condicionado la configuración de la necesidad. Tal objeto estaría caracterizado por el control que en sí mismo se vuelve *tarifa*, manteniendo la lógica del castigo pero sin avanzar hacia la corresponsabilización.

En el interjuego necesidad-objeto expuesto por Heller, podría aparecer uno de los núcleos conceptuales centrales. Allí advertimos que las necesidades no existen independientemente, sino que surgen en un interjuego de condiciones de las que dependen para configurarse. Nunca una necesidad se constituye como producto aislado, sino que es constituida por –entre otros elementos– la presencia de satisfactores destinados a ella.

Si extrapolamos esta idea a este trabajo, podríamos preguntarnos: ¿qué fue primero? ¿La *necesidad* de control expuesta por los jóvenes entrevistados o el control como objeto *ofrecido*? El modo de preguntar apela, claro está, a cierta linealidad que, creemos, va en beneficio de lo que discutimos, pues, como expusimos antes, tanto las necesidades como los satisfactores se constituyen en un contexto específico.

---

[113]   Cita de González, Cristina *et al.*, en "Trabajo Social en el abordaje familiar: dilemas de la intervención en el actual contexto". Curso de Posgrado dictado por la Universidad Nacional de Córdoba, Rafaela (Santa Fe), 2004.

Aceptada entonces la pregunta, diremos que en realidad hemos delineado la respuesta a lo largo del trabajo, en particular en pasajes tales como el titulado "La internalización del control". Venimos sosteniendo al respecto que *el control* impuesto de manera unilateral, de un modo externo, y no como parte de una estrategia consensuada con el propio joven, presenta una *particular eficacia*. Pero el *consenso* al que aquí aludimos no debe ser confundido con la mecánica expresión de voluntad que rápidamente se puede obtener, por ejemplo, frente a un sumariante.[114] Sostenemos, por el contrario, que el consenso es aquello que surge luego de un proceso de problematización de la situación, lo que supone la posibilidad de identificar las necesidades del joven, relacionadas a su conducta para con el orden jurídico.

La necesidad de control-castigo del modo instituido (es decir, sin que el vector sea la corresponsabilización) no es una alternativa intrínsecamente humana, sino que existe en el aquí y ahora del sistema judicial como construcción que puede y debe, volviendo a Derrida, ser deconstruida en busca de algunas de las partes que participaron en el mencionado proceso. Luego, la esencia de dichas partes podría ser revisada para finalmente dejarla como destinatarias del objeto *responsabilización*, como substancia de la libertad vigilada y/o asistida, en un contexto en el que estén vigente todas las garantías del debido proceso.

Al respecto digamos que si aceptamos que el joven *requiere* control externo, también podremos aceptar que *lo externo*, representado por *lo judicial* (los jueces, los trabajadores sociales, etc.) encuentra en *el control* su razón de ser. Pareciera difícil que los miembros del sistema judicial puedan pensarse a sí mismos por fuera de esta función.

---

[114] Funcionario policial o judicial que registra por escrito, usualmente en una PC o máquina de escribir, distintos momentos del proceso judicial.

En este sentido, recordemos lo expresado por el ex juez de menores entrevistado en esta investigación, quien de un modo altamente significativo sostiene que *"...mientras hay... vigilancia la cosa funciona...".*

3. Las múltiples responsabilidades-respuestas a controlar

Así tendríamos un conjunto de elementos que son *particularmente eficaces*, y quizás gran parte de esa *eficacia* resida en que se condicionan mutuamente. A los efectos de su conceptualización pueden organizarse en dos subconjuntos. Uno sería el que emerge de las propias representaciones sostenidas por los jóvenes, del tipo "necesito ser controlado", y otro podría ser el que emerge de las representaciones sostenidas por las personas que encarnan el sistema judicial, en este caso del tipo "ellos deben ser controlados". Ambos conjuntos se conforman en un contexto de mandatos sociales acordes con este perfil (seguridad, justicia, etc.).

Tratemos de identificar, por ejemplo, uno de los elementos que aquí se está pensando como constituyente del *control*. Hemos planteado ya con anterioridad que existe una especie de reconocimiento, en el discurso, de lo social como causalidad dominante, pero a la par también existiría un dominio neto de lo individual como rasgo que uniforma la intervención. En efecto, se postula lo social como origen del problema, pero luego se interviene reduciendo la responsabilidad a lo individual. Si el joven es responsable, merece y/o es útil (recordemos lo discutido bajo el título "Discursos, castigo y orden social") una sanción que no podrá ser abiertamente penal, pues no se trata de un adulto. Aparece entonces la sanción morigerada, pero sanción al fin, que en el caso de la libertad vigilada y/o asistida toma abiertamente forma de control judicial: el comportamiento del joven será investido de normalidad jurídica si se ajusta a lo prescripto. La consigna podría pensarse en términos de "todo irá bien si te portas bien". La condición necesaria es el buen comportamiento del joven. La responsabilidad de que *todo vaya bien* queda en sus manos. En manos del sistema queda entonces la tarea en la que, así dadas las cosas, encuentra sentido: *el control.*

Si por el contrario, la causalidad social dominante en el discurso se tradujese en la intervención, podría pensarse en términos de *"si las partes cumplimos todo irá bien".* Así podría suponerse la existencia de un control mutuo como resultado de cierta redistribución de las responsabilidades como condición de eficacia.

Esto supone, a la par, nuevos compromisos que se basan en nuevas y distintas oportunidades:

> De modo que al "tablero de la transgresión y el delito" podemos oponerle el "tablero de la confianza" considerando en sus cuatro ángulos al Estado y el rol de sus instituciones por un lado, a los mecanismos de sociabilidad comunitaria por otro, al grado de (des) organización de la comunidad y al grado de (des) organización de las actividades ilegales. En quién y cuánto puedo confiar dependerá del equilibrio, ajustes y negociaciones entre los cuatro factores y su capacidad para generar –aun con actividad delictual y mercado negro– una convivencia más segura, permitiendo a los individuos crear modos de manejar su rutina diaria en especial en áreas de alta criminalidad.[115]

Se plantearía entonces la necesidad de reconfigurar el control como necesidad originaria para transformarlo en responsabilización de los participantes en tanto necesidad

---

[115]   Krmpotic, Claudia *et al.*, "Problemas y atajos en la cuestión penal juvenil", en Burkún, Mario *et al.*, *El conflicto social y político: grados de libertad y sumisión en el escenario local y global*, Buenos Aires, Prometeo, 2006, p. 212.

distinta, substancia de la libertad vigilada y/o asistida. Teniendo presente el planteo de Agnes Heller, se trataría de ofrecer lo último (corresponsabilización) antes que lo primero (mero control unidireccional).

Pareciera que al ofrecer sólo *control asimétrico* como satisfactor, la demanda se orienta hacia él naturalmente y el sujeto se visualiza a sí mismo como objeto controlado, que de esa manera se relegitima socialmente. Al respecto, recordemos otra vez a Paulo Freire con su postulado centrado en la "internalización de la conciencia del opresor en la del oprimido".

En tal estructura es variada la gama de *ladrillos* que participan en la construcción, gama que iría desde la privación de libertad ambulatoria hasta el tratamiento en estado de libertad (distintos tipos de instituciones, distintos grados de restricciones sobre las posibilidades ambulatorias, etc.). Podría pensarse que al ofrecerse *responsabilización* como satisfactor la libertad vigilada y/o asistida, podría constituirse un conjunto de *ladrillos* que se distingan de lo anterior. De un modo progresivo puede imaginarse el desarrollo de otros recursos que no finalicen su preocupación en la mera sanción, sin que articulen ésta a la construcción desde la perspectiva del sujeto. Nos referimos a la adecuación de recursos tales como la mediación, la reconciliación, las tareas comunitarias, etc., a los que ya hemos aludido a través del concepto de *justicia integrativa* (o *restaurativa*, entre otras denominaciones posibles).

4. La corresponsabilización y sus implicancias metodológicas

La pretensión de reemplazar el mero control por la redistribución de responsabilidades hace pensar en otras necesidades, en este caso, del orden de lo metodológico.

Así tenemos que en el plano más ligado a las intervenciones profesionales debería superarse, entre otras cosas, una limitación típica que deviene de lo que se identifica como "derivación", término que además pareciera exhibir su impronta médica originaria.

En líneas generales, el problema puede explicarse de este modo: la primera parte del proceso, desde que el niño es judicializado, está centrada en el acercamiento diagnóstico, es decir, en la conceptualización más o menos profunda (según los tiempos procesales disponibles) de la situación. Pero desde una perspectiva teórica, por lo menos a la que suscribimos, nos encontramos con que este pasaje no debería estar centrado en el mero conocer sino que ya incluiría el trabajo sobre la toma de conciencia acerca de qué medida es posible que el Juez adopte, y entonces, que el joven la asuma como una construcción conjunta en la que perciba que, efectivamente, deja de ser objeto para constituirse en sujeto protagonista de derechos. Claro está que dicha condición protagónica es pensada, también aquí, en un contexto de cumplimiento obligatorio (el jurídico).

Al respecto, señalemos mínimamente que en la tarea judicial con niños o adolescentes que han transgredido la legislación penal, y al estar asignada la función a profesionales (trabajadores sociales), éstos deberían recodificar su intervención según el imperativo teórico señalado antes. Reemplazar el mero "control" por procesos complejos de construcción de corresponsabilidad no es compatible con la concepción de investigación como etapa primera de incorporación de simples datos, para luego imponer de forma unilateral medidas desde afuera del joven, sin que incida la perspectiva de este último.

Se trata entonces de la búsqueda de una manera de intervenir que se apoye en la idea de diagnóstico como producto de un permanente "ida y vuelta", donde la "ida" y la "vuelta" no son etapas sucesivas sino dimensiones de una unidad substancial, totalidad que rompe con la idea según la cual "primero conozco" y "luego intervengo". A tal lógica se refiere Liliana Barg, en los siguientes términos:

> Al instante de problematizar una situación familiar, el profesional adelanta una hipótesis preliminar, que es superada en la medida en que se profundiza el planteamiento del problema. Por lo general, estas hipótesis iniciales conducen a nuevos interrogantes, ya que el proceso de conocimiento de la realidad familiar se muestra como una relación de preguntas (problemas) y respuestas posibles (hipótesis), que se vinculan dialécticamente.[116]

Esta concepción permitiría un niño protagonista, sujeto real de derechos cuya mirada sea considerada un aporte efectivo para la construcción de alternativas en un marco obligado como el judicial, incluso cuando, en definitiva, será un juez el que decidirá si tal construcción es factible.

Pero sucede que muy a menudo esta medida es tomada, desde la función del magistrado, como una posibilidad disponible en medio de un menú de "tarifas" a las que ya se aludió con anterioridad. Es una opción más, se la elige en función de una interpretación de los diagnósticos agregados al expediente y se ordena su aplicación. Al momento de decidir, se estima que existe un conjunto de posibilidades estáticas que definen por sí mismas sus contenidos, que sus contornos son indiscutibles. Así, por ejemplo, un tipo de institucionalización supone la privación de libertad ambulatoria y el alejamiento de la responsabilidad directa del juez, una vez que el niño ha sido *derivado* a la institución. Desde ese momento, el modo en que se trabaje depende del ámbito de las políticas sociales (Poder Ejecutivo), aun cuando el Poder Judicial inspeccione las distintas instituciones, a través del Ministerio Público de Menores en

---

[116]   Barg, Liliana, *Los vínculos familiares. Reflexiones desde la práctica profesional*, Buenos Aires, Espacio Editorial, 2003, p. 115.

el caso de la Provincia de Santa Fe. Así, el Poder Judicial habrá cumplido con imponer la medida dentro de una lógica similar a la que domina cuando la Justicia Penal de Mayores impone una sanción privativa de libertad a un adulto: a la cárcel y allí se encarga otra instancia estatal.[117]

La libertad vigilada y/o asistida es impuesta desde esta lógica y no como un marco obligatorio que, antes que priorizar las restricciones, se caracteriza por sus potencialidades. Se la elige como preexistente y se la impone sin advertir que se trata de una medida muy amplia, que exige una construcción conjunta de sus contornos para que sea efectiva, es decir, una serie de acuerdos de agentes judiciales con el niño para que éste sea sujeto y no objeto de un tratamiento externo. No se trata de que el Juez renuncie a sus facultades, sino que profundice el conocimiento de la situación desde un razonamiento complejo, tome en cuenta la información provista por el joven y tome decisiones consecuentes. Incluye también que los contextos obligatorios que imponga contengan elementos producto del debate que coloca al sujeto ante la necesidad de responder, es decir, de confirmarse como sujeto. El pasaje desde la situación provisoria que suele durar algunos días (mientras el Juzgado investiga) hacia el escenario de la libertad vigilada y/o asistida –siguiendo las denominaciones vigentes– debería ser pensado en términos de construcción conjunta y no de un cambio de situación por mera disposición judicial. Los resultados actuales suelen reflejar este proceso no constructivo, es decir, de imposición unilateral y no pocas veces extemporáneas

---

[117] Esta división de funciones existe aun cuando, en la Provincia de Santa Fe, es morigerada por los denominados *Juzgados de Ejecución Penal*, que funcionan en las propias cárceles, y que también son objeto de polémicas. Estos órganos jurisdiccionales reciben, de los juzgados que dictaron las sentencias condenatorias, los expedientes que continúan tramitando ya durante la ejecución.

desde el punto de vista de la subjetividad del joven. Por ejemplo, a veces, el joven debe cumplir sin tener plena conciencia de qué hecho se relaciona con lo que le imponen, particularmente en el caso de jóvenes que cuentan con varias imputaciones (no nos referimos a la "calificación jurídica", cuestión que sigue en discusión aun cuando ya hay fallos que aclaran el panorama). En realidad, como se dijo, este modo de "derivar" desde el momento procesal al tratamiento tutelar en sí mismo tiene sus efectos tanto en el ámbito de la libertad vigilada y/o asistida como en el ámbito de derivación a instituciones.[118]

5. La corresponsabilización como responsabilidad social

Hasta aquí se ha planteado una dimensión significativa de lo que se entiende por *responsabilización*, pero que preferimos pensar en términos de *corresponsabilización*. También conviene retomar otro aspecto de la cuestión. Como hemos planteado antes, es común que se admita la incidencia de *lo social* en la construcción de conductas delictivas. Por ejemplo, se reconoce con cierta facilidad, aun

---

[118]   En Perú, las instituciones *Terre Des Hommes* (holandesa) y *Justicia para crecer* (peruana) llevan adelante una experiencia consistente en garantizar derechos y corresponsabilizar a las partes desde el primer momento de la intervención policial, usualmente en madrugadas en ciudades de alto riesgo, con la presencia de un equipo constituido por Trabajador Social y Abogado, entre otros. Luego de esta intervención el caso es articulado a otros equipos que llevan adelante la medida en terreno (libertad asistida u otras). Más información puede obtenerse en: www.justiciaparacrecer.org. Al momento de elaborar este informe la Universidad de la Matanza (Argentina) y la Asociación Argentina de Magistrados y Funcionarios de la Justicia de Menores y Familia prepara una publicación en la que uno de los profesionales describe la experiencia.

cuando en el espectro de opiniones hay amplios sectores ideológicamente identificados con tendencia a negarlo, que el incremento del desempleo o –más ampliamente– la exclusión y en particular la desigualdad social, son factores que facilitan el pasaje a un campo de conflicto con el orden jurídico vigente.

Se reconoce, en el discurso, el predominio de lo social como causalidad dominante. Pero no se reconoce con el mismo énfasis que tal causalidad no es tenida en cuenta al momento de intervenir judicialmente, pues parecieran dominar matrices de pensamiento que, con predominio de un discurso jurídico por lo general apoyado en el discurso psiquiátrico y/o psicológico, enfocan al sujeto individual-mente constituyéndolo en problemática. Lo social es relegado al lugar del discurso. Se espera que la persona *cambie de conducta*, es decir, que *aproveche la oportunidad* que el sistema le brinda al no tratarlo lisa y llanamente como un *delincuente adulto*.

Y no se trata, como hemos visto ya con anterioridad, sólo del discurso que impone esta perspectiva desde afuera, sino que es el propio sujeto quien así lo asume. Al respecto recordemos, en este trabajo, el título "La internalización del control". No sólo el ex juez de menores, como representante por excelencia del control formal, piensa que *"... mientras hay control, vigilancia, la cosa funciona..."*, sino que son los propios jóvenes entrevistados los que sostienen esta perspectiva. Vimos ya cómo Beto lo expresaba: *"...siempre me sentía bien... mientras me estén vigilando... yo agradecía mucho...".*

Así dadas las cosas, la responsabilidad de cambiar la situación es depositada en el joven, con lo que se produce un importante quiebre entre, por un lado, lo que se sostiene como explicación genérica, que inclusive se podría asociar con la necesidad de presentar un discurso ética y políticamente correcto, y por otro lado, la naturaleza íntima de los procesos de transformación de la realidad. Dicho de otro modo, se sostiene un discurso acerca de los actos de transgresión a la ley penal que incluye la idea de cierto grado de responsabilidad social pero, luego, cuando se da la puesta en acto de la intervención, se pasa a una casi lisa y llana responsabilización individual.

Insistimos entonces en la idea sostenida a lo largo de este trabajo, en tanto dicho planteo supone la sobrerresponsabilización del niño al no incluir la mirada contextual en cuanto tal y, especialmente, en cuanto representación de lo dominante desde el orden social. Quizá convenga reiterar que esta concepción de la *responsabilización* que estamos sosteniendo no excluye sino que revaloriza la necesidad de promover la resignificación del hecho penal desde la perspectiva del sujeto, lo que incluye una valoración particular de su personal actitud ante el mismo: si lo admite, si lo niega, si hay arrepentimiento, si hay deseos de reinscripción social, si emerge la necesidad subjetiva de resarcimiento social, etc. Se trata entonces de que el niño *asuma responsabilidades* por lo hecho, pero no como forma de "pagar" sino como manera de proyectarse hacia el futuro, sin considerarse alguien totalmente insignificante sino identificando una conducta en particular –la transgresión– como objeto de transformación.

Pero aun admitiéndose esto, pareciera vigente cierta concepción asimétrica de la responsabilidad, donde la persona menor de edad debe cargar con casi toda la tarea incluso cuando, como hemos planteado ya, aspectos importantes del orden de lo social confluyen como responsabilidad social de esa propia transgresión. Se ha visto que la causalidad social es corrientemente admitida. La situación se analiza y se proyecta, entonces, como objeto jurídico individual y –en el mejor de los casos– como objeto de difusas concepciones psicológicas preocupadas para que el sujeto encaje en unos moldes explicativos preestablecidos.

Aparecería cierta especie de preocupación –no siempre explicitada– por superar discursivamente esta contradicción, incluyendo conceptos que integren –en especial– una gama de derechos del campo social (por ejemplo, los Derechos del Niño). Pero, precisamente, este matiz no llega a dar identidad social a la intervención, pues tales derechos suelen carecer de operatividad jurídica, más allá de la voluntad coyuntural de alguna parte del Estado o de las organizaciones de la sociedad civil, según el caso. Es decir que no existiría una institucionalidad social (categoría que excede la norma jurídica) garante de la satisfacción de las necesidades desde una articulación texto-contexto.

Hemos propuesto ya tratar de identificar las matrices de pensamiento dominante desde la noción de *tarifas*. Éstas, decíamos, serían categorías preestablecidas, de aplicación altamente automáticas. Esta automaticidad las haría –a la par y por su propia naturaleza– muy prácticas para ser operativizadas, lo que se articula con la concepción más eficaz centrada sólo en el hecho prescindiendo del contexto que rodea al autor (el joven).

Pensar en la noción de *responsabilización* social sería incorporar lo social como continente causal efectivo pero también como continente de los procesos de reinscripción, donde el joven asuma sus responsabilidades pero experimentando –y tomando conciencia– acerca de cómo el Estado asume coherentemente las suyas.

6. La resignificación de la osadía como componente de corresponsabilización

La construcción a la que se viene refiriendo este trabajo, atravesada por la noción de corresponsabilidad, debería incluir además otros aspectos, centrados ahora en las expresiones más subjetivas, sin que esta posición devenga, claro está, en un psicologismo. En efecto, proponemos un trabajo de discernimiento sobre aquellas actitudes que involucradas en el propio acto "delictivo" puedan ser potenciadoras de reinscripciones positivas, y que vistas en forma lineal –muchas veces teñidas desde el sentido común– se las evalúa como "condimento" o "plus" de la transgresión.

Dicho con otras palabras, quizá sea conveniente recuperar aspectos que no siempre aparecen señalados como materia valiosa en los balances conceptuales. Así, si repasamos los dichos de algunos de los jóvenes citados en este trabajo, encontramos que ellos enfrentan a la Policía aun sabiendo que no tienen posibilidades de éxito en tal enfrentamiento. Saben que se trata de hombres equipados con armas, vehículos, equipos de comunicaciones, más todo el aparato del que dota la legalidad jurídica, y sin embargo, los desafían corrientemente sin demasiados recursos, en inferioridad numérica, en definitiva sin demasiadas posibilidades de triunfo.

Se trata entonces de reconocer en ellos un conjunto de potenciales que pueden ser reconfigurados. Hay en esa actitud mucho de *osadía*, es decir, de atrevimiento, de audacia, de resolución. E inclusive de insolencia y descaro. Mucho de todo esto ha sido necesario, bajo otras formas, con método y en un marco de responsabilidad social, para provocar grandes cambios sociales. Y mucho de todo esto sería necesario para provocar pequeños cambios. Subrayemos antes de seguir: no nos referimos al acto delictivo, sino a componentes de la conducta que culmina en dicho acto, y que conviene revalorizar en términos de pasaje desde condiciones de heteronomía a condiciones de autonomía moral. Hemos planteado al inicio de este capítulo ("Del contexto obligatorio al contexto de corresponsabilización") la necesidad de trabajar sobre la tensión entre la *necesidad de ser controlado* que plantean los jóvenes entrevistados y la *necesidad de autonomía* como nota especificante del ciudadano en la Modernidad.

La *osadía* constituiría un potencial que existe en estos jóvenes, y que los hace capaces de transformarse en sujetos percibidos socialmente como "peligrosos". Este substrato aparece en posiciones subjetivas que pueden ser resignificadas, según hemos visto en diversos relatos citados en el capítulo anterior. Es decir que no se trata de manifestaciones surgidas en jóvenes psiquiátricamente enajenados o alienados, sino en sujetos en desarrollo en los que, de manera mayoritaria, puede discutirse caso por caso si aún han desarrollado por completo su capacidad de comprensión, dimensión que por otra parte también puede discutirse en cualquier sujeto, pero no pueden negarse sus posibilidades de entendimiento de cada situación.

Esta condición de *osados*, así configurada, funciona oponiéndose al orden jurídico. Cuando éste intenta, por los medios tradicionales, que el joven regrese al campo jurídicamente reconocido, no lo hace de cualquier manera, sino arrasando todo lo existente para imponer centralmente un elemento que es la contrapartida que hace a la razón de ser de la matriz del pensamiento jurídico-penal dominante: la obediencia lisa y llana. Es decir, la obediencia heterónoma.

Aquel que fuera un joven osado regresa al campo de lo jurídico por obediencia formal, posiblemente resignando la mayor parte de su potencial. Aquella maquinaria a la que enfrentará, expresada en una estructura represiva, pareciera imponerle como condición para su rendición la renuncia a su identidad, mutación que podría calificarse de condición obvia para lograr una reinscripción social. Pero aquí lo que estaríamos pensando sería la posibilidad de que para tal reinscripción no se exija tan cara renuncia, pues –podríamos decirlo así– termina siendo simbólicamente muy onerosa para la sociedad.

Es onerosa por muchas razones, pero también por una de orden muy práctico, sobre la que volvemos dada su relevancia en esta investigación. Nos referimos a que la obediencia *formal*, es decir, exterior, actuada para la circunstancia, no se arraiga en convicciones profundas, no se asienta en cimientos difíciles de remover. Por el contrario, obedece a la urgencia del momento, a la presión del aparato formal. No hay razones como para suponer que luego, ante otras presiones, quizá menores, dicha obediencia no se quiebre de nuevo, Al respecto recordemos al joven Beto, quien al ser entrevistado comentaba: *"...yo agradecía mucho porque como me conozco es como si por ejemplo tu mamá te dice no te comés ese yogurt pero estás así una semana pero cuando ya no te lo dice más... a lo mejor te lo tomás..."*

Tales potenciales pueden ser recuperados en términos de reconstrucción ciudadana, pero desde una perspectiva de multiplicación. Recordemos: no se trata de unos pocos jóvenes sino de varios miles. En la realidad de la ciudad de Santa Fe, varios miles son judicializados anualmente. Así planteado tendríamos entonces que son varios miles de jóvenes los que regresan por obediencia. Hemos expuesto una excepción (Julio) bajo el título "Autoculpabilización y cambio".

La resignificación del delito, en cambio, apuntaría a revisarlo como transgresión que no expresa una oportunidad de transformación social en sentido estricto, sino de profundización de lo ya dado. Dar un nuevo significado admitiendo aquello que se hizo pero que no tuvo un sentido que trascienda la coyuntura ni que trascienda al propio sujeto. Aquello que el joven conseguía como parte de un menú, cierto reconocimiento grupal (recuérdese el punto titulado "Transgresión y pertenencia grupal"), y en muchos casos cierta capacidad de liderazgo osado puede y debería ser puesta a salvo.

No se trata de un mero rescate de elementos que pueden resultar útiles en la reconfiguración, sino de una estrategia que tenga como premisa la idea según la cual el sometimiento se basa de manera muy significativa en la descalificación de lo que *el otro piensa*, sus ideas, sus valores, sus hábitos, su estilo de vida. El sometimiento se expresaría en este campo en la pretensión ya bastante lograda de convertir a éstos, tal como lo plantean Guemureman y Daroqui en *La niñez ajusticiada*, en "jóvenes en una población cautiva e inofensiva".[119]

Las citadas investigadoras destacan la cuestión de la identidad como elemento decisivo en los mecanismos de disciplinamiento o control social. Así lo plantean:

> En una sociedad donde el modelo disciplinario expresado en el panoptismo ha sido desplazado por el modelo del control basado en estrategias de exclusión espacial, o, como bien expresa De Marinis, se ha dado un cambio de lo social a lo postsocial, o del disciplinamiento a través de la inclusión hacia el control a través de la exclusión que cristaliza la dialéctica inclusión-exclusión, que es más que "adentro-afuera" ya que da lugar a pensar en "zonas de integración social". Esto es lo que hace Castel quien describe tres zonas: la "zona de integración", la "zona de exclusión" y, mediando las dos, la "zona de vulnerabilidad", en donde se originan las situaciones de exclusión, por lo cual hay que prestar más atención, porque allí se encuentran los futuros sujetos amenazantes, que a partir de su vulnerabilidad ven tambalear sus soportes identitarios: relación laboral, relación familiar y redes de seguridad social.[120]

Al pensar que sería posible convertir el contexto de mera obediencia en un contexto de responsabilización, estaríamos aceptando que una parte del conjunto debe ser modificada, pues no se trata de una responsabilidad

---

[119]   Guemureman, Silvia y Daroqui, Alcira, *op. cit.*, p. 199.
[120]   *Ibíd.*, p. 197.

individual sino social, que se construye admitiendo que si la transgresión no ha sido un producto estrictamente individual (por libre decisión del joven) sino que resulta de la concurrencia de diversos factores, la resignificación exige el reconocimiento de ellos (la *deconstrucción* citada con anterioridad).

En esta especie de nuevo acuerdo entre quienes protagonizan la situación de libertad vigilada y/o asistida, el reconocimiento de *lo social* supondría el reconocimiento de grados de legitimidad en los componentes que llevan a la transgresión. Lo *osado*, con todo lo que encierra, debería ser considerado como un capital propiedad del joven. Como a otros capitales, quizá convendría reconocérsele valor al momento de evaluar con qué se cuenta para construir una salida a la situación. Podríamos convenir en que mucho de osadía no hay en los sistemas existentes, con una notoria tendencia a autoasegurarse por vías jurídicas, administrativas o burocráticas. En la construcción de estrategias que tengan como base una perspectiva de *corresponsabilización* pareciera evidente entonces que –en general– no son todas las partes las que pueden aportar la osadía, sino una. Se trataría entonces de un *bien* de alto valor –como pueden encontrarse muchos otros– que debería ser reconocido como aporte del joven a esta especie de concertación para buscar, como parte del contexto obligatorio, la reinscripción social sin la anulación de todo lo preexistente, cual ejército que invade un país a fuerza de bombardeos masivos. A título de ejemplo, podríamos pensar que esta osadía expresa capacidades de liderazgo o de emprendimiento personal, potenciales que podrían convertirse hacia tareas que se inscriban social y legalmente.

7. El camino de las necesidades hacia las representaciones sociales

Se viene pensando aquí en la posibilidad de reconfigurar la libertad vigilada y/o asistida, desde su originaria condición de control, hacia la corresponsabilización, de modo tal que la medida judicial sancione obligando a intervenir el contexto en la reconstrucción de la dimensión subjetiva del joven. En tal sentido, tendríamos una nota distintiva que podría surgir desde otra característica de los jóvenes que desafían el orden jurídicamente instituido. Se ha citado ya la obra de Pedro David titulada *Sociología criminal juvenil*, según la cual el joven utiliza de manera prioritaria su cuerpo como mediador ante el mundo, y en particular, ante sus pares. Se impone y reconoce imposiciones a partir de la fuerza física, de habilidades en la pelea cuerpo a cuerpo y en el uso de armas. Siguiendo a David, podemos suponer que el joven pertenece a grupos y/o se instala como líder en el campo de la transgresión a partir de despliegues de esta naturaleza, antes que un despliegue de *la palabra* como mediación en las relaciones sociales.

Pareciera que, por el contrario, *la palabra* cobra importancia recién allí donde el joven ha emprendido un camino de alejamiento de la transgresión penal. Es lo que se ha visto antes cuando el entrevistado Pedro ubica *"...las conversaciones..."* en un lugar privilegiado en su proceso de reinscripción social.

Así representada *la palabra*, podría suponerse que su función no siempre es suficientemente eficaz cuando se intenta generar hechos a los que los protagonistas (el joven, su familia, el profesional) asignen un sentido positivo. Dadas las características conductuales dominantes, es posible suponer que el camino hacia la resignificación de lo sucedido y la construcción de responsabilidad social debería contemplar una instancia lógica (sin reducir esto a un nuevo *etapismo* en Trabajo Social) cuyo eje sea la satisfacción de las necesidades, materiales y/o inmateriales, de estos sujetos en estas condiciones sociales.

Aquí no se piensa en minimizar la función de *la palabra*, sino en generar dispositivos que permitan demostrar al joven cómo el proceso que comienza a protagonizar es también algo propio aun cuando en última instancia viene asegurado desde la fuerza de una decisión judicial. Pareciera conveniente que para que sea percibido como algo que le es mínimamente propio, pero de lo que puede apropiarse de un modo progresivo, es conveniente partir de las necesidades que el joven plantea antes que de las necesidades que plantea un juzgado en cuanto órgano jurisdiccional.

No se trata, tampoco, del concepto de "necesidad-sentida" bastante difundido en Trabajo Social. Nora Aquín, en *Acerca del objeto del Trabajo Social*, dice que "Norbert Lechner plantea muy bien una situación dilemática en cuanto al sistema de necesidades, que llega a interiorizarse hasta formar parte de la estructura de personalidad".[121] La autora se refiere al carácter artificial de muchas necesidades en nuestras sociedades, lo que incluye consumos innecesarios que suponen el deterioro de los recursos disponibles. Señala que dicho despilfarro tiene como contrapartida la manipulación de las necesidades en quienes menos consumen –los sectores excluidos– al nivel, inclusive, de la sobrevivencia física. Esto es entendido como una seudosatisfacción antes que una real satisfacción de necesidades que reside en atender pocas necesidades de todos y muchas necesidades de pocos. Para que esto sea eficaz, media un aprendizaje, en los sectores menos favorecidos,

---

[121] Aquín, Nora, *Acerca del objeto del Trabajo Social*, Costa Rica, Boletín Electrónico Surá. Disponible en línea: www.ts.ucr.ac.cr (consultado en agosto de 2004).

consistente en no pretender más que la satisfacción de necesidades vitales.

Teniendo esto presente, decimos que no se trataría de pensar estrategias que pretendan en primera instancia significar algo para el joven desde la dimensión de las representaciones sociales. Dicho de otro modo: quizá sea conveniente admitir que las intervenciones dominadas por la reflexión, la verbalización de lo sucedido, la conexión *hablada* con el hecho protagonizado, no están pensadas en función de lo que a la mayoría de estos jóvenes interesa. Volviendo a la crítica del concepto de "necesidad sentida", no se trata de no trascender lo que los jóvenes expresan como interés, pues si así se planteara estaríamos actualizando en la práctica lo señalado por Lechner en teoría (citado más arriba en el trabajo de Aquín).

Se piensa en que lo que interesa al joven debe ser tomado para que éste encuentre sentido a la medida judicial que protagoniza, sentido que –por otra parte– no debería aparecer separado de lo que para Agnes Heller encierra el término "posesión". Siendo la "posesión" uno de los datos importantes que aparecen en la investigación (expresados, por ejemplo, a través de la importancia dada a lo laboral), es difícil suponer que algo que no la incluya pueda transformarse en significativo. La satisfacción de las necesidades materiales, entonces, debiera ser considerada parte constitutiva del inicio de todo proceso de reinscripción social, para que en medio de tal satisfacción sea posible resignificar las cuestiones de otro orden en busca, reiteramos, de mayores niveles de autonomía.

Es difícil que el joven coprotagonista de la libertad vigilada y/o asistida le encuentre sentido si ella no toma forma de respuesta a sus necesidades. Si pretendemos entonces que la libertad vigilada y/o asistida sea pensada como cierta especie de campo delimitado por una decisión judicial que albergue una multiplicidad de alternativas operacionales, queda nuevamente afuera, de inmediato, la idea del mero control o vigilancia como esencia de la intervención.

Así planteada esta medida se constituiría en una posibilidad tan elástica como difícil de quebrar, fortaleza que devendría precisamente de su capacidad para dar respuesta a la singularidad de cada situación. La *libertad vigilada y/o asistida*, por lo tanto, no sería pensada como *una medida* en particular, sino como un campo dentro del cual se busca –valga la perogrullada– *asistir a la responsabilización del joven*. Tal asistencia, si la causalidad es social, debe incluir lo social aun cuando por su propia naturaleza flexible esté dispuesta a constituirse inter o transdisciplinariamente. Se trataría de lograr una nueva matriz de pensamiento que no sólo admita sino que también estimule salidas no convencionales según las singularidades que se detecten.

No obstante, e incluso cuando puede resultar demasiado obvio, no estamos pensando en una conversión hacia la infalibilidad del sistema. Apenas (lo que aun así no sería poco) se trata de lograr una mejora en la calidad de las intervenciones que seguiría bajo el asedio de la condición humana. Allí encontraríamos el límite, es decir, en el hecho de que en última instancia, por fortuna y aun cuando esto resulte paradojal, hay una frontera que no podemos atravesar, y que es la frontera impuesta por el otro sujeto.

Lo hemos dicho y lo reformulamos: el impacto de la corresponsabilización debe ser atendido en términos de construcción de subjetividad democrática. La intervención judicial debe (o sea, tiene el "deber" de) aportar a la construcción de ciudadanía y no a la construcción de súbditos.[122] Así dadas las cosas, urge cargar de sentido el

---

[122] El propio Estado de la Provincia de Santa Fe, a través del Decreto 0164/07, ha impuesto como requisito la evaluación del perfil democrático, republicano y de respeto por los DD.HH. en los abogados que aspiren a ser

repetido término "responsabilización", para que la fría letra de las normas jurídicas no obture el debate naturalizando supuestos y, en definitiva, cristalizando la realidad según la construcción preferida por el discurso hegemónico. Tiene sentido, entonces, dedicar un último capítulo que incursione en los cimientos de la aludida construcción. Siguiendo la línea propuesta en el Capítulo V bajo el título "Revisión de la intervención profesional según la perspectiva de lo jóvenes", presentaremos algunas categorías conceptuales destinadas a dar cuenta de la tensión *obediencia-autonomía* desde la perspectiva de la construcción de responsabilidad, dando un lugar significativo en esta investigación a material bibliográfico hasta aquí no utilizado.[123]

jueces. Esta medida se inscribe en el mencionado campo del "deber" estatal por asumir una posición activa en la construcción del orden democrático quedando abonada, así, la idea de que toda intervención judicial sobre la niñez debe construir ciudadanía.

[123] En lo inherente a la estrategia metodológica, se sugiere leer el artículo titulado "La 'teoría fundamentada en los datos' (*Grounded Theory*) de Glaser y Strauss", publicado por Abelardo Jorge Soneira en Vasilachis de Gialdino, Irene, *Estrategias de investigación cualitativa*, pp. 159 y ss. ("3.4. El lugar de la literatura"). Allí precisa que "a diferencia de lo que sucede en otro tipo de estudios, no se conoce cuál es la literatura relevante hasta tanto no se ha avanzado en la investigación".

Capítulo VI
La responsabilidad como nudo conceptual

1. Responsabilidad y contexto de riesgo

No por casualidad, en esta exposición de resultados, la responsabilización y en particular su redistribución, viene apareciendo de manera recurrente. Se ha llevado adelante una investigación en la que el anclaje empírico ocupa el centro de la construcción. No obstante, los resultados obtenidos nos colocan frente a la posibilidad de avanzar en términos de conceptualización sobre tan relevante nudo. Por ello, decíamos al finalizar el capítulo anterior, decidimos incorporar un último capítulo dedicado a dar cuenta de la discusión, incluyendo elementos de orden teórico pero también otros de orden empírico, logrados a través de consultas a diversas personalidades científicas.

Retomemos la cuestión subrayando, una vez más, que en el estado actual del debate, el concepto de *responsabilidad* adquiere una centralidad trascendente, puesta en evidencia en este trabajo a través de sucesivos acercamientos. Una visión de la cuestión aparece en escena a través de citas bibliográficas que dan cuenta de lo que se denomina *responsabilidad penal juvenil.* Pero ella se inscribe en un marco más general al que algunos autores han definido como una "cultura de riesgo", donde el riesgo tiende a ser naturalizado para fundarse como factor de constitución de subjetividades. El factor *responsabilidad* funciona como una de las claves en dicho contexto, al punto tal que Myriam R.

Mitjavila, en "El riesgo como instrumento de individualización social", llega a sostener:

> En este sentido, se puede coincidir con las siguientes observaciones de Boaventura de Souza Santos cuando señala que "la erosión de la protección institucional, siendo una causa, es también un efecto nuevo del darwinismo social. Los individuos son convocados a tornarse responsables por su destino, por su sobrevivencia y por su seguridad, gestores individuales de sus trayectorias sociales sin dependencias ni planes predeterminados. Sin embargo, esta responsabilización ocurre simultáneamente a la eliminación de las condiciones que podrían transformarla en energía de realización personal. El individuo es llamado a ser el señor de su destino cuando todo parece estar fuera de su control".[124]

Vemos entonces que la prescripción responsabilizante aparece contradictoria al observarse el desarrollo de un contexto precarizado de contención social, cual escena circense en la que se invita al trapecista a afrontar riesgos mayores garantizándosele la quita de redes que, en otras condiciones, amortiguarían el impacto de cualquier fallo. He ahí una dimensión altamente paradojal del modelo en desarrollo: responsabilizar garantizando el incremento del riesgo. ¿Cómo cargar de sentido positivo a la *corresponsabilización* sin que se constituya en un nuevo conjuro a favor de la vulnerabilidad social?

2. Responsabilidad, ciudadanía y Estado

Como se advierte, la *responsabilidad* no es un componente más en un sistema de conceptos, sino que constituye uno de los nudos determinantes del sentido total que puede

---

[124]   Mitjavila, Myryam, "El riesgo como instrumento de individualización social", en: Burkún, Mario *et al.*, *El conflicto social y político: grados de libertad y sumisión en el escenario local y global*, Buenos Aires, Prometeo, 2006, p. 98.

adquirir cualquier estructura normativa. Hemos hecho referencia ya al sentido penal de la responsabilización, por lo que profundizaremos acerca de una discusión cuya vigencia nace al colocar el énfasis en el polo opuesto al penal.

La relevancia del debate se advierte si se tiene en cuenta que los significados no se agotan en el aspecto normativo jurídico sino que se extienden aun mucho más allá. Se observa, así, cómo el sentido que la *responsabilidad* adquiere incide sobre la construcción de ciudadanía, idea que nos interesa seguir subrayando. Esta dimensión de la construcción de ciudadanía no se da en cualquier contexto sino en el de un Estado particular, significante central en el proceso de configuración de *responsabilidad* desde distintas perspectivas, pero fundamentalmente desde la perspectiva del actor central: el niño judicializado.

Con esto nos referimos al Estado moderno en el cual los Derechos Humanos son constitutivos de su razón de ser. Según lo plantea Norberto Bobbio, citado por Viviana Demaría y José Figueroa:

> El presupuesto filosófico del Estado liberal entendido como Estado limitado en contraposición al Estado absoluto, es la doctrina de los derechos del hombre elaborada por la escuela del derecho natural (o iusnaturalismo): la doctrina, de acuerdo con la cual el hombre, todos los hombres indistintamente, tienen por naturaleza, y por tanto sin importar su voluntad, mucho menos la voluntad de unos cuantos o de uno solo, algunos derechos fundamentales, como el derecho a la vida, a la libertad, a la seguridad, a la felicidad, que el Estado, o más concretamente aquellos que en un determinado momento histórico detentan el poder legítimo de ejercer la fuerza para obtener la obediencia a sus mandatos, deben respetar no invadiéndolos y garantizarlos frente a cualquier intervención posible por parte de los demás.[125]

---

[125]   Demaría, Viviana y Figueroa, José, *No sólo de pan: reflexiones sobre ciudadanía e infancia desde la perspectiva de la CIDN*, Montevideo

Allí se inscribe la idea de *responsabilidad* como factor constituyente de ciudadanía en un momento determinado de los procesos sociohistóricos, procesos que incluyen diversas tensiones según los momentos por los que atraviesa. La tarea de construcción de ciudadanía no se da en abstracto, sino que implica, de un modo indisolublemente unido, la tarea de construcción de ciudadanas y ciudadanos que se perciben a sí mismos como tales y actúan en consecuencia. Los momentos sociohistóricos también inciden en la discusión de la que aquí nos ocupamos, preparando contextos que necesariamente inciden sobre el rumbo que ella toma pero también sobre el perfil de ciudadanía-ciudadanos que predomina.

Esto nos lleva a coincidir con Demaría y Figueroa, quienes se refieren a la producción del sujeto mismo como primer acto de este proceso.

> Esta noción, que como toda construcción histórica y social ha variado en el devenir de la modernidad, implica la idea de un estatus de igualdad de derechos y obligaciones como fuera señalado por Marshall. "La ciudadanía es un estatus otorgado a aquellos que son miembros de una comunidad de manera absoluta. Todos los que gozan de ese estatus son iguales con respecto a los derechos y deberes que dicho estatus confiere."[126]

Los autores señalan una segunda etapa en este proceso (siglo XIX), luego de las revoluciones francesa y americana, caracterizada por los derechos políticos que habilitarán a los individuos a representar a sus semejantes o a ser representados en las instituciones deliberativas. Sostienen, inclusive, que la ciudadanía define condiciones de ejercicio de la democracia.

(Uruguay), IIN-OEA, 2004, p. 63.
[126]   *Ibíd.*, p. 64.

Advirtamos cómo es que, entonces, no se trata de cualquier contexto sino de un orden en el cual el Estado funciona como estructura garante de la democracia que necesariamente incluye la *participación* como elemento estructurante de un estatus, de un lugar que supone derechos y –lo que aquí más nos interesa– una serie de responsabilidades a construir. La participación implica el ejercicio de lo que los autores presentan como "deberes cívicos", teniendo como referencia la idea de Estado antes tomada de Bobbio. Allí, y no en cualquier contexto, encaja el debate sobre la cuestión de la *responsabilidad*, pues es en ese contexto que se da la mencionada *producción del sujeto mismo*.

3. Responsabilidad y derechos

En este marco, según se observa, el asunto no estriba en aceptar o no la centralidad del niño o adolescente. El *debe ser* protagonista. No obstante, retomando ideas ya expuestas antes (por ejemplo al diferenciar *doctrina de la situación irregular* de *doctrina de la protección integral*), recordemos que existen posiciones en pugna. La investigadora y socióloga Silvia Guemureman sostiene que ellas se pueden resumir en:

> Aquellos que sustentan una visión convencional de la infancia en la que ésta aparece atravesada por carencias de capacidades atribuidas a los adultos –discernimiento pleno, autocontrol, autodeterminación– y consiguientemente, por necesidades de protección. En tal sentido, es esperable que se requiera de instancias que la tomen a su cargo con el objetivo supremo de protección que subsume los objetivos subsidiarios de educación y eventualmente corrección. Se resigna la atribución de un juicio de culpabilidad por comisión de supuestas acciones delictivas en caso de ado-

lescentes y jóvenes en beneficio de un juicio de inmadurez, y por ende, de inimputabilidad o imputabilidad relativa".[127]

Esta posición responde a lo que hemos presentado como *doctrina de la situación irregular*, dejada atrás en cuanto planteo doctrinario a partir de –por tomar un hito– la entrada en vigencia de la Convención Internacional de los Derechos del Niño: la idea de *tutelar* al niño es nítida en contraposición a la idea de construcción de corresponsabilidades en pro de mayores grados de autonomía. La segunda posición es resumida por Guemureman de la siguiente manera:

> Aquellos que enfatizan la centralidad de los derechos de los jóvenes, y en tal sentido, la propuesta de abolición de inimputabilidad por razones de inmadurez es ubicado como un juicio iatrogénico, de por sí productor y generador de inmadurez, ya que ésta es entendida como el resultado posible de procesos diversos, entre los cuales se halla en relación con la justicia penal. La responsabilidad es concebida como un vínculo complejo entre sujeto y acción en un contexto determinado. Dice Tamar Pitch que responsabilidad, responsabilidad penal e imputabilidad son asimiladas. Los partidarios de esta posición creen que se debe poner en marcha un proceso de toma de conciencia y asunción de responsabilidad por parte del joven que condicionaría la medida a aplicar por el juez, que en todos los casos estaría más preocupado por la acción cometida –sustrato de su intervención– que por la personalidad del joven. Quienes promueven esa postura se orientarían según una justicia de los derechos.[128]

La discusión vigente, que intentamos referenciar a través de este capítulo, se inscribe dentro de esta última

---

[127]   Guemureman, Silvia, "¿Responsabilizar o punir?", p. 3. Disponible en línea: www.observatoriojovenes.com.ar/publicaciones/ material/divulgación (Consultado el 2 de febrero de 2007.)

[128]   *Ibíd.*, p. 4.

postura. Es decir que la necesidad de responsabilización en el niño que comete delito aparece como indiscutible pero las diferencias surgen al momento de avanzar algunos pasos para establecer cómo se operativiza este concepto y, por ende, qué profundas significaciones devela dicha operativización, entre las cuales se ubica el concepto de corresponsabilización. En este punto, es coherente suponer que las diferencias no son superficiales, sino que encuentran su arraigo en profundas convicciones de naturaleza ideológica como mínimo.

4. ¿Qué "racionalidad" facilitaría la corresponsabilización?

Ahora bien, en el proceso de investigación se han considerado las opiniones de exponentes de una activa militancia a favor de unas u otras posiciones. Así se han repasado las opiniones de Emilio García Méndez, Daniela Puebla o Mary Beloff al momento de esquematizar qué supone el enfoque *penal* de la *responsabilización*. Estos autores se ubican abiertamente en la segunda de las posiciones identificadas por Guemureman. Pero, como decíamos, el debate existe porque existen otras postulaciones. Dado que el diseño metodológico *flexible*[129] así lo permite, se orientó la investigación en busca de referencias empíricas y teóricas que posibilitaran dar cuenta de tan significativa emergencia de la cuestión de la *responsabilización* en este trabajo.

Así se recurrió a la opinión de Atilio Álvarez, quien representa una visión opuesta al mencionado sentido penal

---

[129] Esta concepción de diseño cualitativo puede ser profundizada en: Mendizábal, Nora, "Los componentes del diseño flexible en la investigación cualitativa", en Vasilachis de Gialdino, Irene (coord.), *Estrategias de investigación cualitativa*, primera edición, segunda reimpresión, Barcelona, Gedisa, 2007, pp. 65-105.

(la exposición completa de Álvarez se agrega como Anexo). En primer lugar, señalemos que el entrevistado ubica la concepción penal de la responsabilización como una nueva forma del antiguo *retribucionismo*, al que hemos aludido al inicio de este trabajo. Lo considera como propuesta exportada mundialmente por Estados Unidos de Norteamérica, y en oposición al que denomina "Modelo de Justicia Juvenil Reparadora, Restaurativa o Integradora". Al explicar este último, sostiene que "la *responsabilización* por el daño causado a la víctima y a la sociedad, y la actitud de reparación en lo posible de sus efectos, son esenciales". El consultado es enfático al señalar la idea de responsabilización social como abiertamente opuesta a la idea de la intervención penal, por lo que excluye al niño, también, de toda forma de proceso penal, por interpretar que este paradigma –penal– apunta al arrepentimiento y confesión del joven, pero desde lo que con precisión nomina como "tradición inquisitorial".

Hemos expuesto antes la visión que Mary Beloff propone como repaso de la situación latinoamericana. Atilio Álvarez sostiene que a tal situación se arriba por imposición de los poderes financieros internacionales que habrían intervenido de manera activa para orientar los distintos sistemas. Opone, hemos dicho, la búsqueda de la "integración" como substancial diferenciación para con el modelo penal. Así es que "en un modelo restaurativo, el tema de *responsabilización*, de *hacerse cargo* no pasa por lo penal, ni por la acción pública ejercida por el Fiscal. El Estado, inteligentemente, renuncia a ejercerla contra los niños. Y eso permite trabajar la responsabilidad personal ante la víctima."

Cuando plantea la necesidad de responsabilización social lo hace en los términos que más arriba hemos expuesto, bajo la idea de corresponsabilización. Es decir, de cierta especie de redistribución de las responsabilidades en la que, con justicia, no surja un joven sobrerresponsabilizado, ni una familia sobrerresponsabilizada, sino un espectro de actores en el que cada uno asume su porcentaje de tareas a cumplir en la convicción de que dicho porcentaje está substancialmente unido al porcentaje de los demás. En términos del citado:

> Es llegar a la conciencia de daño cometido por el joven, pero también a la conciencia sobre las deprivaciones causadas y sufridas por su familia y por su grupo social. Es avanzar sobre una asunción de responsabilidad mucho más amplia que la de la comisión del hecho. Jamás un sistema penal podría "responsabilizar" a la familia y al grupo, ni integrarlos en el proceso penal. Por lo contrario, sí lo hace un modelo reparador o integrador.

Como decíamos, la discusión sobre este nudo conceptual recorre América Latina tomando formas a las que, de un modo sucinto, nos hemos referido antes. No obstante, también se advierte la persistencia de la discusión a partir de la tensión con la postura a la que aquí nos estamos refiriendo, a través de lo expuesto por Atilio Álvarez. No se trata de una posición aislada, sino de una tendencia que en algunos países, como por ejemplo Perú,[130] toma formas específicas. La aplicación de la idea de "Justicia Restaurativa" al campo de la niñez y/o adolescencia es objeto de atención y de experiencias particulares.

A dichos procesos se refiere Álvarez sosteniendo: "Este modelo se está haciendo entre muchos, no sin matices y diferencias propias de lo vital y naciente. Es un camino que comienza por la conciencia de fracaso y del fraude ideológico que significó el proceso neoretribucionista impuesto en América Latina en las últimas décadas. Pero eso lo advierten en primer término aquellos que tiene mayor conciencia política."

La oposición entre la concepción penal y la social no es menor. Se trata de dos polos opuestos cuya tensión estriba

---

[130]   Más información puede encontrarse en la página *web* del Observatorio Internacional de Justicia Juvenil. Disponible en línea: http://www.oijj.org/documental_ficha.php?rel=SI&cod=532&pags=0

de un modo significativo, precisamente, en la forma en que interpretan la cuestión de la responsabilización.

Subrayemos que el consultado inscribe con claridad la discusión en un marco político internacional específico. Atribuye el auge de la interpretación penal a imposiciones de organismos internacionales identificando dos tendencias diferenciadas: Una "que predican desde el Norte", según sus dichos, y otra a la que presenta como tendencia de cuño europeo (hemos mencionado en otra parte de este trabajo un reciente documento del viejo continente). Inscribe la tendencia dominante, inclusive, en el marco de los efectos políticos regionales del conocido Consenso de Washington, hito histórico al que diversos historiadores consideran como piedra fundacional del proceso neoliberal que caracterizó a la región durante las últimas décadas.

En este punto, es decir, en la caracterización del contexto como de orden neoliberal, Álvarez coincide con otro prestigioso doctrinario consultado: el Dr. Elías Neuman, quien brindó al investigador una serie de aspectos que textualmente se agregan como Anexo al presente trabajo. En su concepción, el panorama latinoamericano se inscribe dentro de un auge neoliberal del cual forman parte distintas prácticas de corte autoritario. Al respecto explica que el análisis de la problemática en un sentido amplio lleva a "centrar en la conceptuación de la democracia neoliberal y en el Estado autoritario que cobija dirigido a los sin chance", calificación que –como decíamos– viene a coincidir con la contextualización política propuesta por Atilio Álvarez.

5. Responsabilidad y autonomía "obligatoria"

La posición a favor de un "modelo integrador o reparador" busca colateralizar la relevancia del *castigo*, dimensión que históricamente atravesó de un modo más o menos tácito o expreso los distintos discursos sociocriminológicos. En el contexto de una *racionalidad de corresponsabilización*, el castigo o la sanción adquieren significado en un contexto específico: el de los Estados modernos que deben, de un modo paradojal,[131] impulsar o forzar la constitución de sujetos democráticos.

Precisamente a esta cuestión –la del castigo– se refieren Claudia Krmpotic e Ivonne Allen, quienes sostienen que en el análisis de la cuestión penal juvenil se nace de un error si se piensa el asunto como parte de un proceso de secularización. Afirman, por el contrario, que la naturaleza de la realidad incluye tanto lo material como lo espiritual. Aceptan la relevancia de la religiosidad hispano-católica en nuestra cultura para, teniéndolo en cuenta, "indagar en el valor de la pena tratando de establecer si la estructuración del discurso aún está sostenido en el lenguaje del pecado como culpabilidad, fundado en la relación con lo impuro, en la redención y el sacrificio, o si la creencia social ha dado un paso más allá en la comprensión del mal accionar, al entender la culpabilidad como carga que se lleva en la conciencia."[132] Si así fuera, según Krmpotic y Allen, el giro hacia un momento subjetivo e individual del pecado habría permitido una interiorización a partir de la cual habría sido posible una nueva concepción del castigo que convierte la expiación vindicativa en expiación educativa. Allí residen, en gran medida, las posibilidades que ofrece en la actualidad la Justicia Restaurativa.

---

[131]   Para profundizar respecto de la paradoja de tener que "forzar" para que los sujetos se constituyan en "democráticos" puede consultarse a Heler, Mario, *Ciencia incierta: la producción social del conocimiento*, segunda edición, Buenos Aires, Biblos, 2005. En particular, cuando propone la "racionalidad comunicativa o dialógica" en tanto modo de relación ética con el otro, considerándolo medio pero también fin (exigencia ética). Heler toma, en su trabajo, la noción de "racionalidad comunicativa" aportada anteriormente por Habermas.

[132]   Krmpotic, Claudia *et al.*, "Problemas y atajos en la cuestión penal juvenil", en Burkún, Mario *et al.*, *El conflicto social y político: grados de libertad y sumisión en el escenario local y global*, Buenos Aires, Prometeo, 2006, p. 198.

Encontramos en la cita de Krmpotic y Allen que la libertad como requisito es condición necesaria para sostener aspiraciones restaurativas. Obviamente, se trata de un grado de libertad acotado por la situación judicial –contexto obligado–, pero que aún con anterioridad ha sido acotado en un contexto de derechos sociales vulnerados. Al respecto, recordemos lo ya expuesto en torno a la *clínica de la vulnerabilidad* propuesta por María Daniela Puebla. Recomponer la libertad es, así, remover las condiciones que generan la presencia judicial en la vida del joven pero también, y esto va substancialmente unido a lo primero, remover las condiciones sociales que fueron altamente condicionantes en la génesis de la situación de transgresión penal.

Se advierte así la enorme relevancia que en la discusión toma la perspectiva del sujeto y, especialmente, las condiciones en las que ese sujeto se encuentra al momento de la intervención. Señalábamos el valor de la *libertad* como componente estrechamente relacionado con la *responsabilidad,* al momento de responder por el hecho penal protagonizado. Responder se constituye, así, en una necesidad a satisfacer, por lo que aparecen pertinentes las palabras de Claudia Krmpotic al sostener, en términos generales, que "la libertad hace a la satisfacción, por lo tanto la falta de autonomía en la resolución de necesidades genera mayor insatisfacción."[133]

Aparecen en el debate, articulados y de alguna manera expresando formas de la *responsabilidad* y la *libertad*, dos conceptos que traemos aquí. Nos referimos a la noción de *autonomía* y, como consecuencia directa, la noción de *sujeto* que se sostiene desde cada posición en el debate, pues ella impacta de lleno en la forma que adquiere la cuestión de la responsabilidad. He allí la tensión entre el castigo externo, defendido por los propios entrevistados

---

[133]   Krmpotic, Claudia Sandra, *El concepto de necesidad y políticas de bienestar*, Buenos Aires, Espacio Editorial, 1999, p. 111.

según quedó registrado en este informe, y la necesidad de sujetos autónomos propia de un orden comprometido con los Derechos Humanos.

6. Corresponsabilidad y sujeto

La construcción es necesariamente compleja. Involucra miradas diversas, articulando dimensiones que necesitan permanecer en un marco de coherencia. Así aparecen cuestiones que requieren ser discutidas para avanzar en el proceso de consolidación de la coherencia interna. Y las dificultades emergen, como no podía ser de otro modo. Tomemos, por ejemplo, el representativo planteo de Luis Camargo en *Encrucijadas del campo psi-jurídico: diálogos entre el Derecho y el Psicoanálisis*. El autor allí precisa:

> Para el psicoanálisis, la responsabilidad supone la asunción de parte del sujeto no sólo del deseo inconsciente que lo habita, sino también de los actos, que sabiéndolo o no, son su causa. De entrada, digamos que el Derecho se ha nutrido en estas temáticas de los aportes de algunas prácticas "psi": primero la Psiquiatría, luego la Psicología. Y es que, sobre la cuestión de la inimputabilidad, el jurista tomó la concepción de "alteraciones morbosas de las facultades mentales" y la de "enfermedad mental" tal como se la ofrecían la Psiquiatría Clásica y subsidiariamente después, las psicologías que ponen el acento en la autodeterminación del Yo y de la conciencia en el actuar de los individuos. Prácticas y discursos que, por su origen positivista, concordaban mejor con la ideología general que porta el Derecho. Básicamente, en los textos de los analistas de formación lacaniana puede colegirse un desacuerdo general con las premisas jurídicas de la inimputabilidad que poseen la mayoría de los códigos penales occidentales.[134]

---

[134]   Camargo, Luis, *Encrucijadas del campo psi-jurídico: diálogos entre el Derecho y el Psicoanálisis*, Buenos Aires, Letra Viva, 2005, p. 113.

En el esbozo ofrecido por Camargo aparecen –como mínimo– dos cuestiones: una es la por él denunciada, es decir, la afinidad del Derecho con las versiones positivistas de los saberes "psi", la Psiquiatría y/o la Psicología Clásica, en las que predomina la construcción a partir de un sujeto plenamente consciente de sus actos, salvo cuando existen patologías. Pero en dichas versiones, la posibilidad de eficacia del inconsciente no es incluida. No obstante, en el planteo del autor queda también esbozada otra dimensión cuya discusión no será tomada, pues importa sólo dejarla señalada: así admitida la eficacia del inconsciente en el sujeto, debe ser subrayada la construcción de ese sujeto en un contexto que condiciona en unos casos pero que determina en otros. Es decir, permite unas cosas pero impide, lisa y llanamente, otras.

La mirada psicoanalítica, como ejemplo de la diversidad de aportes posibles, suma estos puntos de debate, pero en simultáneo, suma potenciales puntos de coincidencia. Volviendo al recorrido por otros autores encontramos a Jorge Degano, psicoanalista e investigador de la Universidad Nacional de Rosario, quien pone énfasis en la relevancia de la responsabilización como dimensión del sujeto que hace a la producción de este último, nudo conceptual coincidente con lo expuesto por Demaría y Figueroa, es decir, en el sentido de que la responsabilización incide en la producción del sujeto en cuanto tal.

Sostiene Degano que tal dimensión, si opera, coloca al sujeto en el lugar de dar respuestas al otro y a sí mismo por sus actos. La no responsabilización por los hechos penales protagonizados no funciona como protección al niño, sino que, siendo la responsabilización una dimensión del sujeto, tiene efectos en términos de desubjetivación. El autor inscribe la cuestión en la trama conceptual que suponen categorías tales como imputabilidad-punibilidad, y la edad a la que ellas son convenientes en el caso del sujeto menor de edad. Así esquematiza esta parte de su pensamiento:

> a) A estos menores (nos referimos a éstos señalando que existen además "otros") se los reconoce con la capacidad lógica de imputación. b) Por lo mismo, con la capacidad potencial de ser sujetos de un juicio de responsabilidad. c) A su vez, y presupuestamente, se los considera no capaces de recibir una sanción penal deviniente de la responsabilidad potencialmente reconocida. d) Ergo, la responsabilidad penal correlativa a la capacidad reconocida no toma estado. e) La respuesta institucional es diversa y orientada desde la responsabilización no jurídica de la situación al campo vivencial (llamémoslo sociofamiliar) en que el sujeto se encuentra reconocido. f) Consecuentemente la responsabilidad jurídica y no jurídica, inicialmente presupuesta potencialmente, se diluye en la exigibilidad administrativa del cumplimiento de la medida tutelar. g) El sujeto por lo tanto queda fuera de la responsabilidad. h) Resultado: el menor es un sujeto / objeto irresponsable.[135]

Aclaremos que Degano trabaja teniendo a la *responsabilidad penal juvenil* como uno de los puntos de partida. Pero aun así otorga relevancia a la cuestión de la responsabilización como condición necesaria en toda lógica de intervención, más allá de la forma que luego adquiera (penal, social o psicológica). Degano coloca la necesidad de responsabilización como condición ligada a la dimensión de la identidad, sosteniendo:

> La irrenunciabilidad a reconocer la dimensión de necesidad de responsabilizarse, hace al sujeto identificable, sujeto de la identidad, inicialmente para sí mismo, y lo que le permite identificar su lugar, sus proyectos, deseos, intereses y anhelos, haciéndose cargo de ellos y consecuentemente de él. Hacerse

---

[135]   Degano, Jorge A., *Minoridad: la ficción de la rehabilitación. Prácticas judiciales actuales y políticas de la subjetividad*, Rosario, Juris, 2005, p. 233.

cargo de sí mismo es responsabilizarse de su condición, siendo allí donde puede reconocerse el lugar de la subjetividad.[136]

La ausencia de responsabilización no aparece como un episodio circunstancial, pero tampoco como un concepto carente de contextualización. Es decir que la constitución o no de sujeto, y la construcción o no de ciudadanía, se da en espacios en los que se advierte la incidencia tanto de lo textual como de lo contextual. Degano expresa que cuando ello no sucede, "ocurre un vaciamiento –que podemos decir subjetivo– en tanto y en cuanto lo que se está diluyendo es la responsabilidad y con ella la condición subjetiva y la identidad –singularizada– del sujeto del acto."[137]

Sin abandonar su impronta psicoanalítica, y citando a Bustos Ramírez, Jorge Degano sostiene que el hombre concreto debe ser el punto de partida. En cuanto tal, sus comportamientos se dan como una forma de vinculación a partir del ejercicio de sus potencialidades que, a través de un acto consciente, lo elevan por sobre las necesidades y le permiten superar los obstáculos.

> De ahí que sus características físicas, biológicas y psíquicas, haya que considerarlas primeramente en su dimensión social. En la medida que el hombre es un actor dentro del proceso social, es que puede responder de su actuación, por su papel, por lo realizado. Sólo así el hombre tiene capacidad de respuesta. Su capacidad de responder no es de carácter abstracto ni metafísico, sino en razón de la conciencia concreta dentro de una relación social concreta.[138]

El autor relaciona esta versión con la idea de sujeto inscripto en una trama de relaciones en la que el Estado constituye lo que podríamos llamar una "estructura estructurante". Hemos expuesto ya tal idea al inicio de este título,

---

136 *Ibíd.*, p. 239.
137 *Ibíd.*, p. 241.
138 *Ibíd.*, p. 244.

acudiendo a conceptos del politólogo Norberto Bobbio, citado por Demaría y Figueroa. La responsabilidad se constituye, decíamos, ni en abstracto ni en un mero texto, sino en concreto y en el contexto de una trama social expresada jurídicamente. Tenemos con ello, entonces, cierta especie de corresponsabilidad:

> Al entender que la responsabilidad vincula al sujeto con el Estado, o de lo que se puede entender como al "sujeto con otro", la vinculación implica la exigibilidad de respuesta, tanto del Estado (reacción social) para con la persona, como de ésta para con aquél en cuanto a las garantías o condiciones que asisten a esa exigibilidad, agregándose que además es función de la responsabilidad, como posición del sujeto, limitar el avance punitivo o sancionatorio posible en tanto que el campo situado reconoce la palabra como vehículo de la exigibilidad por sobre la acción (punitiva).[139]

7. Plano normativo y corresponsabilidad

Volviendo a aspectos del plano normativo, recordemos que el Estado Nacional (argentino) ha asumido como propio lo que se conoce como *Principio de Corresponsabilidad.* Lo hizo, expresamente, a través de la adopción de la Convención Internacional de los Derechos del Niño que en el Artículo 18.2 establece que "a los efectos de garantizar y promover los derechos enunciados en la presente Convención, los Estados Partes, prestarán la asistencia apropiada a los padres y a los representantes legales para el desempeño de sus funciones, en lo que respecta a la crianza del niño."

Luego, a través del Artículo 7 de la Ley de Protección Integral de los Derechos de Niñas, Niños y Adolescentes

---

[139]   *Ibíd.*, p. 246.

(Ley 26061), en el año 2005, fortaleció aquel principio de corresponsabilidad imponiendo que "los Organismos del Estado deben asegurar políticas, programas y asistencia apropiados para que la familia pueda asumir adecuadamente esta responsabilidad, y para que los padres asuman, en igualdad de condiciones, sus responsabilidades y obligaciones." Sólo luego es posible reclamar la responsabilidad familiar de asegurar a las niñas, niños y adolescentes el disfrute pleno y el efectivo ejercicio de sus derechos y garantías.

Leemos en el texto de la ley conceptos que nos remiten a la articulación de la noción de *responsabilidad* con las condiciones en las que ella puede ser exigida. Se deduce de tal idea que la propia *libertad* para asumir responsabilidades puede estar restringida por condiciones contextuales, de lo que se deduce la conveniencia de articular ambas dimensiones. Esta articulación no es nueva, pues, por ejemplo, ya Robert Castel en *Las metamorfosis de la cuestión social* analizaba las conductas de los vagabundos en la Edad Media europea comentando:

> No tenemos el objetivo de exculpar a los vagabundos. Sin duda los hubo peligrosos, que se agrupaban a veces en bandas de saqueadores y vivían de exacciones; hubo también –¿por qué no?– vagabundos libertinos, lascivos, entregados a los juegos y a los quehaceres prohibidos, que "elegían" una existencia ociosa en lugar de someterse a la dura ley del trabajo –aunque cabe dudar de la "libertad" de esa elección, que a menudo se pagaba tan caro–.[140]

Castel admite la responsabilidad de los vagabundos, pero no la ubica en un solo punto del orden social, sino que la propone como efecto de una serie de tensiones que ponen en duda la libertad con que el sujeto elige tal condición, de lo que sigue que el orden social lo empuja

---

[140]   Castel, Robert, *op. cit.*, p. 103.

al vagabundeo. Vemos, entonces, la trascendencia que adquiere para el sujeto el modo en que se resuelve la cuestión de la *responsabilidad* teniendo como referencia su carácter compartido. Y, simultáneamente, teniendo presente el carácter determinante de la noción de *sujeto* con la que se trabaja, y la libertad como componente substancial en la construcción de tal corresponsabilidad. Insistimos: no se trata de aspectos accidentales, sino substanciales en procesos altamente complejos en lo que la idea de *autonomía* mencionada por Claudia Krmpotic (idea que excede ampliamente a la autora, claro está) pareciera sintetizar los contenidos de la *libertad responsable.*

8. Otros presupuestos teóricos respecto de la construcción de autonomía

Ahora bien, esta investigación incluyó una consulta a Vicente de Paula Faleiros, trabajador social brasileño de gran relevancia intelectual. Como Anexo se agrega la contestación completa, pero interesa aquí señalar un pasaje de dicha comunicación por su relación con el tema que venimos desarrollando. El consultado comenta que en una importante parte de su experiencia "aparece la responsabilidad como categoría central de inclusión y reparación". Al momento de fijar una posición teórica dice: "Me gusta mucho también la tesis de Piaget sobre heteronomía y autonomía, tomando responsabilidad como la capacidad de decidir las reglas para el conjunto de la sociedad, incluso para sí, con conciencia del todo. La heteronomía es el cumplimiento de las reglas para el otro, externo a sí mismo."

En esta comunicación hallamos, en principio, la alusión al concepto de *reparación* en coincidencia con el desarrollo conceptual de Atilio Álvarez. En el libro que el propio Vicente de Paula Faleiros ofrece, encontramos que

profundiza esta perspectiva apoyándose en el prestigioso educador brasileño Paulo Freire. Así sostiene que "la
reparación no es sólo un proceso objetivo de entrega de
bienes, sino una educación de la libertad, una responsabilización en la construcción de una praxis fundada en el
sujeto educando para que asuma críticamente el mundo,
según la propuesta de Paulo Friere (1981)".[141]

Como leemos, en Faleiros también aparecen los conceptos de heteronomía y autonomía,[142] retomados por Jean
Piaget, y que en esta investigación son rescatados para
actualizar el debate. No obstante, al apoyarnos en dicho
autor nos encontramos frente a la necesidad de dedicar
unos párrafos a la justificación acerca de por qué estima-
mos factible articular estos conceptos, originarios de la
Psicología Genética, habiendo ya recurrido a otros propios
del campo psicoanalítico. Mientras la escuela piagetiana
se especializó en el estudio de las funciones cognitivas, el
Psicoanálisis se especializó en el estudio de los aspectos
emocionales. Pero, como vemos, ambos coinciden en estudiar aspectos diferenciados pero fundamentales para
comprender la personalidad, la conducta y el aprendizaje
del ser humano. Si bien durante un tiempo estos desarrollos
se dieron sin puntos de contacto:

> a partir de un cierto momento un grupo de autores comenzó
> a pensar en la posibilidad de integrar ambas concepciones
> en una más amplia y profunda [...] las aproximaciones a este
> objetivo fueron paulatinas [...] la historia de este desarrollo
> histórico no es conocida y por lo regular los investigadores
> que se abocaron a dicha tarea, ignorados [...] entre los autores

---

[141]   Faleiros, Vicente de Paula, "Penas alternativas: inserción, punición y
reparación", en Lyra, Rubens Pinto (Org.), *Derechos Humanos: los desafíos
para el siglo XXI*, Brasilia, Brasilia Jurídica, 2002, pp. 241-256.

[142]   Dado que en nuestro objeto la cuestión de la niñez ocupa un lugar
central, partimos de la lectura que Piaget hace del concepto *'autonomía'*
aún cuando reconocemos en Kant los orígenes del mismo.

que abordaron dichas relaciones se destacan Charles Odier, el propio Piaget, James Anthony, Terréese Gouin Décarie, Bernard Gibello, Morris Nitsun, Bärbel Inhelder y Jean Marie Dolle.[143]

Superado este paréntesis, volvamos a la cuestión de la heteronomía y la autonomía. Digamos, en principio, que se trata de dos estadios evolutivos que Piaget descubre en el niño. Durante el primero, la obediencia se lleva adelante porque es impuesta por un agente externo (el padre, etc.). En el segundo, la obediencia se lleva adelante pues se la reconoce como una construcción explícita o implícita pero conjunta (entre pares). En *Seis estudios de Psicología*, el autor informa de experiencias según las cuales niños aún heterónomos, al jugar, no discuten reglas recibidas externamente (de sus mayores), pero no aceptan reglas inventadas por alguno de sus pares.

> Según ellos, en efecto, las únicas reglas son las que han utilizado siempre, las que utilizaban ya los hijos de Guillermo Tell o los hijos de Adán y Eva, y ninguna regla inventada ahora por un niño, incluso si esta regla es aceptada por las futuras generaciones, no sería realmente "auténtica". Es más, las "auténticas reglas", que son, por lo tanto, eternas, no emanan de los niños: son los "papás" o los "señores del municipio", los "primeros hombres" o Dios, quienes han impuesto las reglas (en ello se percibe claramente hasta dónde puede llegar el respeto hacia las reglas transmitidas por los antepasados).[144]

Sin embargo, en grupos de edad mayor, ya en situaciones en las que el desarrollo genera niveles satisfactorios de autonomía, la reacción es distinta. La nueva regla puede pasar a ser auténtica si cada uno de ellos la adopta, puesto que una nueva regla no es más que la expresión de una

---

[143] Visca, Jorge, *Psicopedagogía: teoría, clínica, investigación*, Buenos Aires, edición del autor, 1993, p. 17.

[144] Piaget, Jean, *Seis estudios de Psicología*, segunda edición, traducción de Jordi Marfa, Barcelona, Barral Editores, 1974, p. 76.

decisión común o de un acuerdo. Las reglas se constituyen mediante una especie de contrato entre todos los jugadores. "En este caso vemos cómo actúa el respeto mutuo: la regla es respetada no porque sea el producto de una voluntad exterior, sino como el resultado de un acuerdo, explícito o tácito. Y es por ello que es respetada durante la práctica del juego y no únicamente mediante fórmulas verbales: la regla obliga en la medida en que el propio yo la consiente, de forma autónoma, con respecto al acuerdo establecido."[145] Así es que el respeto mutuo provoca toda una serie de sentimientos morales desconocidos hasta entonces, lo que incluye la honestidad entre los jugadores, excluyendo la trampa, no ya porque esté prohibida sino porque viola el acuerdo establecido entre lo sujetos.

La referencia de Vicente de Paula Faleiros a Piaget y los propios escritos de este último cobran mayor significación cuando los conceptos de heteronomía y autonomía se ligan más a lo que podríamos entender como estadios de maduración a nivel de conciencia moral, sin perder de vista que esto nos interesa desde la perspectiva de la responsabilidad. Así:

> Desde este punto de vista se puede considerar esta moral de cooperación como una forma de equilibrio superior a la de la moral de simple sumisión. Ya hemos hablado, al referirnos a esta última, de sentimientos morales "intuitivos". La organización de los valores morales que caracteriza la segunda infancia es, por el contrario, comparable con la lógica propiamente dicha: se trata de una lógica de los valores o de las acciones entre individuos, al igual que la lógica es una especie de moral del pensamiento.[146]

Ahora bien, Constante Kazuko Kamii, profesora en la Universidad de Alabama, trabajó en investigación bajo

---

[145]   *Ibíd.*, p. 77.
[146]   *Ibíd.*, p. 78.

la dirección del propio Jean Piaget. En su libro *El niño reinventa la aritmética* va más allá de este aspecto de la psicología infantil para precisar que "la autonomía moral se refiere a la capacidad de realizar juicios morales y de tomar decisiones uno mismo, independientemente del sistema de recompensas, teniendo en cuenta los puntos de vista de las otras personas implicadas [...] Para las personas autónomas, las mentiras son malas independientemente del sistema de recompensas, de la autoridad de los adultos y de la posibilidad de ser descubiertas."[147]

Kazuko Kamii sostiene, como lo hemos dicho antes en este trabajo, que entre la heteronomía y la autonomía se da una relación evolutiva, pero que en realidad "la mayoría de los adultos no se desarrolla de esta manera ideal. La gran mayoría detiene su desarrollo a un nivel bajo [...] Piaget (1948) indicó que es raro el adulto que llega a desarrollar una autonomía moral. Esta observación puede ser fácilmente confirmada en nuestra vida diaria. Los periódicos están llenos de historias de corrupción en el gobierno y de robos, violaciones y asesinatos."[148]

La autora desarrolla luego un aspecto que se considera crucial en la discusión acerca de cómo el sujeto avanza en términos de construcción de su capacidad de responsabilización, entendida ésta como dimensión substancialmente unida al desarrollo de la conciencia moral. Se pregunta, concretamente, lo siguiente: "¿Qué hace que algunos adultos sean moralmente autónomos? La pregunta crucial para padres y educadores es: ¿qué hace que algunos niños lleguen a ser adultos moralmente autónomos?"

---

[147] Kazuko Kamii, Constante, *El niño reinventa la aritmética: implicaciones de la teoría de Piaget*, traducción de Genís Sánchez Barberán, tercera edición. Madrid, Visor, 1993, p. 50.

[148] *Ibíd.*, p. 50.

La pregunta adquiere enorme centralidad si lo que interesa es generar sistemas que promuevan sujetos no dependientes de la mirada externa para mantenerse incluidos en el sistema jurídico, es decir sujetos que voluntariamente –en el sentido estricto del término– decidan no transgredir los límites vigentes. La pregunta afecta de frente, entonces, la cuestión inherente a cómo intervenir sobre este tipo de problemáticas. Para la autora es pertinente buscar la respuesta a la pregunta en el propio ginebrino. Así sostiene:

> Según Piaget, la respuesta a esta cuestión es que los adultos refuerzan la heteronomía natural de los niños mediante premios y castigos, y que estimulan el desarrollo de la autonomía cuando intercambian opiniones y puntos de vista con los niños. Cuando, por ejemplo, un niño dice una mentira, el adulto le puede dejar sin postre o hacerle escribir cincuenta veces: "No volveré a decir mentiras". El adulto también puede abstenerse de castigar al niño y, en cambio, mirarle a los ojos con gran escepticismo y afecto diciéndole: "Realmente no puedo creerme lo que dices, porque...". Las respuestas de este tipo invitan al niño a pensar y fomentan el intercambio de puntos de vista que contribuye al desarrollo de su autonomía. El niño que ve que el adulto no puede creerle puede verse motivado a pensar sobre qué debe hacer para ser creído. El niño que es educado con muchas oportunidades similares, con el tiempo puede construir por su cuenta la convicción de que, a la larga, es mejor que las personas mantengan un trato honrado y sincero entre sí. El castigo lleva a tres resultados posibles. El más común es el cálculo de riesgos. El niño castigado repetirá la misma acción, pero tratará de evitar que lo pesquen otra vez. Los adultos pueden decir: "¡Que no vuelva yo a pillarte haciéndolo otra vez!". Algunas veces, el niño decide de antemano y estoicamente que incluso si lo descubren en un acto prohibido, valdrá la pena pagar este precio por el placer obtenido. La segunda posibilidad es el conformismo ciego. Algunos niños obedientes se convierten en perfectos conformistas, porque la conformidad les garantiza seguridad y respetabilidad. Cuando se vuelven conformistas del todo, los niños ya no

han de tomar decisiones, pues todo lo que han de hacer es obedecer. La tercera consecuencia posible es la rebelión. Algunos niños pueden ser unos perfectos "angelitos" durante años, pero llega un momento en que deciden que están hartos de complacer a sus padres y a sus maestros y que ya es hora de empezar a vivir por su cuenta. Incluso pueden llevar a cabo comportamientos característicos de la delincuencia. Aunque estos comportamientos pueden parecer actos autónomos, existe una gran diferencia entre autonomía y rebeldía. Normalmente, la rebeldía tiene sus raíces en la ira dirigida contra una represión, real o imaginaria. Las raíces de la autonomía son muy diferentes.[149]

9. La construcción de autonomía en contextos obligatorios

En el campo de trabajo con sujetos en conflicto con la ley penal no es difícil encontrar expresadas las categorías de heteronomía propuestas por Kazuko Kamii. Si bien esto puede tomar diversas formas según las particularidades regionales, se advierten los efectos del actual sistema penal hegemónico. Así encontramos, por un lado, a aquellos transgresores que a sabiendas de que arriesgan –como mínimo– su libertad ambulatoria deciden transgredir la norma penal establecida por considerar que el bien buscado lo vale. Para realizar dicha estimación, claro está, el transgresor encuentra diversos estímulos entre los que se encuentran las deficiencias de los sistemas de control que pueden inclusive no llegar a sancionarlo. La propia existencia de múltiples hechos que no son sancionados y aun que no se encuentran penalmente tipificados, aporta motivos para la transgresión. Esta laxitud en el ordenamiento es ofrecida al sujeto, con lo que también aporta a la

---

[149]   *Ibíd.*, p. 51.

construcción de la transgresión como especie de necesidad para la satisfacción de otras.

También podemos identificar, sin demasiada dificultad, a aquellos que luego de ser atrapados por el sistema judicial represivo deciden soportar de manera estoica las condiciones carcelarias. Aun las conocidas dimensiones degradantes de la privación de libertad son toleradas evitando todo reclamo. El supuesto básico es no desagradar a los operadores del sistema. Consignas tales como "hacer conducta" sintetizan dicha actitud: soportar todo, a cualquier precio, hasta recuperar la libertad. Pero luego, fuera de la cárcel, esta actitud se prolonga soportando todo tipo de vejaciones sociales. La negación de toda posibilidad laboral, la estigmatización, etc., son condiciones que prolongan el "hacer conducta" por muchos años más e inclusive, en muchos casos, por el resto de la vida.

Pero desde luego que también es posible encontrar a aquellos que no realizan cálculos de riesgo pero tampoco, luego, "hacen conducta". Por el contrario, se afianzan en la línea de confrontación con la ley penal fuera y dentro del sistema carcelario. Aunque no excluyentemente, este tipo de posicionamientos se suelen observar en situaciones de crisis carcelaria (motines), en nuevos delitos adentro de las cárceles, etc. Aquí advertimos la tercera opción presentada por la autora como producto de los sistemas que por la vía de la sanción unilateral pretenden alcanzar objetivos socioeducativos.[150]

Tenemos entonces que el castigo refuerza la heteronomía del niño y le impide desarrollar su autonomía. Aunque los premios son más agradables que los castigos, también

---

[150]   Al respecto recordemos el ya clásico texto *Internados*, en el cual Irving Goffman describe las diferentes tácticas adaptativas observables en las "instituciones totales": a) "regresión situacional"; b) "línea intransigente"; c) "colonización"; y d) "conversión".

refuerzan la heteronomía del niño. Lo que se refuerza es la obediencia, la tendencia a dejarse gobernar por los demás, para evitar ser castigados. Los premios y castigos constituyen una díada que opera en dicho sentido. "Si queremos que los niños desarrollen la moralidad de la autonomía, debemos reducir nuestro poder adulto absteniéndonos de usar premios y castigos, y alentarlos a que construyan por su cuenta sus propios valores morales."[151]

Por ejemplo, la relevancia de la honradez sólo puede ser advertida en profundidad por el niño si tiene la oportunidad de enfrentarse con el hecho de que otras personas no pueden confiar en él si no se comporta honradamente. Dicha situación debe ser generada por el adulto, y no ser suplantada por el castigo. Lo esencial es conducirlo a la toma de decisiones por cuenta propia, con autonomía, es decir, con total libertad (en el sentido relativo que antes hemos anotado), teniendo en cuenta todos los factores actuantes y, entonces, respondiendo por ello. Se trata, en definitiva, de combinar los puntos de vista propios con los puntos de vista ajenos.

Como sabemos, Piaget desarrolló sus teorizaciones a partir de una atenta observación de la realidad. No dejaba de advertir cómo la cotidianeidad expone a situaciones donde la necesidad de urgente sanción –en su acepción más lisa y llana– se impone por sentido común. Los peligros callejeros o situaciones domésticas hacen evidente la necesidad de intervenciones rápidas.

Sin embargo, Piaget realizó una importante distinción entre castigo y sanción por reciprocidad. Dejar a un niño sin postre porque ha dicho una mentira es un ejemplo de castigo, ya que la relación entre una mentira y el postre es completamente arbitraria. Decirle que no podemos creer lo que dice es un ejemplo de sanción por reciprocidad. Las sanciones por

---

[151] *Ibíd.*, p. 60.

reciprocidad están directamente relacionadas con la acción que queremos eliminar y con el punto de vista del adulto, y tienen el efecto de motivar al niño a construir normas de conducta por su cuenta, mediante la coordinación de puntos de vista.[152]

La última cita, de Kazuko Kamii, tiene relevancia en relación con la cuestión aquí tratada pues, hemos dicho, la noción de *responsabilidad* es aceptada desde las distintas posturas pero las diferencias surgen al momento de discutir los modos de operativización. Se acepta, en general, la conveniencia de que toda medida judicial apunte a la responsabilización del niño para que ello, entonces, signifique un aporte a la evolución desde la heteronomía a la autonomía. Siguiendo a la autora (y por su intermedio a Jean Piaget), tenemos que toda forma que exprese la lógica premio-castigo no sería recomendable. Se requiere, por el contrario, buscar formas que faciliten la articulación de perspectivas desde el propio sujeto. Enseguida aclara que no se trata de un punto alcanzable sino del Norte que conviene que guíe la construcción de los distintos sistemas.

En el planteo de la autora aparece como categoría importante la diferenciación entre el mero "castigo" y lo que denomina "sanción por reciprocidad". Se entiende que el primero es propio de la etapa heterónoma y el segundo de la etapa en la que se aspira al mayor grado posible de autonomía, estado moral que puede considerarse óptimo como requisito para la construcción de ciudadanía.

Volviendo al citado Faleiros, señalemos que en *Estrategias de* Empowerment *en Trabajo Social* también trabaja sobre el concepto, afirmando:

> Autonomía significa, al mismo tiempo, la capacidad de reproducirse en la complejidad de la historicidad y de la cotidianeidad de las mediaciones de poder, y de las energías

---

[152]   *Ibíd.*, p. 62.

y los recursos propios, y de re-presentarse críticamente, combinando el refuerzo del yo con el aprendizaje de la duda (Enríquez, 1994), en el rechazo de la alienación, de la tutela, del control. Esta perspectiva se refiere tanto a lo colectivo como a lo individual [...] El desarrollo de la autonomía del sujeto implica la apropiación, por la conciencia, de la necesidad que está inscrita en la historia (Bourdieu, 1992), y por el descubrimiento y el uso de la fuerza propia en el contexto en que se inscriben las necesidades y las posibilidades. En el campo de la solidaridad, las posibilidades de afecto y apoyo; en el campo de la cultura, las posibilidades de autoestima y expresión colectiva; en el campo de las instituciones, las posibilidades de garantía de derechos; en el campo de la economía, las posibilidades de capacitación, empleo y/o autogestión; en el campo de la organización, las posibilidades de autorregulación y resistencia al control, a la opresión, a la discriminación, a la victimización. El desarrollo de la autonomía es un proceso de negación de la tutela y de la subalternidad por la mediación de la afirmación de la palabra y de la construcción de las decisiones sobre el propio destino [...] En el proceso de autonomía de niños y adolescentes, es necesario desarrollar mediaciones de una relación de respeto hacia ellos, de estímulo su capacidad de reflexión y reacción frente a la correlación de fuerzas que les es desfavorable y que desemboca, habitualmente, en la violencia (Faleiros, 1995).[153]

Hemos visto ya que Faleiros se apoya en otro brasileño: Paulo Freire. Este último, aunque pensando originariamente en el campo de la educación, ha escrito el libro *Pedagogía de la autonomía*. Allí tensa aun más la discusión llegando a sostener que "el respeto a la autonomía y a la dignidad de cada uno es un imperativo ético[154] y no un favor que

---

[153]   Faleiros, Vicente de Paula, *Estrategias de* Empowerment *en Trabajo Social*, traducción de Pablo Bussetti, Buenos Aires, Lumen-Hvmanitas, 2003, p. 62.
[154]   En una anterior nota al pie hemos sugerido ya profundizar este aspecto (es decir, qué tipo de "racionalidad" contempla la ética) a través de Mario

podemos o no concedernos unos a los otros. Precisamente por éticos es por lo que podemos desacatar el rigor de la ética y llegar a su negación, por eso es imprescindible dejar claro que la posibilidad del desvío ético no puede recibir otra designación que la de 'transgresión.'"[155]

Freire coloca la cuestión de la autonomía en un lugar paradojal, pues la falta de consideración hacia ella es interpretada como una transgresión; claro está que se refiere a una transgresión de orden ético y no a una transgresión de orden jurídico. Nos remite, de nuevo, y ahora por vía de la ética, a la ya abordada cuestión de la *responsabilidad* como *corresponsabilidad.*

10. Actualizando un dilema

Pero reiteremos la situación dilemática: ¿cómo pensar entonces la cuestión de la *responsabilización* de modo tal que ella se oriente a la construcción de sujetos más *autónomos* y, así, más *ciudadanos,* cuando son los propios sujetos quienes parecieran demandar más control externo, o sea menor *autonomía*?

Lo hemos planteado desde el inicio: nos preocupa en este estudio atender, en particular, la perspectiva de sujetos que atravesaron la experiencia de *libertad asistida y/o libertad vigilada.* Desde allí, y ante las tensiones emergentes, teniendo como presupuesto la necesidad de promover condiciones de construcción de autonomía, conviene pensar qué forma puede adquirir la *responsabilización.* No ha de ser, dijimos, una forma individual, sino algo que

---

[155]   Heler, en su libro *Ciencia incierta: la producción social del conocimiento.*
Freire, Paulo, *Pedagogía de la autonomía: saberes necesarios para la práctica educativa*, traducción de Guillermo Palacios, primera edición, tercera reimpresión, Buenos Aires, Siglo XXI, 2005, p. 58.

se espera de distintos actores. Aspiramos a que la intervención judicial colabore en el desarrollo de ciudadanos democráticos, capaces de participar de una racionalidad dialogal. El contexto obligatorio debe, entonces, orientarse a una racionalidad basada en la construcción conjunta. Ella implica un modo de resolver conflictos, opuesto al modo utilizado y que detonara la judicialización.

¿Y cómo avanzar en tal racionalidad si no es poniéndola en práctica para resolver el propio conflicto que el joven coprotagoniza? Como hemos visto, la mera sanción, tome la forma que tome, no promueve por sí misma sujetos autónomos. La mera sanción confirma al joven en su aparente necesidad de control externo cuando, en realidad, se requiere avanzar hacia su participación consciente en sistemas de corresponsabilidad en medio de los cuales *responder* ante el otro sea el efecto inevitable de una subjetividad democrática específica y consolidada.

La intervención judicial debe explorar formas restaurativas que conduzcan a reemplazar el satisfactor "sanción" por el satisfactor "responsabilización". Este reemplazo debe darse en el joven pero también, y simultáneamente, en el propio sistema judicial habituado a pensar la intervención en dichos términos. Y esta última dimensión es tan compleja como la primera. Discutimos respecto de sistemas complejos de los que se espera capacidad para pensarse a sí mismos, lo que, en cierta forma, implica un plus en términos de *modernización*. Esto es así pues la *reflexividad* es –en términos de Ulrich Beck– una de las características de, precisamente, la *modernización reflexiva* que significa "una modernización potenciada con un alcance capaz de modificar la sociedad".[156]

---

[156]   Beck, Ulrich, *La invención de lo político*, Buenos Aires, Fondo de Cultura Económica, 1998, p. 60.

Modificar la sociedad, modificar subjetividades y modificar sistemas judiciales implica una posición activa. No basta con reconocer la especificidad de cada situación, pues los postulados restaurativos así lo prescriben. Se impone en cambio, como lo plantea Castoriadis, la necesidad de organizar una verdadera coexistencia, pues conformarnos con el mero reconocimiento *"sería, otra vez, una manera de desconocerla o abolirla"*.[157]

11. Responsabilidad y garantías

Hacia el final de este trabajo dejemos en claro que no perdemos de vista un eje fundamental en la discusión, aun cuando en principio se trata de un aspecto hegemonizado por el discurso jurídico. Nos referimos a si es posible pensar formas de intervención que, sin inscribirse plenamente en el campo penal tradicional, fortalezcan activamente diversas premisas jurídicas a las que se conoce como "garantías procesales y substanciales". Dicho de otro modo, cómo pensar un sistema que sin enseñorear la pena como centro de sí consiga conservar el carácter "garantista" propio de cualquier sistema que se jacte de respetar y promover integralmente los Derechos Humanos.

Para tal fin, recordemos los dichos de Luigi Ferrajoli en *Derecho y razón: teoría del garantismo penal*. Respondiendo a la pregunta " ¿qué es el garantismo?", el prestigioso catedrático italiano analiza los elementos propios de una Teoría del Garantismo. Explayándose al respecto, sostiene que dichos elementos "no valen sólo en el derecho penal, sino también en los otros sectores del ordenamiento. Por consiguiente es

---

[157]   Castoriadis, Cornelius, "Transformación social y creación cultural", en Franco Yago *et al.* (Coord.), *Insignificancia y autonomía: debates a partir de Cornelius Castoriadis*, Buenos Aires, Biblos, 2007, p. 32.

también posible elaborar para ellos, con referencia a otros derechos fundamentales y a otras técnicas o criterios de legitimación, modelos de justicia y modelos garantistas de legalidad –de derecho civil, administrativo, constitucional, internacional, laboral– estructuralmente análogos al penal".[158]

No nos parece, entonces, que el único camino hacia un sistema acorde con la Convención Internacional de los Derechos del Niño sea el camino penal. Por el contrario, más pareciera que la aplicación mecánica de ciertas garantías sin profundizar la discusión acerca de los modos de operativización de ellas amplía la brecha entre lo que el propio Ferrajoli señalara –en la obra citada– como divergencia entre la normatividad de los modelos en el nivel constitucional y su ausencia de efectividad en los niveles inferiores. Se trata, en definitiva, de la diferencia que existe entre unas formulaciones abstractas y las posibilidades reales de que éstas tomen cuerpo en las instituciones posibles en nuestra realidad.

A la cuestión de las garantías también se ha referido Aída Kemelmajer de Carlucci, sosteniendo que la Justicia Restaurativa no significa convertir el proceso penal en un proceso sin garantías, pues "las garantías constitucionales tan caras al proceso (defensa en juicio, presunción de inocencia, etc.) son el presupuesto necesario de cualquier vía alternativa. Nada es pensable sin estos principios fundamentales porque nada es imaginable fuera del sistema internacional de los Derechos Humanos, especialmente, si se trata de los derechos humanos de los niños y adolescentes".[159]

---

[158] Ferrajoli, Luigi, *Derecho y razón: teoría del garantismo penal*, traducción de Perfecto Andrés Ibáñez, Alfonso Ruiz Miguel, Juan Carlos Bayón Molina, Juan Terradillos Basaco y Rocío Cantarero Bandrés, España, Editorial Trotta, 1995, p. 854.

[159] Kemelmajer de Carlucci, Aída, *Justicia Restaurativa: posible respuesta para el delito cometido por personas menores de edad*, Buenos Aires, Rubinzal-Culzoni, 2004, p. 554.

Conclusiones

El castigo es una herramienta del campo penal que atraviesa la historia de la humanidad. Sus objetivos varían cardinalmente según el pensamiento filosófico que lo sustente en cada caso.

Desde una perspectiva, se lo entiende como recurso para lograr cambios positivos en las conductas de las personas, argumento esgrimido sobre todo por la corriente de pensamiento identificada como *utilitarismo*. Ella postula que el daño producido conlleva un poder de transformación que hace que la persona que lo sufre cambie sus conductas garantizando de este modo su permanencia dentro de los límites impuestos por la juridicidad. El castigo es visto como la última medida que permite el beneficio de la mayoría como consecuencia de la aplicación de la pena.

El *retribucionismo*, en cambio, subraya la necesidad de dar al transgresor *lo debido*, pero no porque ello modifique su conducta sino porque ese castigo corresponde que sea aplicado como retribución, una especie de "paga" por la conducta de la que la persona es responsable. Dar lo merecido es, entonces, el Norte de esta postura filosófica que en la actualidad, según sostienen algunos actores, como se viera en el desarrollo del trabajo, aparece bajo la forma de lo que denominan el "neoretribucionismo".

Tenemos, así, que la idea del castigo domina gran parte de un escenario en el que aparecen diversos discursos. Distintos esfuerzos sociocriminológicos se han mencionado en este trabajo, todos de gran valor en términos de tentativas de abordaje de las conductas delictivas. Pero no obstante, a través del tiempo, la idea del castigo ha permanecido como constante, trascendiendo inclusive los distintos ámbitos (académicos, comunitarios, etc.) para instalarse en el propio discurso de quienes cursaron procesos de libertad asistida y/o libertad vigilada.

La medida judicial en estudio aparece en este contexto, y es también en él que adquiere significación para sus protagonistas. Trae consigo cierta ambigüedad y se ubica a la sombra del gran paraguas que significa la concepción del *castigo* como búsqueda de un beneficio, posición que pareciera resolver rápidamente todo conflicto tanto teórico como práctico, pues sin ser una pena severa sigue castigando pero en medio de una idea general según la cual el joven debe modificar de un modo positivo su conducta. Tenemos entonces que dado que se piensa que el *castigo* corrige, reeduca, rehabilita, resocializa, etc., la *libertad vigilada y/o asistida* es percibida por sus protagonistas fundamentales como una expresión morigerada de tal castigo que, aun así, replica aquella lógica íntima según la cual el dolor (el castigo) rehabilita.

Al participar de la lógica de las penas, la libertad vigilada y/o asistida es razonada de un modo lineal, quedando la cuestión planteada como un simple proceso de regulación en la *cantidad* de dolor a producir, en función, generalmente, de la naturaleza de la conducta que se pretende corregir. Cuanto más *desviada* es la conducta, desvío que depende de la gravedad del delito, más dolor será necesario.

Así es como, en tanto recurso identificado con el campo judicial (penal), parece natural la ubicación de la libertad vigilada como uno más de los disponibles para administrar el *poder punitivo*, es decir, un medio más para infligir dolor con cualquiera de las pretensiones antes mencionadas. De esta percepción participan los distintos protagonistas, o sea, tanto los operadores estatales como así también quienes fueron obligados a cumplir con esta medida.

A pesar de todo esto, en los últimos años la *libertad vigilada y/o asistida* comienza a transformarse en objeto de debates en los que su ambigüedad originaria es revisada. En ocasiones, dichos debates la tienen por objeto directo, pero en otras la afectan por formar parte del campo en discusión. Son evidentes los intentos por lograr avances desde la mera *vigilancia* hacia formas de *asistencia*. En medio de estos esfuerzos, afloran aspectos de la medida que expresan sus contradicciones originarias, es decir, su naturaleza íntima. Esta tarea es motorizada por la expectativa de que la ambigüedad conceptual originaria mute en fortaleza teórica y así revierta una práctica signada por la mera vigilancia como razón de ser de la medida. No se trata de la "asistencia" propia de las políticas sociales en su sentido lato, sino de un tipo de asistencia centrada en provocar, desde el lugar de "la ley", transformaciones en la posición subjetiva de los sujetos. Dicha posición no tiene cualquier referencia, sino que su referencia es la de una redistribución de responsabilidades que en nuestro trabajo toma forma de *corresponsabilización*.

Así, en el campo de la niñez, infancia y adolescencia, una de las ideas-fuerza de esta tendencia a la mejora consiste en liberar la libertad vigilada y/o asistida del sesgo meramente sancionatorio que ella conserva, aun formando parte de un sistema conceptualmente definido como *utilitarista*. Se busca remover toda influencia que tienda a expresar la idea de que "*ellos se lo merecen y es lo debido*" (*retribucionismo*), aspirando, en cambio, a que ella cumpla un papel relevante en el desarrollo e inscripción social de la persona (*utilitarismo*). Pero se aleja también de la idea de *asistencia social* tal como se la debe entender en otros ámbitos del Estado, para organizar la asistencia en torno a la necesidad de desarrollar la capacidad de respuesta del niño ante el acto protagonizado, en un contexto obligatorio como lo es el judicial, constituyéndose las garantías procesales y substanciales en límite de mínima intervención. Estas ideas se instituyen como un factor decisivo para garantizar el avance desde la mera vigilancia hacia formas de intervención profesional que abonen mayor calidad. Vale reiterar que en esta reconfiguración, una de las claves –si no la clave más importante– es el lugar que se otorga a la cuestión de la *responsabilidad* y el sentido que a esta última se le otorga.

Claro está que la diversidad de sentidos persiste en el conjunto de ideas que regulan el funcionamiento del sistema de control formal y sus distintos subsistemas, en particular, el judicial y el policial. Esta persistencia genera un campo de resistencias más o menos conscientes que obstaculizan la tarea de dilucidación relacionada con la naturaleza de la medida. Tal campo de obstáculos pareciera sintetizarse en uno de ellos: la dificultad para abandonar una perspectiva (*la del sistema*) y adoptar otra (*la de la persona judicializada*). Gran parte de lo que se dice sobre esta medida se formula desde el lugar del que tiene el poder de administrarla. Este *centramiento* niega la perspectiva del actor, sea por decisión teórico-ideológica o directamente por inercia de reproducción acrítica. La mirada desde dicho lugar puede aportar aspectos significativos para la reconfiguración de la implementación de la medida, o en otras palabras, de la intervención.

En medio de esta asimetría, la *libertad vigilada y/o asistida* pareciera haber generado una cierta ficción de reinscripción jurídica que se asienta en registros escritos en expedientes. Según ellos, la detección de unos pocos indicadores externos (por ejemplo, no registra nuevos delitos en un periodo determinado) significan "un cambio definitivo de conducta" en la persona, lo que equivale a su regreso al campo de la legalidad jurídica. Pero tal intervención pocas veces tiene en cuenta qué resultados se obtuvieron en términos de resignificación de la experiencia, lo que supondría un nuevo posicionamiento del sujeto como totalidad para el orden social, de modo tal que allí sí el reconocimiento jurídico positivo adquiera sentido en términos de eficacia para la persona y para el sistema en cuanto tal.

La ficción antes expuesta pareciera coincidir con otra ficción según la cual el sistema penal gestiona con eficacia la resolución de los conflictos, pero en realidad pareciera claro que, de manera extraña, sólo capta el delito de los sectores excluidos (los pobres en Argentina, los inmigrantes o los negros en Europa o en EE.UU.).

La libertad vigilada y/o asistida, actuada prioritariamente desde su dimensión de *control* pero debilitada en sus aspectos destinados a la reafiliación social, pareciera profundizar la ficción al momento de la intervención pues, como decíamos, no toma en cuenta la perspectiva del actor. Si la tuviera en cuenta, tendríamos la posibilidad de garantizar una referencia empírica que cuestionaría toda concepción teórica reduccionista centrada en sostener que el dolor (el castigo) modifica indefectiblemente las conductas de un modo positivo. Tenemos allí, también, una línea de trabajo que queda abierta dada la importancia de comprender en profundidad qué matrices de pensamiento condicionan la cualificación de las intervenciones de los operadores judiciales.

Aun cuando se registra una transformación conceptual desde la noción de mera *vigilancia* hacia la noción de *asistencia*, la medida no puede liberarse de sus vínculos con la ideología del control sobre el sector de la niñez al que se designa mediante el eufemismo "menores" (para no decir "niños excluidos"). Puja por dejar atrás dichas ataduras y ello se refleja en la mencionada tendencia al cambio de denominación, en un contexto de modificaciones teóricas que puede consignarse como el pasaje de la antigua *doctrina de la situación irregular* a la *doctrina de la protección integral*.

La puja también parece expresarse en la progresiva incorporación de profesionales para su ejecución que, antes, en la Provincia de Santa Fe (República Argentina), podía ser llevada adelante por empleados administrativos con una antigüedad significativa en el Poder Judicial o bien a través de la Policía (provincial), elementos que habrían facilitado y siguen facilitando el corrimiento de una medida de restauración de derechos al lugar del mero disciplinamiento. Cabe insistir cuánto incide, también aquí, el debate sobre el sentido que debe adquirir la *responsabilización*, en ocasiones con énfasis sobre su dimensión subjetiva, pero en otras con énfasis sobre la dimensión externa al sujeto, supuestamente objetiva, más ligada a la idea su *culpabilización*.

Este conflicto conceptual tiene tal fuerza que llega a caracterizar a sus protagonistas envolviendo a ambos con el manto del *control*. Uno de ellos –el joven en conflicto con la ley– se piensa a sí mismo necesitado de dicha vigilancia como requisito para lograr un comportamiento jurídicamente aceptado; y el otro –el órgano de aplicación– se entiende a sí mismo como predestinado a brindar lo que, según piensa, el otro necesita: *control*. Es difícil establecer si uno causa al otro, pero pareciera bastante claro que ambos se retroalimentan constantemente.

Por otra parte, el polo opuesto al joven no está sólo representado por un dispositivo (por ejemplo, el judicial), sino que se trata de un sistema de vigilancia. El propio *trabajo* ("tener trabajo") funciona como factor de control en tanto se constituye en referencia significativa para el joven al momento de considerarse dentro o fuera del sistema social legalmente reconocido. En esto aparece, entonces, una evidencia de que la cotidianeidad no funciona según la legalidad jurídica de forma exclusiva, sino que resulta del entrecruzamiento de múltiples legalidades que también son eficaces al momento de construir lugares en los que la persona se emplace socialmente.

Pero como surge de las entrevistas, con significación importante se encuentran otras legalidades tales como las ofrecidas por *las religiones*, que en la mayoría de los casos, en esta investigación, aparecen rescatando al joven de aquella zona de ilegalidad jurídica. O bien *la familia*, que desde su concepción ideal aparece como motivación por la cual el sujeto –dice– abandona los circuitos por los que recorrió la ilegalidad jurídica.

En las entrevistas, aparece la sensación de falta de capacidad para definirse por sí mismos, sin la asistencia de una función delimitadora externa. A esta función delimitadora externa se la acepta, y se la reclama, aun cuando ella no se presente bajo las formas mínimamente adecuadas según derechos socialmente admitidos. El *trabajo,* por ejemplo, no es *un empleo* tal como lo entiende un empleado estable, o como en general lo defenderían los sindicatos, o como lo definiría la Organización Internacional del Trabajo (OIT). Se trata, por el contrario, de formas muy precarias de desempeño laboral que aun así son aceptadas (reclamadas) como dispositivo de control sobre sus conductas.

La resignificación de las condiciones del *trabajo* como expresión de relaciones sociales y, fundamentalmente, de relaciones de fuerza, aparece en un caso en el que el joven apoya parte de su reinscripción social en la participación en un movimiento social ("piquetero") con gran presencia en su barrio. En realidad, gran parte de su visión del mundo aparece atravesada por este cúmulo de nuevas ideas que descubre mediante la militancia social.

Volviendo a la forma jurídica del control, es decir, a la que ejercen las estructuras formales (Poder Judicial, Policía, etc.) tenemos que, desde la perspectiva del joven, no funciona como debiera, o sea, como *ley exterior.* No interviene como regulación que civiliza la relación de ese originario estado en el se encuentran los jóvenes, sino que –por el contrario– funciona como expresión de aquello a lo que el joven se opone y no como expresión de un tercer lugar de referencia para resolver esta relación entre dos partes en conflicto. Así, se trata de un lugar luchando por someter y vigilar al otro.

Claro está que el lugar de lo jurídico termina imponiendo condiciones que no contemplan la ya mencionada perspectiva del joven, con lo que aparece cierta falta de simetría que atraviesa la noción de *responsabilidad*. Ésta, entonces, es depositada casi exclusivamente sobre sus espaldas, por lo que *debe* asumirla para cambiar la conducta, según el discurso dominante.

Sin embargo, no parece usual que el sistema de control reflexione en profundidad sobre sus propias responsabilidades, más allá de lo que sabe y puede hacer cotidianamente, pues lo viene haciendo desde hace siglos, si pensamos en el castigo en general, o desde hace décadas, si pensamos en la libertad vigilada y/o asistida en particular.

Esta tarea mecánicamente reproducida desde una matriz de pensamiento encuentra uno de sus componentes mejor ajustados en la noción de *tarifa*, es decir, de medida judicial que refleja la necesidad de imponer un *monto* de sanción para obtener un cambio de conducta. Este monto, al tratarse del campo de los derechos de los niños, parece necesitado de cierta bondad en el administrador, por lo que entonces se muestra morigerado, disminuido. La adecuación a este campo no supera por lo tanto esta especie de generosidad del sistema de control que produce unas *importantes rebajas* en las *tarifas* a cobrar.

Es posible, aun sobre esta base, promover un salto cualitativo que posicione a esta medida como un espacio de cambio en relación con la ambigüedad acerca de los objetivos a cumplir. El acercamiento hacia una posición en la que la causalidad social sea tenida en cuenta al momen-to de la intervención supondría además la redistribución de las responsabilidades. Implicaría abandonar la idea cotidianamente repetida, de un modo más implícito que explícito, según la cual toda la responsabilidad es del joven que ha transgredido la legislación penal, liberando así de responsabilidades a las otras partes que han participado en la construcción del delito.

Si cotidianamente la responsabilidad es del joven, esto legitima que el sistema judicial espere constatar en él un cambio positivo de conductas, para, así, admitirlo de nuevo como miembro del campo de la legalidad jurídica. Por el contrario, al redistribuir las responsabilidades se abre la posibilidad de que las conductas a desarrollar constituyan metas a consensuar aún, claro está, en un contexto obli-gatorio como lo es el judicial.

Se trata, en gran medida, de que el aparato judicial abandone la función de dador del control que –según lo investigado– el propio joven reclama como requisito para comportarse de manera responsable, pero que como toda medida impuesta externamente presenta sus debilidades. Claro está que no se trata de una simple decisión, sino que así como el control constituye un aspecto fundamental del sujeto, también constituye, y quizás en algo más que un aspecto fundamental, la naturaleza íntima del orden judi-cial. El paso de la función de dador del control requerido a la función de copartícipe en la construcción de respon-sabilidad social supone un cambio de perspectiva que depende también de un profundo cambio en las matrices de pensamiento judicial.

Esta transformación favorecería los aspectos más ope-rativos, vinculados a lo metodológico y a lo profesional. Y no sólo los favorecería, sino que además tales cambios se constituirían en condición necesaria para que esta me-dida judicial –la libertad vigilada y/o asistida– funcione desde otra perspectiva. Si se mantienen dispositivos que actualicen la lógica *tarifaria* de la intervención, se irá en detrimento de toda posibilidad de construcción conjunta, por ende, de asignación de sentido a la tarea de emprender, como así también de asunción de responsabilidades desde la mencionada perspectiva de su redistribución.

Así dada la intervención, es posible pensar en que resultaría mucho más efectiva desde la perspectiva de lo simbólico. A tal fin subrayemos que la imposición externa se basa en la idea de la mera obediencia por parte de aquel a quien se le impone algo. Y que, particularmente en este campo, la mera obediencia supone arrasar con todo lo que el sujeto social podría dar como parte de su capital personal. La discusión de vías de acción conjunta abriría la posibilidad de que el sujeto se presente en esta especie de mesa de concertación portando sus atributos (en este trabajo hemos señalado *la osadía* como uno de ellos) para ponerlos en acción en un marco de reinscripciones sociales.

Se trata de una tarea cuya significación se potencia si aceptamos que la complejidad de la situación actual no admite más de lo mismo, es decir, la consolidación de lo existente tal como está y sin cambios en su naturaleza. No mejoraría la calidad con más control, sino que es necesario promover la conversión del control hacia una redistribución de responsabilidades.

Es cierto que la preocupación por cualificar medidas de este campo –el de *lo penal*– acarrea la idea de su fortalecimiento, sea por la vía de su enriquecimiento conceptual, sea en términos de recursos materiales, o por su presencia simbólica en el concierto de políticas estatales. Y es cierto que si promovemos su fortalecimiento, también pareciera que aceptamos como pronóstico inevitable el incremento de los efectos de la inseguridad social derivada de la exclusión. Y que al plantear así el pronóstico –es decir, como inevitable–, en realidad promocionamos estos resultados.

Pero no se trata de impulsar un cambio superficial, sino del esfuerzo sostenido por promover transformaciones en el nivel de las matrices de pensamiento que sustentan la intervención sobre los jóvenes que transgreden la legislación penal, a sabiendas de que estas matrices son tributarias de otras más profundas, quizá más difíciles de remover. Las modificaciones imaginadas para la libertad vigilada y/o asistida, en realidad, tienden a promover su crecimiento, pero de modo tal que se alteran aspectos íntimos de su naturaleza, que se han fortalecido en la práctica aun cuando no fueron teóricamente previstos.

No se trata, entonces, de expandir el campo del control, sino de forzar y reforzar procesos de transformación en el sentido de lograr nuevas formas, difíciles de anticipar como totalidades, aun cuando puedan presuponerse algunos de sus rasgos. Estos rasgos aparecen determinados por un piso y un techo que no es posible transgredir, límites constituidos por los Derechos Humanos.

Anexo
"Santa Fe: niñez, memoria, vanguardia legislativa"[160]

Osvaldo Agustín Marcón

La identidad colectiva mantiene estrecha relación con la memoria histórica. Desde tal afirmación podemos imaginar por qué extraviados caminos puede conducirnos el deterioro de dicha díada, fundacional del *sí mismo social*. Esto vale tanto para los individuos como para los sujetos colectivos. Por ello es relevante que, al pensar los marcos normativos para los santafesinos menores de edad, se tenga en cuenta que la Provincia cuenta en su haber con una rica historia en la materia. Conviene recordar esto pues llama la atención la ausencia recurrente de dicha historia en los distintos debates legislativos, académicos y profesionales. Si bien se advierte una aceptable preocupación por asentar las distintas iniciativas en postulados internacionales y nacionales, no es usual que se tengan en cuenta los riesgos que ello alberga si no es fecundado con la referida memoria. Dichos precedentes históricos son relevantes pues reflejan acuerdos históricos colectivos, contradictorios y discutibles, pero necesarios en el debate.

A título ilustrativo traigamos como ejemplo la importante presencia de la *Ley Nacional de Patronato del Estado* en los debates santafesinos. Sin embargo en ellos pocas

---

[160]   Especial agradecimiento por su colaboración en la investigación para la producción de este artículo a Gladis Boutet, funcionaria del Archivo General de la Provincia de Santa Fe y estudiante de la Licenciatura en Trabajo Social en la Universidad Nacional del Litoral (Facultad de Ciencias Jurídicas y Sociales).

veces se menciona que la denominada *Ley Agothe*, desde su promulgación en 1919, tuvo pocos años de exclusividad pues ya en 1938, durante el gobierno constitucional del radical Manuel María de Iriondo, en la Provincia de Santa Fe se creó la *Junta Central del Patronato de Menores de la Provincia de Santa Fe,* por medio de la Ley n° 2647. Al año siguiente, mediante Ley 2804, fueron instituidos los *Juzgados de Menores* y, con la sanción de la n° 2776, nació el *Ministerio Público de Menores,* entre otras herramientas claves para comprender las políticas de la época en esta materia. Claro está que todos fueron instrumentos cuyo valor debe estimarse en aquel contexto, dominado por la *Doctrina de la Situación Irregular.* Aún así, conviene valuar su importancia comparándolos con el atraso legislativo de la mayoría de las provincias argentinas por esos años, en medio inclusive de una realidad occidental en la que el niño recién comenzaba a ser reconocido como tal[161] (Volnovich, 2001). Sobre este aspecto del asunto bástenos con lo hasta aquí dicho pues la comparación de la *Ley Nacional de Patronato del Estado* de 1919 con el marco legislativo provincial de 1938/39 alberga una riqueza difícil de sintetizar. No obstante recordemos que la prestigiosa especialista Mary Beloff criticó recientemente[162], por errónea, la tendencia a centrar la atención en apenas un par de artículos de la CIDN, centrados en lo penal. Así como ese error fue reproducido durante más de dos décadas en Argentina, cabe criticar ahora la tendencia a derogar la historia santafesina a raíz de la dominante visión *tutelarista,* sin rescatar sus componentes lisa, llana y visionariamente comprometidos con una visión integral de los Derechos del Niño.

---

[161]   Volnovich, J. (1999), *El niño del "siglo del niño"*, Buenos Aires, Lumen / Hvmanitas.

[162]   Marcón, O. (2010), "Legislación Penal Juvenil: autocrítica doctrinaria", diario *El Litoral*, edición del 21 de noviembre de 2010.

Pero retomando la línea histórica encontramos que en 1949, durante el gobierno constitucional de Waldino Suárez, dos hitos pusieron nuevamente a Santa Fe a la vanguardia, a través de dos importantes institutos: el *Código del Niño* (Ley 3461) y la nueva *Organización de los Tribunales de Menores* (Ley 3460). Una vez más cabe subrayar la necesidad de una lectura situada en su contexto. Allí sobresalen múltiples aspectos contemplados por dicha legislación, claramente vinculados al niño como Sujeto de Derechos Sociales, con la particularidad de que esto se formula con 40 años de anticipación a la Convención Internacional de los Derechos del Niño (1989). En la Provincia de Santa Fe esta estructura jurídica siguió vigente hasta que, en el año 1996, durante el gobierno constitucional de Jorge Obeid, entró en vigencia el denominado *Código Procesal de Menores* (Ley 11.452), tentativa de operativización de aspectos de la CIDN, vigente desde 1989.

Como las anteriores en sus respectivos contextos, la Ley 11.452 destacó a la Provincia de Santa Fe en el contexto nacional. Por un lado, diez años antes de que a nivel nacional surgiera la *Ley de Protección Integral de los Derechos de Niños, Niñas y Adolescentes* (Ley 26.061 del año 2005), impulsó la diferenciación entre '*estado de abandono*' y '*situación de abandono*,' conceptualización que se lee expresamente en el mensaje[163] con el que el Poder Ejecutivo enviara el proyecto de ley al Poder Legislativo. Mediante esta precisión, dejó en manos del Poder Judicial sólo lo inherente al instituto jurídico denominado *Patria Potestad* (supuestos de *estado de abandono*) precisando que todas la situaciones de naturaleza social quedaban en manos del Poder Ejecutivo. Esta diferenciación fue reforzada y enriquecida más adelante, en el año 2009, por el propio

---

[163]   Ferroni, D. (1998), *Régimen Penal de Menores*, Rosario, Juris.

Estado Provincial, a través de la *Ley 12967 de Protección Integral de los Derechos de las Niñas, Niños y Adolescentes.*

Pero del *Código Procesal de Menores* de la Provincia de Santa Fe hay otro aspecto del que pocas veces se recuerda que materializó un significativo (aunque polémico, según mi opinión) esfuerzo por instalar y fortalecer las garantías substanciales, procesales y de ejecución de las medidas en favor de los sujetos menores de edad sometidos a proceso penal, mediante un proceso especializado. Según una publicación avalada por Naciones Unidas, la Comisión de las Comunidades Europeas y el Foro de la Minoridad de la Provincia de Santa Fe (Argentina) ellas fueron: *Culpabilidad, Legalidad, Humanidad, Jurisdiccionalidad, Contradictorio, Inviolabilidad de la Defensa, Presunción de Inocencia, Impugnación, Legalidad del Proceso, Publicidad del Proceso, Control de las Medidas no Privativas de la Libertad, Control de las Ejecución de las Medidas Privativas de la Libertad, Respeto a los Derechos Civiles, Políticos, Económicos, Sociales y Culturales de los Menores Privados de la Libertad, Derecho de Petición y de Quejas, Garantías del Debido Proceso en la Aplicación de Sanciones Disciplinarias* y *Humanidad en las Sanciones Disciplinarias.* Nuevamente, mucho antes que la Nación, Santa Fe tuvo una muy perfectible herramienta garantista que –como casi siempre ocurre– resultó de trabajosas negociaciones entre diversos actores.

Por ello, con el beneficio propio de la perspectiva histórica, mirando las distintas realidades nacionales y provinciales, quizá sea conveniente pensar a la altura de la referida historia. Esto implica esfuerzos por avizorar el futuro, evitando reducir las acciones legislativas a la mera copia de lo que ya viene probándose sin demasiado impacto social real. Posiblemente sea momento de dejar atrás las tentaciones propias del reduccionismo penal para adentrarnos en la complejidad de los sistemas de justicia juvenil restaurativa, asumiendo el rol de Provincia pionera en este campo".

BIBLIOGRAFÍA

Alemany Verdaguer, *Curso de Derechos Humanos*, Barcelona, Bosch, 1984.

Aquín, Nora, *Acerca del objeto del Trabajo Social*, Costa Rica, Boletín Electrónico Surá. Disponible en línea: www.ts.ucr.ac.cr (Consultado en agosto de 2004.)

Baratta, Alessandro, *Criminología crítica y crítica del Derecho Penal*, cuarta edición, México, Siglo XXI Editores, 1993.

Barg, Liliana, *Los vínculos familiares. Reflexiones desde la práctica profesional*, Buenos Aires, Espacio Editorial, 2003.

Bauman, Zygmunt, *Modernidad Líquida*, Buenos Aires, Fondo de Cultura Económica, 2005.

Beck, Ulrich, *La invención de lo político*, Buenos Aires, Fondo de Cultura Económica, 1998.

Blázquez, N., *Los Derechos del Hombre*, Madrid, Bac, 1980.

Botana, Natalio, *El siglo de la libertad y el miedo*, Buenos Aires, Editorial Sudamericana, 2001.

Bourdieu, Pierre, *Razones prácticas sobre la teoría de la acción*, traducción de Thomas Kauf, Barcelona, Anagrama, 1997.

Camargo, Luis, *Encrucijadas del campo psi-jurídico: diálogos entre el Derecho y el Psicoanálisis*, Buenos Aires, Letra Viva, 2005.

Carrillo Salcedo, J. A., *Soberanía de los Estados y Derechos Humanos en el Derecho Internacional Contemporáneo*, Madrid, Tecnos, 1995.

Castel, Robert, *Las metamorfosis de la cuestión social: una crónica del salariado*, traducción de Jorge Piatigorsky, primera edición, primera reimpresión, Buenos Aires, Paidós, 2004.

Castoriadis, Cornelius, "Transformación social y creación cultural", en Franco Yago *et al.* (Coord.), *Insignificancia y autonomía: debates a partir de Cornelius Castoriadis*, Buenos Aires, Biblos, 2007.

Castoriadis, Cornelius, *La institución imaginaria de la sociedad*, traducción de Marco-Aurelio Galmarini, Volumen 2, Buenos Aires, Tusquets, 1993.

Chuari, Silvia, "Asistencia jurídica y servicio social: reflexiones interdisciplinares", en *Revista Serviço Social & Sociedade*, núm. 67, San Pablo, Cortez, 2001.

Consejo Nacional del Menor y la Familia, Escuela de Formación Especializada, Centro Focal 80, Documento 35670, *Medidas alternativas a la institucionalización*, Capítulo I, Buenos Aires, 1996.

Consejo Nacional del Menor y la Familia, Escuela de Formación Especializada, Centro Focal 80, Documento 35669, *Niñez y adolescencia en conflicto con la ley penal*, Capítulo VI, Buenos Aires, 1996.

Córdoba, Eduardo R., *Derecho de menores*, Buenos Aires, Lerner, 1984.

Costa, Mara *et al.*, "Las infancias de la minoridad: una mirada histórica desde las políticas públicas", en Duschatzky, Silvia, *Tutelados y asistidos: programas sociales, políticas públicas y subjetividad*, Buenos Aires, Paidós, 2000.

D'Antonio, Hugo Daniel, *El menor ante el delito*, Buenos Aires, Depalma, 1992.

David, Pedro R., *Sociología Criminal Juvenil*, Buenos Aires, Lexis Nexis Depalma, 2003.

De la Vega, Julio César, *Consultor de Historia Argentina*, Tomo 1810-1890, Buenos Aires, Ediciones Delma, 1994.

De Quiroga, Ana P., *Proceso de constitución del mundo interno*, Buenos Aires, Ediciones Cinco, 1985.

Degano, Jorge A., *Minoridad: la ficción de la rehabilitación. Prácticas judiciales actuales y políticas de la subjetividad*, Rosario, Juris, 2005.

Demaría, Viviana y Figueroa, José, *No sólo de pan: reflexiones sobre ciudadanía e infancia desde la perspectiva de la CIDN*, Montevideo (Uruguay), IIN-OEA, 2004.

Derrida, Jacques, *Fuerza de ley: el fundamento místico de la autoridad*, traducción de Adolfo Barberá y Patricio Peñalver Gómez, Madrid, Tecnos, 1994.

Díaz, E., *Estado de Derecho y sociedad democrática*, Madrid, Edicusa, 1969.

Diccionario Enciclopédico Espasa, *Tomo 29*, Madrid. Espasa-Calpe.

Dolto, Françoise, *La causa de los niños*, Buenos Aires, Paidós, 1991.

Donzelot, Jacques, *La policía de las familias*, segunda edición, traducción de José Vázquez y Umbelina Larraceleta, España, Pre-textos, 1998.

Eco, Umberto, *Cómo se hace una tesis*, traducción de Lucía Baranda y Alberto Clavería Ibáñez, Buenos Aires, Gedisa, 1994.

Faleiros, Vicente de Paula, "Penas alternativas: inserción, punición y reparación", en Lyra, Rubens Pinto (Org.), *Derechos Humanos: los desafíos para el siglo XXI*, Brasilia, Brasilia Jurídica, 2002.

Faleiros, Vicente de Paula, *Estrategias de Empowerment en Trabajo Social*, traducción de Pablo Bussetti, Buenos Aires, Lumen-Hvmanitas, 2003.

Fellini, Zulita, *Derecho Penal de Menores*, Buenos Aires, Ad-Hoc, 1996.

Fernández, E., *Teoría de la Justicia y Derechos Humanos*, Madrid, Debate, 1984.

Ferrajoli, Luigi, *Derecho y razón: teoría del garantismo penal*, traducción de Perfecto Andrés Ibáñez, Alfonso Ruiz Miguel, Juan Carlos Bayón Molina, Juan Terradillos Basaco y Rocío Cantarero Bandrés, España, Editorial Trotta, 1995.

Figueroa, Julieta Cruz, "Medidas alternativas en Chile", en David, Pedro *et al.*, *Suspensión del juicio a prueba. Perspectiva y experiencias de la* Probation *en la Argentina y el mundo*, Buenos Aires, Lexis Nexis-Depalma, 2003.

Forrester, Vivianne, *El horror económico*, Buenos Aires, Fondo de Cultura Económica. 1997.

Foucault, Michel, *La verdad y las formas jurídicas*, traducción de Enrique Lynch, Barcelona, Gedisa, 1980.

Freire, Paulo, *Pedagogía de la autonomía: saberes necesarios para la práctica educativa*, traducción de Guillermo Palacios, primera edición, tercera reimpresión, Buenos Aires, Siglo XXI, 2005.

Fromm, Erich, *El miedo a la libertad*, Buenos Aires, Paidós, 1964.

Gamas, Rafael, "Aproximación a una conceptualización de la práctica en el Programa Grupal de Libertad Asistida", en Raffo, Héctor *et al.*, *Menores infractores y libertad asistida (los cinco puntos)*, Buenos Aires, Ediciones La Rocca, 2000.

García Canclini, Néstor, "La sociología de la cultura de Pierre Bourdieu", en Cátedra Elementos de Integración Sociocultural, Universidad Nacional de Santiago del Estero, 1996.

García López, J., *Los Derechos Humanos en Santo Tomás de Aquino*, Pamplona, Eunsa, 1979.

García Méndez, Emilio, *Infancia y adolescencia. De los derechos y la justicia*, segunda edición, México, UNICEF, 2001.

Goffman, Erving, *Internados: ensayos sobre la situación social de los enfermos mentales*, traducción de María Antonia Oyuela de Grant, primera edición, octava reimpresión, Buenos Aires, Amorrortu, 2004.

González del Solar, José H., *Derecho de la Minoridad: protección jurídica de la niñez. Adenda Ley 26061*, Córdoba, Editorial Mediterránea, 2006.

González del Solar, José H., *Presupuestos para la corrección de los menores delincuentes*, Córdoba, Marcos Lerner, 1992.

González, Cristina *et al.*, "Trabajo Social en el abordaje familiar: dilemas de la intervención en el actual contexto", Curso de Posgrado dictado por la Universidad Nacional de Córdoba, Rafaela (Santa Fe), 2004.

Guemureman, Silvia *et al.*, *La niñez ajusticiada*, Buenos Aires, Editores del Puerto, 2001.

Guemureman, Silvia, "¿Responsabilizar o punir?". Disponible en línea: www.observatoriojovenes.com. ar/publicaciones/ material/divulgación (Consultado el 2 de febrero de 2007.)

Guemureman, Silvia, "La contracara de la violencia adolescente-juvenil: la violencia pública institucional de la agencia de control social judicial", en Gayol, Sandra *et al.*, *Violencias, delitos y justicias en la Argentina*, Buenos Aires, Manantial, 2002.

Heler, Mario, *Ciencia incierta: la producción social del conocimiento*, segunda edición, Buenos Aires, Biblos, 2005.

Höffner, J., *Manual de Doctrina Social Cristiana*, Madrid, Rialp, 1974.

Jauretche, Arturo, *El medio pelo en la sociedad argentina*, Buenos Aires, Peña Lillo Editor, 1966.

Kazuko Kamii, Constante, *El niño reinventa la aritmética: implicaciones de la teoría de Piaget*, traducción de Genís Sánchez Barberán, tercera edición, Madrid, Visor, 1993.

Kemelmajer de Carlucci, Aída, *Justicia Restaurativa: posible respuesta para el delito cometido por personas menores de edad*, Buenos Aires, Rubinzal-Culzoni, 2004.

Kessler, Gabriel, "De proveedores, amigos, vecinos y 'barderos': acerca del trabajo, delito y sociabilidad en jóvenes del Gran Buenos Aires", en Beccaria *et al.*, *Sociedad y sociabilidad en la Argentina de los 90*, Buenos Aires, Biblos, 2002.

Krmpotic, Claudia *et al.*, "Problemas y atajos en la cuestión penal juvenil", en Burkún, Mario *et al.*, *El conflicto social y político: grados de libertad y sumisión en el escenario local y global*, Buenos Aires, Prometeo, 2006.

Krmpotic, Claudia Sandra, *El concepto de necesidad y políticas de bienestar*, Buenos Aires, Espacio Editorial, 1999.

Labrada Rubio, Valle, *Introducción a la Teoría de los Derechos Humanos*, Madrid, Civitas, 1998.

Legaz y Lacambra, L., *Humanismo, Estado y Derecho*, Barcelona, Bosch, 1960.

Lo Vuolo, Rubén M., "De los 'niños asistenciales' al ingreso ciudadano para la niñez: de la Ley 10903 a la Ley 26061", en García Méndez, Emilio (Comp.), *Protección integral de derechos de niñas, niños y adolescentes*, Buenos Aires, Editores del Puerto, 2006.

Marí, Enrique Eduardo, *La problemática del castigo*, Buenos Aires, Hachette, 1983.

Mills, J. S., *El utilitarismo*, traducción de Esperanza Guisán, Madrid, Alianza, 1984.

Mitjavila, Myryam, "El riesgo como instrumento de individualización social", en Burkún, Mario *et al.*, *El conflicto social y político: grados de libertad y sumisión en el escenario local y global*, Buenos Aires, Prometeo, 2006.

Morin, Edgar, *Los siete saberes necesarios para la educación del futuro*, traducción de Mercedes Vallejo Gómez, *E-Book* provisto como apunte por FLACSO en el marco de la Diplomatura en Ciencias Sociales, curso 2006, París, UNESCO, 1999.

Ossorio y Florit, Manuel, *Diccionario de Ciencias Jurídicas, Políticas y Sociales*, Buenos Aires, Heliasta, 1994.

Paine, T. H., *Los Derechos del Hombre*, Madrid, Alianza Editorial, 1984.

Piaget, Jean, *Seis estudios de Psicología*, segunda edición, traducción de Jordi Marfa, Barcelona, Barral Editores, 1974.

Pichón Riviére, Enrique, *El proceso grupal. Del psicoanálisis a la psicología social*, Buenos Aires, Ediciones Nueva Visión, 1985.

Polo, L., *Quién es el hombre*, Madrid, Rialp, 1993.

Puebla, María Daniela *et al.*, *Control social punitivo institucionalizado en niños y adolescentes en la Provincia de San Juan. Congruencia con la Constitución Nacional*, San Juan, Universidad Nacional de San Juan, Facultad de Ciencias Sociales, Instituto de Investigaciones Socioeconómicas, s/r.

Puebla, María Daniela *et al.*, *Democracia y Justicia Penal Juvenil: doctrina e intervención*, San Juan, Editorial Fundación Universidad Nacional de San Juan, 2005.

Puebla, María Daniela *et al.*, *Violencia juvenil*, Buenos Aires, EFU, 1992.

Rosanvallon, Pierre, *La nueva cuestión social: repensar el Estado Providencia*, Buenos Aires, Manantial, 1995.

Rousseau, J. J., *El contrato social*, Madrid, Tecnos, 1988.

Sabsay, Daniel Alberto, "La dimensión constitucional de la Ley 26061 y del Decreto 1293/200", en García Méndez, Emilio (Comp.), *Protección integral de derechos de niñas, niños y adolescentes*, Buenos Aires, Editores del Puerto, 2006.

Samaja, Juan, *Epistemología y metodología: elementos para una teoría de la investigación científica*, tercera edición ampliada, Buenos Aires, Eudeba, 2006.

Scarzanella, Eugenia, *Ni gringos ni indios: inmigración, criminalidad y racismo en la Argentina, 1890-1940*, Buenos Aires, UNQ, 2003.

Skinner, B. F., *Sobre el Conductismo*, traducción de F. Barrera, Barcelona, Planeta-Agostini, 1986.

Touchard, J., *Historia de las ideas políticas*, traducción de J. Pradera, Madrid, Tecnos, 1961.

Ulloa, Fernando, "La cultura de la mortificación: una forma de psicopatología social", en Lozano, Claudio (Comp.), *El trabajo y la política en la Argentina de fin de siglo*, Buenos Aires, Eudeba-CTA, 1999.

Vasilachis de Gialdino, Irene, *Estrategias de investigación cualitativa*, primera edición, primera reimpresión, Barcelona, Gedisa, 2007.

Visca, Jorge, *Psicopedagogía: teoría, clínica, investigación*, Buenos Aires, edición del autor, 1993.

Wacquant, Loïc, *Las cárceles de la miseria*, traducción de Horacio Pons, Buenos Aires, Manantial, 2000.

Zaffaroni, Eugenio Raúl, *Apuntes sobre el pensamiento penal en el tiempo*, Buenos Aires, Hammurabi, 2007.

Zaffaroni, Eugenio Raúl, *Criminología, aproximación desde un margen*, Bogotá, Temis, 1988.